FESTGABE

DER

BONNER JURISTISCHEN FAKULTÄT

FÜR

KARL BERGBOHM

ZUM 70. GEBURTSTAG.

FESTGABE

DER

BONNER JURISTISCHEN FAKULTÄT

FÜR

KARL BERGBOHM

ZUM 70. GEBURTSTAG.

BONN

A. MARCUS & E. WEBERS VERLAG

1919.

HERRN

DR. KARL BERGBOHM

ORD. PROFESSOR DER RECHTE
AN DER UNIVERSIÄT BONN
PREUSSISCHEM GEHEIMEN REGIERUNGSRAT

ZUM 70. GEBURTSTAG

(18. SEPTEMBER 1919)

GLÜCKWÜNSCHEND DARGEBRACHT VON DER

JURISTISCHEN FAKULTÄT

DER

RHEINISCHEN FRIEDRICH WILHELMS-
UNIVERSITÄT ZU BONN.

Inhalt.

An Carl Bergbohm.

Nie fand man Dich, wo Lärm des Marktes scholl
Um Fragen, die der Tag dem Tag geboren.
Dem Dienst der strengen Göttin zugeschworen,
Bliebst ferne Du, von heil'gem Ernste voll,
Dem Kampf, der wild um Geld und Ehren schwoll.

Auf raschen Beifall warst Du nie bedacht;
Zu stolz, was grad' am Weg lag, aufzuraffen,
Stiegst einsam Du, zu mühevollem Schaffen
Ins dunkle Reich, und hast aus tiefstem Schacht
Manch köstlich lautres Gold ans Licht gebracht.

Du selbst wie lautres Gold! Ohn' Falsch und Trug,
Schwermütig-heiter, frei von karger Enge,
Neidlos bewundernd, gegen Dich nur strenge,
Des Zweifels Freund und nie Dir selbst genug,
Großherzig, vornehm, und im Rate klug.

Der neuen Heimat froh, doch heimwehkrank
Zum leidensvollen teuren Land der Balten.
So hier wie dort hast Treue Du gehalten —
Treu warst Du auch den Freunden ohne Wank
In gut und böser Zeit. Hab' Dank, hab' Dank!

Ernst Zitelmann.

Bemerkungen
zur Benutzung der Ausgaben von Justinians Digesten.
Von Paul Krüger.

Der großen Ausgabe der Digesten hat Mommsen eine umfangreiche Vorrede vorausgeschickt, in welcher er die Grundsätze auseinandersetzt, die ihn bei der kritischen Behandlung der handschriftlichen Überlieferung geleitet haben. Ihnen ist eine sehr eingehende Würdigung in dem Werke von Kantorowicz über die Entstehung der Digestenvulgata (1910)[1] zu Teil geworden. Neben weitgehender Anerkennung enthält sie einige wesentliche Anfechtungen, welche Eindruck gemacht haben. Darauf soll hier, wenn auch nicht erschöpfend, eingegangen werden.

Hauptstreitpunkt ist die Bewertung der Vulgathanschriften der Digesten, d. h. derjenigen aus der Glossatorenzeit, von welchen zwei noch dem 11. Jahrhundert angehören sollen, wenige aus dem 12. Jahrhundert stammen, die große Masse der späteren Zeit angehört.

Kantorowicz sucht das Urteil Mommsens über den kritischen Wert dieser Handschriften zu widerlegen und greift infolgedessen die beschränkte Benutzung derselben an.

Über das Verhältnis der Vulgathandschriften der Digesta zur Florentiner Handschrift (F) war Mommsen zu dem Ergebnis gekommen, daß dieselben auf eine Mutterhandschrift zurückgehen, welche zwar von F abhänge, aber nicht lediglich eine Abschrift von F gewesen sei, sondern aus einem von F unabhängigen Exemplar (S) in einer Anzahl von Stellen nachgebessert worden. Insoweit liegt eine Übereinstimmung mit den früheren Untersuchungen über dieselbe Frage vor, doch weicht Mommsen insofern ab, als die Zahl der aus diesem Exemplar geschöpften echten

1) Sonderabdruck aus der Zeitschrift der Savigny-Stiftung 30 (1909) S. 18 ff. und 31 (1910) S. 14 ff. mit einigen Zusätzen auf S. 165 f.

Lesungen unter Mommsens Nachprüfung wesentlich zusammengeschmolzen ist. Die übriggebliebenen stellt Mommsen S. LXX f. zusammen; danach beschränken sich die Spuren derselben auf die Bücher 2, 3, 6, 7, 9, 12, 17, 30, 31, 33, 34. Ergänzen läßt sich das Verzeichnis durch Buch 8, in welchem möglicher Weise D 8, 2, 5 die Lesung *quadragensmo primo* (P V)[1]), sicher D 8, 4, 1 § 1 der Schluß *nec quisquam debere, nisi qui habet praedium* (PVL^b U) bestätigt durch die Institutionen und Basiliken VII 141) echt sind. Daß auch andere, unechte Lesungen aus S in die Vulgattexte übergegangen sind, ist zweifellos; Mommsen hat auf S. LXVIIII eine Reihe solcher Stellen gesammelt, in denen neben dem Florentiner Text die Abweichung von S angemerkt war, dann aber durch Mißverständnis beide Lesungen (als Dittographien) in die Vulgata übergingen[2]); darunter befinden sich noch Stellen aus den Büchern 4, 5, 8, 13, 16, 18, 19.

Die überaus geringe Ausbeute an echten Lesungen in S gegenüber der großen Masse von Textverderbnissen, welche aus F in die ältesten Vulgathandschriften übernommen worden, hat Mommsen mit starkem Mißtrauen gegen diejenigen Abweichungen von F in der Vulgata erfüllt, welche zwar Besserungen der Lesung von F bieten, aber doch nur solche, welche durch Vermutung gefunden werden konnten, sich auch geradezu als solche dadurch erkennbar machen, daß sie nur in einigen der jüngeren Handschriften auftreten. Die großen Lücken in dem Auftreten sicher nicht durch Vermutung herstellbarer Verbesserungen zwischen Buch 12 und 30 und der gänzliche Ausfall solcher von Buch 35 an legten die Vermutung nahe, daß S selbst lückenhaft war und mit Buch 34 abschloß.

Trifft das Urteil Mommsens über die Vulgathandschriften

1) Pomponius 41 ad edictum handelt von den Servituten (Dig. 8, 5, 4 § 2—5), Buch 40 wird über den Niesbrauch nicht hinausgekommen sein. Jedenfalls lag keine Veranlassung vor, *primo* durch Vermutung zu ergänzen.

2) Diese Zusammenstellung ist nur beispielsweise aufgenommen nicht als erschöpfende; sie bricht nach Buch 19 ab.

zu, so war es für die kritische Ausgabe geboten, die Abweichungen derselben von F nur soweit anzugeben, als sie auf S zurückzuführen scheinen. Für das Digestum vetus kam zunächst die Pariser Handschrift aus dem 11. Jahrhundert (P) in Betracht, welche Mommsen selbst vergleichen konnte; aus ihr sind die Abweichungen erster Hand vollständig in die Ausgabe übergegangen. Daneben mußte die etwa gleichaltrige Vatikanische Handschrift V zurücktreten, deren Vergleichung durch Blume nicht die gleiche Gewähr der Zuverlässigkeit bot; sie ist ohnehin mit P so nahe verwandt, daß man sie fast als Zwillingshandschrift bezeichnen kann. Über sie sowie über die zwei ältesten Vertreter des 12. Jahrhunderts L U wurden nur da Angaben gemacht, wo F und P auseinandergehen. Vom Infortiatum und Digestum novum, von denen nur eine Handschrift (W) noch dem 12. Jahrhundert angehört, die auch alle einschließlich W schon in höherem Grade als L U eine auf Herstellung eines sachgemäßen Textes gerichtete Schulemendation aufweisen, ist keine vollständig in die Ausgabe eingetragen worden; nur für einige Bücher (31, 32) und Titel 41, 2, ist volle Angabe der Abweichungen für die besten Handschriften unter dem Text mitgeteilt, außerdem ist denjenigen, welche noch Bedenken gegen die Beschränkung hegen möchten, durch Zusammenstellung des Apparates aus einem weiteren Kreis von Handschriften für einzelne umfangreiche Titel in den Anhängen Gelegenheit gegeben, sich von der Wertlosigkeit weitergehender Benutzung zu überzeugen.

Die Darlegung Mommsens hat Kantorowicz nicht überzeugt. Er stellt als Leitsatz auf, wo die Vulgathandschriften eine von F abweichende Lesart haben, welche als die bessere erscheint, sei zu vermuten, daß sie aus S stamme und die echte sei. Zur Wiederlegung Mommsens weist er auf einige Stellen hin, in denen Mommsens Urteil fehlgegangen sei. Ob dies zutrifft, soll nun nachgeprüft werden.

Zu den von Kantorowicz S. 42f. beigebrachten Stellen, in denen er eine aus S stammende Verbesserung des Florentiner Textes erkennt, ist folgendes zu bemerken:

In 28, 6, 1 § 1 bietet F folgenden zweifellos verdorbenen Text:

Heredis substitutio duplex est aut simplex veluti: L. Titius heres esto; si mihi L. Titius heres non erit, tunc Seius heres mihi esto; si heres non erit sive erit et intra pubertatem decesserit tunc C. Seius mihi heres esto.

Vulgaris und pupilaris substitutio (letztere als duplex bezeichnet) werden gegenübergestellt; letztere konnte als die verwickeltere nicht vorangestellt sein, darum streicht Mommsen *duplex* und ergänzt es in der Lücke, welche der Fassung der Pupillarsubstitution voraufgeht. Damit stimmt die im Tipucitus erhaltene griechische Wiedergabe. Anders die Vulgattexte, welche ihrerseits wieder auseinandergehen. I[a] hält sich ganz an F, von den übrigen ergänzt D *simplex* hinter *simplex*, E C ergänzen *simplex est*. Die Lücke vor der Pupilarsubstitution wird nicht ganz übereinstimmend so ausgefüllt *duplex veluti filius meus heres mihi* (*mihi heres* Q I[b], *mihi* fehlt in E[a]) W E Q I[b] C, *duplex scilicet filius heres mihi (mihi heres* D[b]*) esto* D. Bei dieser Sachlage, welche erst durch Mommsens Vergleichungen bekannt geworden, sollte man meinen, daß klar zu Tage liege, wie die Bearbeiter lediglich den Text von F vor sich hatten und auf die wenigst umständliche Weise zu bessern suchten Kantorowicz läßt sich aber dadurch bestechen, daß die zweite Ergänzung dem Überspringen des Schreibers von einem *esto* auf das andere entspricht. Man mag ihm zugeben, daß den Glossatoren bei Herstellung ihrer Besserungsvorschläge eine Beachtung derartiger Schreibfehler ziemlich fern gelegen habe; aber wie sollte man hier gerade zu einer Ergänzung kommen, welche nicht mit *heres esto* schließt?

In 32, 47 § 1 überliefert F:

Inter emptum et paratum quid interest quaeritur. Et responsum est in empto paratum inesse, in parato non continuo emptum contineri: veluti si quis quae prioris uxoris causa emisset, posteriori uxori tradidisset, eas res eum posterioris uxoris causa paravisse, non emisse constat. Ideoque quamvis maritus posterioris uxoris causa nihit emerit, tamen tradendo quae prior habuerit, eius causa parata sunt, etsi ei adsignata non sunt, legato cedunt; at quae prioris uxoris causa parata sunt, ita posteriori debentur, si ei adsignata sint, quia non est ita[1]) *de posteriore uxore cogitatum, cum compararentur.*

Die Stelle bildet einen Teil der in l. 45, 47, 49 enthaltenen Erörterung Ulpians über das Vermächtnis der Sachen, welche für die Frau angeschafft worden; § 1 behandelt die Frage, welcher Zeitpunkt für die Anschaffung maßgebend sei, und weißt darauf hin, daß in dieser Beziehung die Vermächtnisse *quae uxoris causa parata sunt* und *quae eius causa empta sunt* auseinandergehen. Im ersten Satz stimmen die Vulgathandschriften mit F in dem Fehler überein, daß *non continuo* an falscher Stelle steht; diese Worte gehören vor *paratum esse.* Bemerkt ist dagegen die Lücke im dritten Satz zwischen *eius causa* und *parata sunt;* nur D bleibt beim Florentiner Text stehen, die anderen Handschriften geben Versuche wieder, die Lücke auszufüllen; nämlich:

W *causa* <*paravisse videtur: quae uxoris causa*> *parata* ...

I C *causa* <*paravisse videtur: quae prioris uxoris causa*> (*causa* fehlt in I) *parata* ...[2]).

Daß die Ergänzung in I C fehlgeht, liegt auf der Hand. Dagegen glaubt Kantorowicz den Text von W als eine echte Ergänzung aus S einschätzen zu dürfen, weil sie ihm sachlich und technisch besonders glücklich erscheint. In letzterer Beziehung muß auch hier entgegengehalten werden, daß eine mit *causa parare* gebildete Ergänzung gegenüber dem Inhalt der Stelle zu nahe lag, um einen Schluß darauf zu gestatten, daß sie den Glossatoren des 12. Jahrhunderts nicht zugemutet werden könnte. Trifft sie aber sachlich das Richtige? Ulpiam erläutert den Gegensatz zwischen *emere* und *parare* dahin, daß in ersterem nicht sofort das letztere liegt, an dem Fall, wenn der Testator das für die erste Frau Gekaufte der zweiten überlassen hatte; darin liege wohl ein *paravisse* nicht aber ein *emisse posterioris uxoris*

---

1) item?

2) In E K ist der Text so verstümmelt: *ideoque quamvis maritus posterioris nihil* [*emerit, tamen tradendo quae prior habuerit, eius causa prioris uxoris causa parata sunt, ita* usw.

causa. Daraus schließt er, daß das für die erste Frau Gekaufte erst dann in das Vermächtnis falle, wenn es der zweiten überwiesen sei, während es bei dem für letztere Gekauften auf die Überweisung nicht ankomme. Dagegen besagt der Text von W: obgleich der Mann für die zweite Frau nichts gekauft hat, so liege doch in der Übergabe des für die erste Frau Angeschafften an jene ein *eius causa parare;* das für die Frau (welche?) Angeschaffte falle in das Legat, auch wenn es nicht zugewiesen sei. Das kommt auf einen haltlosen Gegensatz zwischen *tradere* und *adsignare* hinaus.

In 41, 3, 23 pr. wird die Ansicht als unhaltbar zurückgewiesen, daß, wenn gleich ein Gebäude nicht als einheitliche Sache gelte, sondern aus Grundfläche und Bauwerk bestehe, hinsichtlich der Ersitzung für das letztere die einjährige Frist zur Anwendung komme, für erstere die zweijährige. Die Entscheidung wird am Schluß in einem interpolierten Zusatz wiederholt, der in F so lautet: *ut puta cum aedes ex duabus rebus constant, ex solo et superficie, et universitas earum possessionem temporis immobilium rerum omnium mutet.* Auch hier zeigt das Auseinandergehen der Handschriften, daß dem Besserungsversuch der verdorbene Text der Schlußworte zu Grunde lag; was gesagt werden sollte, war sonnenklar; ob die Änderungen *possessione* und *dominium* für *omnium* allein ausreichen, um den ursprünglichen Text herzustellen, bleibt offen.

Wenn nun gar Kantorowicz den Glossatoren nicht zutraut in 48, 5, 21 die Unhaltbarkeit von *patribus* herauszufühlen und durch bloße Vermutung auf *parentibus* zu kommen, so kann ich nicht umhin, dies auf eine Befangenheit zurückzuführen, in welche ihn der Eifer für seine Entdeckung des Wertes der Vulgathandschriften verstrickt hat. Das Gleiche gilt von der Annahme, daß, wenn sich in den Vulgathandschriften Verbesserungen finden, denen Mommsen zustimmt, dies für eine Entlehnung aus S spreche[1]). Darin liegt eine Unterschätzung der Urteilskraft der Glossatoren.

1) Kantorowicz 48 (30, 230).

Damit mag die Frage erledigt sein, ob Mommsen die handschriftliche Überlieferung der Digesten erschöpfend ausgenutzt hat[1]). Ich wende mich noch zu einer weiteren Bemängelung der großen Ausgabe Mommsens, welche sich bei Kantorowicz und F. Schulz findet, betreffend die Angaben über die Vulgattexte. Oben S. 5 ist bereits darauf hingewiesen in welcher Beschränkung Mommsen die Abweichungen derselben aufgenommen hat. Angedeutet ist dies dadurch, daß auf jeder Seite in der Fußnote unmittelbar unter dem Text, welche die benutzten Handschriften angibt, diejenigen, deren Lesungen nur beschränkt mitgeteilt werden, in Klammern eingeschlossen sind. Als Beispiel dafür, daß Mommsens Angaben uns hinsichtlich der Vulgathandschriften im Stich lassen, verweist Schulz S. 16 auf 3, 2, 6, wo zu *edicti* nur bemerkt ist, daß F *edicto* habe. Da nur P neben F vollständig eingetragen ist, ergebe sich stillschweigend, daß zwar P mit dem Text übereinstimme, nicht aber, was V L U haben; erst durch Nachvergleichung glaubte Schulz für L *edicti* festgestellt zu haben. Dabei hat Schulz nicht beachtet, daß Mommsen S. LIII ausdrücklich sagt, wo F und P auseinandergehen, berichte er auch über V L U; für diese gilt also hier dasselbe, was Schulz richtig für P aus der Ausgabe entnommen hat.

Schulz möchte wohl durch einen gleichen Fehler bei Kantorowicz irregeführt worden sein, dem freilich die obige Bemerkung Mommsens nicht entgangen war. Kantorowicz nämlich behauptet auf S. 41, 1 (30, 223, 1), daß zu 2, 15, 14 die Ergänzung der Lücke von F durch die Vulgathandschriften nicht angegeben sei. Das ist irrig; wenn gesagt wird, der betreffende Satzteil fehle in F, so liegt darin zugleich, daß sowohl P als V U denselben überliefern[2]).

---

1) Auf die gegen Mommsen gerichteten Bemerkungen zu 28, 6, 36 pr. 36, 1, 30 einzugehen scheint mir nicht geboten.

2) Auch zu 37, 9, 10 wird der Zweifel von Kantorowicz S. 48, 12a (30, 230, 12a), ob Q mit F übereinstimme, unberechtigt sein; die Berufung darauf, daß Mommsen S. LI die Unzuverlässigkeit der von ihm benutzten Vergleichung der Handschriften anerkennt, ist wenigstens nach dem Schlußsatz von Mommsen *(in hoc quoque libro cave ex*

Soweit die Bemerkungen über Mommsens große Ausgabe der Digesten. Zur Handausgabe ist folgendes nachzutragen.

Verschiedentlich bin ich der Annahme begegnet, daß, wenn in der von mir bearbeiteten Auflage Mommsens Vorschläge ohne Zusatz stehen geblieben sind, darin stillschweigend meine Zustimmung ausgesprochen sei. Dagegen muß ich bemerken, daß es mir gegenüber einem so hervorragenden Vorgänger, dessen Ausgabe ich übernommen habe, unangemessen erschienen wäre, meinen Bedenken durch Tilgung der in den früheren Auflagen enthaltenen Vorschläge Ausdruck zu geben, umsomehr als diese vielfach in unsere Litteratur übernommen und darin besprochen worden. Nur wo sich zweifellose Unhaltbarkeit derselben nachträglich ergeben hat, ist dies geschehen; damit glaube ich im Sinne Mommsens gehandelt zu haben. Auch wo von anderer Seite den Mommsenschen Vorschlägen andere gegenübergestellt worden, ist meist von der Aufnahme derselben abgesehen worden, soweit sie nur die Wortfassung betreffen. Ein Hauptverdienst Mommsens lag gerade darin, auf Anstöße in der Überlieferung zuerst aufmerksam gemacht zu haben; daß dieselben auch durch eine andere Fassung behoben werden können, verstand sich meist von selbst.[1]) Andererseits war Mommsen als Herausgeber berechtigt, frühere Vorschläge ohne sachliche Änderung umzugestalten

silentio meo quicquam colligas) bei ausdrücklichen Angaben verfehlt. Dasselbe gilt für die Bemerkung von Kantorowicz S. 155, 7 zu 3, 2, 6 § 2 *(veluti)* über V.

1) Beiläufig mag auf ein Mißverständnis hingewiesen werden, welches hin und wieder durch das in der großen Ausgabe den Vorschlägen zugesetzte Fragezeichen hervorgerufen ist. Damit wollte Mommsen nicht andeuten, daß er zweifle, ob ein Anstoß gegeben sei, sondern (wie auch sonst üblich) nur in kürzester Form bemerken, wie etwa zu ändern sei. In der Handausgabe, welche die Anmerkungen über Besserungen des Textes und abweichende Überlieferung nicht trennt, schließen die Vorschläge deshalb mit *scr(ibendum), ins(erendum)* u. dgl. oder mit der Angabe der Quelle, auf welche sie sich stützen, wie Handschriften, Byzantiner, Glossatoren, Haloander und sonstige Bearbeiter.

oder zu ersetzen; dies nun auch gegen ihn in der Handausgabe weiterzuführen war nicht geboten.

Eine eingreifende Ergänzung und Umgestaltung der früheren Auflagen wurde dagegen bedingt durch das erst nach Mommsens Bearbeitung[1]) eingetretene Wiederaufleben der Interpolationenkritik. Mommsen hat nur in beschränktem Maße auf die Möglichkeit hingewiesen, daß durch das Eingreifen der Kompilatoren sprachliche und sachliche Fehler des Justinianischen Textes entstanden sind. Dies nachzutragen bin ich seit der 11. Auflage bemüht gewesen, freilich nur in den Grenzen, welche sich ein Herausgeber der Digesten ziehen muß. Wo der ursprüngliche Text der ausgezogenen Juristenschriften überliefert ist, hatte schon Mommsen denselben auch in die Handausgabe aufgenommen; dies ist aus den wenigen seitdem bekanntgewordenen Bruchstücken ergänzt worden. Wo dagegen durch die jüngeren Arbeiten festgestellt oder wenigstens wahrscheinlich gemacht worden, wie der ursprügliche Text gelautet haben mag, beschränkt sich die Aufgabe des Herausgebers der Digesten im ganzen auf die Andeutung, daß die den klassischen Juristen in den Mund gelegten Äußerungen auf einer Umgestaltung durch die Kompilatoren oder auch schon durch die Juristen der vorjustinianischen Übergangszeit beruhen; weiterzugehen wäre eine Aufgabe derjenigen, welche nach dem Vorbilde von Lenel an einer Palingenesia der Juristenwerke fortarbeiten wollen. So scheidet regelmäßig die Ergänzung von Streichungen des klassischen Textes aus; die Fortschritte, welche in dieser Richtung die neuere Interpolationen-Forschung gemacht hat, werden in der von Mitteis geleiteten Zusammenstellung zu Tage treten. Auch gegen die bisweilen aus dem Schweigen der Ausgabe geschlossene Annahme, daß ich den Text für unverändert halte, muß ich mich verwahren; dem steht schon meine Erklärung entgegen, daß neben den sicheren Abweichungen vom Urtext nur noch die nahezu sicheren angedeutet sein

1) An der Bearbeitung der ersten Auflage hat Mommsen in den späteren Auflagen kaum noch etwas geändert.

sollen. Aber auch da, wo nur der Verdacht einer Änderung begründet ist, jedoch haltbare Vorschläge für die Herstellung des Urtextes noch nicht vorliegen, ist zur Zeit stillschweigend darüber hinweggegangen. außer wenn etwa größere Abschnitte ganz, oder fast ganz auf die Kompilatoren zurückzugehen scheinen.

Die kriminalistischen Fächer (Strafrecht und Strafprozeß) an der Universität Bonn 1818—1918 [1]).

Von Ernst Landsberg.

Der erste Inhaber des Bonner Lehrstuhles für Strafrecht und Strafprozeß war Karl Joseph Anton Mittermaier [2]). Gelesen hat er Strafrecht dreimal hintereinander, von S.-S. 1819 bis S.-S. 1820, dann in W.-S. 1820/21 Kriminalprozeß, endlich im S.-S. 1821 wieder „Deutsches und französisches Kriminalrecht" vor 154 Zuhörern [3]), unter Ergänzung durch ein Publikum über „Zurechnung im Kriminalrecht mit besonderer Rücksicht auf innere psychologische Erfahrung" (160 Zuhörer) und durch ein „Kriminalpraktikum, Anleitung zur Verteidigung des Angeklagten und zum Referieren" (priv., 21 Praktikanten). Dagegen hat der Rechtsphilosoph und Publizist Carl Theodor Welcker, der gewiß als Aufsteller einer selbständigen Strafrechts-

1) Nachstehender Aufsatz ist geschrieben als Stück der für das Jubiläum der Universität Bonn geplanten Universitäts-Geschichte und zwar ihres zweiten Bandes, in dem die einzelnen Fächer, Institute u. s. f., erörtert werden sollen. Da bis zum Erscheinen des Gesamt-Werkes unter den jetzigen Umständen sicher noch geraume Zeit wird vergehen müssen, so erfolgt die Sonder-Veröffentlichung zu dem Bergbohm'schen Jubiläum um so lieber, als die kriminalistischen Fächer, wenn auch nicht von dem verehrten Jubilar vertreten, doch ihm und seinen rechtsphilosophischen Interessen nahe stehen.

2) Für Biographisches und Litterargeschichtliches über die einzelnen hier zu nennenden Juristen verweise ich ein für alle Male auf meine Geschichte der deutschen Rechtswissenschaft, soweit diese reicht, vorbehaltlich jedoch einzelner hier zu liefernder Nachträge. Für jüngere Rechtslehrer, die dort nicht mehr behandelt sind, werden die Daten hier gegeben.

3) Zahlen für die vorangehenden Semester: 34—54—99. (Alle diese Zahlen und Daten nach den Bonner Universitäts-Akten.)

Theorie doch zum Lesen über Strafrecht berechtigt war, in denselben Semestern nur einmal Kolleg darüber wirklich gehalten, W.-S. 1819/20, mit 11 Zuhörern; im folgenden Wintersemester ließ er das Kolleg, wegen Überbürdung mit Dekanats-Geschäften, ausfallen; und im W.-S. 1821/22 wurde er „durch ebenso unverschuldete als unvermeidliche äußere Störung verhindert", den angekündigten Kriminalprozeß zu lesen.

Damit ist diese erste schöne Zeit des Bonner Anfanges und Aufschwunges, während deren sich gerade das Strafrecht so glänzender Vertretung durch dafür bewährte und berühmte Ordinarien erfreuen durfte, bereits vorüber. Warum es so kommen mußte, warum wir beide Männer kaum gewonnen, wieder verlieren mußten, das darzustellen gehört in die allgemeine Universitätsgeschichte, in den größeren Zusammenhang jener traurigen Rückschlagszeit. Hier darf nur ein Wort des Bedauerns Raum finden dafür, daß es so kommen mußte, obschon weder die Fakultät noch das Ministerium [1]) es an sich fehlen ließen, vielmehr Alles aufboten, um Mittermaier zurückzuhalten. Gerade dieser Jurist, der mit der Theorie den Sinn für die Praxis, mit gründlicher Kenntnis des gemeinen Rechts die Neigung zur Vergleichung jüngerer Rechtsbildungen, mit der klassischen Überlieferung aus der Schule Feuerbachs den Trieb zum liberalen Rationalismus in Politik und Gesetzgebung verband, wäre wie keiner geeignet gewesen, eine Verbindung zwischen dem in Bonn gepflegten Geiste der Wissenschaft und der rheinischen Jurisprudenz, dem rheinischen Rechts- und Volksleben herzustellen! Insofern blutet die Wunde heute noch, die uns damals geschlagen worden ist.

Jedenfalls wurde das Strafrecht durch den Weggang

---

1) Etwas kühler war stets das Kuratorium (v. Rehfues) gegenüber Mittermaier, den man dort als eitel und unzuverlässig ansah — unter Übertreibung zweifellos bei ihm in dieser Richtung vorhandener Schwächen. Die Kuratorial-Akten konnten von mir fortlaufend benutzt werden, wofür auch an dieser Stelle lebhafter Dank ausgesprochen sei; es handelt sich durchweg um die regelmäsigen Kuratorial-Berichte an das Ministerium.)

von Mittermaier[1]) und C. Th. Welcker ganz verwaist; umsomehr, als Hasse, der für Mittermaier hierher kam, ausschließlich in Bezug auf Deutsches Privatrecht sein Nachfolger werden konnte, während von Strafrecht bei ihm keine Rede war. So blieb allenfalls noch für Kriminalprozeß der Privatdozent Prozessualist Linde[2]); da habilitierte sich für Strafrecht bei uns — 19. Oktober 1822 — Carl Ernst Jarcke, der sich alsbald mit voller Wucht auf beide Zweige des Faches[3]) warf, indem er auch die preußischen und französischen Sonderbildungen und die Entwicklungsgeschichte hinzunahm. Er wurde denn auch rasch, wenn schon ohne Gehalt[4]), zum außerordentlichen Professor befördert, am 29. November 1824; erhielt aber gleichzeitig „wegen zerrütteter Gesundheit" einjährigen Urlaub, wobei das Ministerium annahm, daß er aus ihm zur Universität nicht zurückkehren werde[5]). Auch scheint ihm die Beförderung nur aus dieser Annahme heraus, als eine Art Abschiedsgeschenk, von der Fakultät zugebilligt worden zu sein, die vorher sehr warm für ihn eingetreten war.

Der Umschwung zu seinen Ungunsten erklärt sich nicht blos aus der scharfen Tonart, die Jarcke im Vorwort seines

1) Entlassungsgesuch vom 25. Februar 1821, Abgang zu Ende des Sommer-Semesters; Welckers Tätigkeit wird so gut wie stillgelegt seit dem Beginn der gegen ihn gerichteten Untersuchung; vgl. die oben wiedergegebene Erklärung betr. sein Kolleg über Kriminalprozeß im W.-S. 1821/22; sein Abgang fällt in das S.-S. 1822.

2) Er las ihn im S.-S. 1822 mit 20 Zuhörern; vgl. über Linde Abt. 2, (d. h. den Bericht über das Fach der Zivilistik in Bonn, der in dem Jubiläumswerk dem kriminalistischen Bericht unmittelbar vorhergehen soll) Note 19; übrigens fehlt Strafrecht ganz vom W.-S. 1821/22 bis W.-S. 1822/23 einschließlich, Strafprozeß in diesen beiden Wintersemestern.

3) Beide, Strafrecht und Strafprozeß, und zwar beide für gemeines, preußisches und französisches Recht gelesen, S.-S. 1823, W.-S. 23/24 und S.-S. 24; die Zuhörerzahlen schwanken von 12 bis 20; ein geschichtliches Publikum über Strafrecht und Strafprozeß vorher W.-S. 22/23.

4) Remunerationen bewilligt am 29. Juni 1823 und im Frühjahr 1824.

5) So direkt ausgesprochen in einem Ministerial-Erlasse an das Kuratorium vom 5. Febr. 1825.

inzwischen erschienenen Werkes „über das zensorische Strafrecht der Römer“ gegen seinen Bonner Kollegen v. Droste und dessen „Naturrecht“ anschlägt[1]), sondern aus der ganzen Art jenes Buches selbst und aus dem Entwicklungsgange des Verfassers, den es teils bekundet, teils vorbereitet, indem es namentlich die Grenzlinien zwischen Sittenpflege und Strafrecht verwischt. Daß dies auf den Polizei-Absolutismus im Sinne eines Metternich und auf dessen politisch-litterarische Verteidigung in der Nachfolge eines Gentz hinauskommen sollte, mochte damals noch nicht greifbar sein; sicher aber hat die ganze Art in geistreich-beredter, aber wenig wissenschaftlicher Weise mit den Schlagworten des Historismus und des Hegelianismus zu arbeiten, bei der Fakultät peinliches Unbehagen hervorgerufen. Um so größer war die Entrüstung, als Jarcke für den Winter 1825/26 wieder Vorlesungen anzeigen wollte; man ging sogar so weit, ihn ausdrücklich auf die Annahme, unter der er Professor geworden sei, hinzuweisen; da erhielt Jarcke[2]) durch von Kamptz eine Zuschrift, „die mir die Beschäftigung bei den Gerichtshöfen in Berlin als besonders für meine Zwecke dienlich“ empfiehlt, und v. Rehfues konnte ihm seinerseits nur raten, „dem Winke zu folgen, der Ihnen von so guter Hand zugekommen ist“. Ein Gesuch, daß Jarcke, um gleichzeitig in Berlin an der

1) Dies die Erklärung, die Rehfues dafür gibt in seinem Berichte an das Ministerium vom 24. April 1824. Den Kurator selbst scheint nach diesem Bericht Jarcke wieder ganz versöhnt zu haben, durch Bekundung von Reue, wobei freilich der Bericht zufügt: „daß ich mich fast verwundern mußte, diese Ansicht so leicht herbeigeführt zu haben“: die Reue wird also kaum tief gegangen sein. — Bestätigt wird das im Text Bemerkte durch das Votum von Hasse vom 4. April 1824, in den Fakultäts-Akten.

2) So schreibt er selbst an den Kurator aus Köln, wo er inzwischen im Justizdienst tätig gewesen und zum katholischen Glauben übergetreten war, am 27. Februar 1825. Max Lenz (Gesch. d. Univ. Berlin, Bd. 2, erste Hälfte S. 386) nimmt an, daß er bloß aus letzterem Grunde in Bonn unmöglich geworden sei; so mag Jarcke selbst es dargestellt haben, die Akten ergeben es anders; immerhin mag es auch mitgewirkt haben. Über die Aufnahme von Jarcke in Berlin und seine dortigen weiteren Schicksale vgl. Max Lenz a. a. O.

Universität lesen zu können, dorthin als ao. Prof. versetzt werde, lehnte dabei Rehfues zu unterstützen glatt ab; daß diesem Gesuche dennoch, nachdem es zunächst unterm 18. April 1825 schroff abgeschlagen worden war, am 11. Oktober 1825 Statt gegeben wurde, liegt auf einem anderen Gebiete.

Gewiß wäre es unerfreulich gewesen, wenn die Vertretung des Strafrechts endgültig von einem Mittermaier oder Welcker auf einen ihnen so entfremdeten Schüler[1]) wie Jarcke übergegangen wäre; aber immerhin war dieser doch ein zweifellos tüchtiger, fachmäßig das Gebiet beherrschender, hochbegabter und in mancher Beziehung anregender Kriminalist, namentlich auch Prozessualist und Kenner gerade der modernen gesetzgeberischen Entwicklung. Nun, nachdem er weggegangen, kam bei uns das Strafrecht auf lange Zeit hinaus ausschließlich zur Behandlung durch persönlich überaus würdige, in Bezug auf Charakter wie auf Gelehrsamkeit hochstehende Männer — die aber leider alles Andere waren, nur nicht Kriminalisten. Denn Heffter, der am 4. Oktober 1823 hierher aus der Justizpraxis gewonnen war, um „die Prozeß-Theorie, die Praktika und die Geschichte der bestehenden Rechte und Rechtsverfassungen" zu behandeln[2]), ist doch erst in Bonn, in Folge der jedes zweite Semester gehaltenen Vorlesungen über Strafrecht ganz langsam zum Kriminalisten geworden, so daß er erst nachdem er am 22. Febr. 1830 zu Ostern dieses Jahres in gleicher Eigenschaft nach Halle versetzt worden war, dort sein „Lehrbuch des gemeinen deutschen Kriminalrechts" 1833 erscheinen lassen konnte — dann allerdings eine tüchtige und erfolgreiche Leistung. Und Clemens August Maria Aloysius Paulus Freiherr v. Droste-

1) Jarcke hatte hier im Jahre 1819 beide gehört, wie seine Vita in seinen Personal-Akten angibt.

2) Auch in seinen eigenen, keineswegs zurückhaltenden Vorschlägen über die Fächer, die er vertreten könnte, kommt wohl noch Staatsrecht, Völkerrecht, Lehnrecht vor, aber nicht Strafrecht! Brief vom 10. Januar 1823, vgl. oben Abt. 2, Note 20a. Im Sommer-Semester 1824 liest er dann schon, noch neben Jarcke, Kriminalrecht.

Hülshoff, der nun auf einmal außer Kirchenrecht, Staatsrecht, Naturrecht „jedes andere Semester“ (zuerst W.-S. 1824/25) Kriminalrecht liest, war doch höchstens für dessen allgemeine Grundprobleme als Rechtsphilosoph legitimiert. Vollends schlimm ging es dem Strafprozeß, dessen sich nicht der eher dazu berufene Heffter annahm, sondern nur von Droste — wenn man es als eine Fürsorge bezeichnen will, daß er dieses Kolleg zweimal anzeigte, aber beide Male[1]) wegen überhäufter Arbeit nicht hielt.

Mit diesen Zuständen hatte man sich schon leidlich abgefunden, als Heffter wegging. Für das Sommer-Semester 1830 zeigte nun der junge Privat-Dozent Hille[2]) Strafrecht und Strafprozeß an — wie aber weiter kommen? Die Fakultät scheint sich darüber merkwürdig wenig aufgeregt zu haben; am liebsten hätte sie wohl für Alles, auch nachdem Hasse gestorben und Heffter abgezogen war, aus eigenen Beständen gesorgt; oder auch sie schlug, als das Ministerium ihr Laspeyres für protestantisches Kirchenrecht und deutsches Recht anbot, vor, daß dieser dann auch noch Strafrecht lesen könne[3]); da verfiel das Kuratorium auf einen eigenartigen und auch sonst bemerkenswerten Lösungs-Versuch.

Der anerkannt tüchtige und bewährte Kriminalist Johann Michael Franz Birnbaum, zugleich ein gründlicher Kenner des französischen Rechtes, war nämlich eben damals auf seinem Löwener Lehrstuhl unmöglich geworden, weil er in streng Niederländischer Staatstreue verharrt war. Er mußte deshalb aus dem jungen belgischen Staatswesen scheiden und erhielt von Holland Halbsold.

1) S.-S. 1824 und S.-S. 1826.

2) Carl Gottfried Hille, geboren zu Wien 1805, wurde Dr. jur. zu Gießen März 1828, habilitierte sich bei uns für Römisches Recht und Strafrecht 30. Oktober 1828, ist aber bereits gestorben am 25. April 1831. Wissenschaftliche Leistungen von ihm von irgendwelcher Bedeutung liegen nicht vor.

3) Und zwar obschon das Ministerium selbst an seinem eigenen Vorschlag gerade den Mangel, daß Laspeyres nicht für Strafrecht qualifiziert sei, auszusetzen gehabt hatte! Er wurde dann statt nach Bonn nach Halle versetzt, März 1831; vgl. die Akten vom Februar d. J.

Nun eröffnete sich die Aussicht[1], daß die Niederländische Regierung Bonn zu einer Art von Landes-Universität für das Großherzogtum Luxemburg erklären und Birnbaums Kraft dafür verwenden werde. Jedenfalls bot dieser sich an, zunächst in freier Stellung, wobei ihm sein holländischer Halbsold verblieb, nach Bonn zu kommen, wo er über gemeines, deutsches und französisches Strafrecht, über gemeinen deutschen und französischen Kriminalprozeß, über Kriminalpolitik unter vergleichender Darstellung ausländischer Strafgesetzgebungen, auch über Geschichte und Theorie der germanischen Rechte zu lesen vorhabe. Das Angebot mußte um so willkommener erscheinen, — nachdem wieder einmal ein Versuch, Mittermaier zurückzugewinnen, gescheitert war — als es sehr billig war und dadurch Mittel, für anderer Fächer Neubesetzung zu sorgen[2]), übrigließ. So fand es denn unterm 16. Januar 1831 die Billigung der Regierung und kam zunächst insofern zur Ausführung, als Birnbaum hier erschien und in zwei Sommer-Semestern (1831 u. 1832) die angekündigten kriminalistischen Vorlesungen, wennschon mit geringer Zuhörerzahl, hielt. Die zu Grunde liegende Luxemburgische Aussicht scheiterte aber und so blieb, als Birnbaum sehr verlockende Berufungen nach Freiburg und Würzburg erhielt, nur übrig, ihn unter entsprechenden höheren Aufwendungen als ordentlichen Professor hier zu halten[3]), oder scheiden zu sehen. Der Kurator, der mit äußerster Wärme für ersteres eingetreten war, erhielt denn auch vom Ministerium die Vollmacht zu unterhandeln; doch zeigte ihm Birnbaum am 5. April 1833 an, daß er den Ruf nach Freiburg endgültig angenommen habe.

Während aller dieser Vorgänge hatte sich die Fakul-

1) Ähnliches tauchte gelegentlich immer wieder auf, auch in neuerer Zeit.

2) Der kuratoriale Bericht vom 22. Oktober 1832 nannte dafür unter anderem Stahl in Erlangen und Pütter in Greifswald.

3) Dafür bot sich gerade gleichzeitig durch den Tod von v. Droste die Möglichkeit; es handelt sich von da an um dessen Nachfolge.

tät[1]) ganz ablehnend, widerwillig und störrisch, auch schon gegen die erste Heranziehung von Birnbaum gezeigt. Sie trug damals keine Bedenken, nach Berlin zu berichten (6. März 1831), sie sei gegen Heranziehung auswärtiger Persönlichkeiten, die nur neue Konkurrenz-Unannehmlichkeiten herbeiführen würde „und mit der Frequenz der Universität, die ohnehin durch die ungünstigen Zeitumstände bedroht ist, außer allem Verhältnis stände". Die scharfe Kritik, die Rehfues an dieser Stellungnahme (Begleitbericht v. 22. März 1831) übte, fand die volle Billigung des Ministeriums, das im schärfsten Ton der Fakultät durch Erlaß vom 18. April 1831 eine schwere „Rüge" aussprach. Die Zerrüttung, die das Verhältnis namentlich zwischen Fakultät und Kurator dadurch erfuhr, war eine schwere und dauernde; manche gegen die Ansicht der Fakultät vom Kurator empfohlene und durchgesetzte, bedenkliche Berufungen der Folgezeit (z. T. Gärtner, durchaus Sell) erklären sich nur daraus[2]);

1) Jedoch hatte v. Droste Entgegenkommen bewiesen, indem er sein für S.-S. 1831 angezeigtes Kolleg über Strafrecht zu Gunsten von Birnbaum zurückzog, und auch weiter diesem dieses Fach überließ.

2) Natürlich lagen, wie fast immer, Fehler auf beiden Seiten vor. Einerseits ist gewiß nicht zu leugnen, daß die Fakultät Anlaß wenigstens gegeben zu haben schien zu dem ihr auf Anlaß des Kurators vom Minister gemachten Vorwurf, „daß die juristische Fakultät überhaupt jeder Konkurrenz, die allerdings die Honorarien-Einnahmen vermindern kann, abgeneigt ist". Andererseits war aber Rehfues einseitig zu Gunsten Mackeldeys befangen, unterschätzte die wissenschaftliche Bedeutung der romanistischen Historiker und traute sich selbst ein Urteil über juristische Berufungs-Fragen zu, das umsomehr ihn bei bestem Streben gelegentlich irreführen konnte, als mit dem Alter er offenbar wohl an skeptischer Geringschätzung der Fakultäts-Wissenschaften zugenommen hatte, nicht aber in Fühlung mit den Fortschritten der Wissenschaft auf der Höhe der Zeit geblieben war. So war es doch gar traurig, daß das Miniserium, unmittelbar hinter dem oben angeführten Satze, der Fakultät schreiben zu müssen glaubte: „Hieraus geht dann von selbst hervor, welcher Wert von Seiten des Ministeriums den auf solchen Gründen gestützten gutachtlichen Äußerungen der Fakultät über Stellenbesetzung beigemessen werden kann" — und daß dann auch praktisch darnach verfahren wurde. Die Annahme, daß es sich bei den Mitgliedern der Fakultät um Honorar-Besorgnisse handele, wird übrigens in einem Verantwortungs-Bericht der Fa-

auch sonst konnten Mißstände nicht ausbleiben; ganz ist erst unter dem folgenden, aus dem Schoße der Fakultät selbst hervorgegangenen Kurator v. Bethmann-Hollweg dieser Zustand überwunden worden.

Einstweilen führte er dazu, daß nun, nachdem die Episode Birnbaum abgeschlossen war, auf Wunsch der Fakultät der Romanist Puggé das Strafrecht übernahm, wie es denn seitdem mehrfach vorgekommen ist, daß der Überschuß romanistischer Kräfte nach dieser Seite abgeleitet wurde. Puggé hat sogar, als v. Droste am 13. August 1832 gestorben war, die Vorlesungen über Strafrecht nun auch für diesen, also dreimal hintereinander[1], gehalten. Nun aber meldete sich dafür[2]) auch der Privatdozent Romeo Maurenbrecher und setzte es dann auch trotz der Ablehnung der Fakultät durch, daß ihm dazu unmittelbar von Berlin her, wo er sich der Protektion von v. Kamptz erfreut zu haben scheint, die Möglichkeit erschlossen wurde[3]). So hat er eine Weile, vom W.-S. 1833/34 regelmäßig, Semester für Semester, bis (zuletzt und einschließlich) S.-S. 1838, bald Strafrecht, bald Kriminalprozeß, bald auch beide in einer Vorlesung, vorgetragen, mit Zuhörer-Zahlen, die kaum über 30 hinausgehen, bisweilen auch ganz versagen. Sein Verhältnis zu der Fakultät, in der er am 5. Juli zum außerordentlichen Professor befördert worden war, blieb dabei das denkbar schlechteste, wozu nicht wenig die Konkurrenz mit Böcking beigetragen haben mag, der auf Wunsch der

kultät vom 20. Juni 1831 entrüstet und nicht ohne gute Gründe zurückgewiesen. — Wegen sonst eingetretener Mißstände vgl. oben Abt. 2, Note 23, und Text dazu.

1) Im S.-S. 1832 neben Birnbaum, dann allein vom W.-S. 1832/33 ab, in dem Birnbaum schon nicht mehr gelesen hatte, und S.-S. 1833.

2) Und für das bekanntlich auch von v. Droste vertretene Staatsrecht, auf das sich dann weiterhin Maurenbrecher hauptsächlich, und nicht ohne Erfolg, geworfen hat; die betr. Meldung vom 21. August 1832.

3) Ministerial-Erlaß vom 23. Juni 1833, gibt der Fakultät auf, entweder Maurenbrechers Vorlesungs-Anzeige kurzer Hand aufzunehmen „oder solche von einer schleunig vorzunehmenden Habilitation abhängig zu machen".

Fakultät seit S.-S. 1834[1]) jedes zweite Semester über Strafrecht („Gemeines deutsches Strafrecht, verglichen mit preußischem und französischem“) las und dieses Kolleg denn auch dauernd, bisweilen selbst jedes Semester, später mit sehr hohen Zuhörerzahlen (S. 48: 86; S. 49: 121; S. 50: 102; S. 51: 118; S. 52 „unter Berücksichtigung der neueren Gesetzgebung“: 111; dann aber wieder rasch sinkend) gehalten hat. Zu einem Friedensschluß mit Maurenbrecher kam es erst kurz nach seiner Beförderung zum Ordinariate für das Fach des Staatsrechts (7. Juni 1838) und wohl anläßlich derselben, im August dieses Jahres[2]). Damit hängt wohl zusammen, daß er von da ab lange nichts Kriminalistisches mehr anzeigt[3]); er scheint dabei diese Vorlesungs-Gruppe Böcking überlassen zu haben, der dann nun auch einige Zeit Strafprozeß gelesen hat, vom W.-S. 1839/40 (publice) mehrfach bis S.-S. 1843.

Inzwischen hatten die Bemühungen, neben Puggé, Maurenbrecher und Böcking einen eigentlichen Kriminalisten zu gewinnen, doch nie ganz geruht. Man hat einmal (Nov. 1838) bei Göschel, dem bekannten Hegelianer, Pietisten und Quietisten angefragt, auch an Abegg oder Hencke oder Wilda gedacht. Wenn Wächter gewonnen worden wäre[4]), so wäre gewiß damit auch für das Strafrecht gesorgt gewesen. Schließlich, nachdem auch über Leue[5]) ein

1) Die Lücke, die zwischen Puggé (zuletzt S.-S. 1833, s. vorige Seite Note 1) und Böcking liegt, wird ausgefüllt durch einen einmaligen, mangels Erfolg gescheiterten Versuch des Germanisten Deiters, der auf Wunsch der Fakultät Strafrecht für W.-S. 1833/34 angezeigt hatte. Deiters und Böcking waren die Hauptgegner von Maurenbrecher.

2) Fakultätsbeschluß vom 1. August 1838.

3) Bekanntlich setzte seine Vorlesungs-Tätigkeit fast ganz aus mit der schweren Erkrankung, die zu Beginn des Jahres 1841 sich zeigte und der er am 3. Dezember 1843 erlegen ist. Angezeigt (ob wohl auch gelesen?) hat er noch einmal Strafrecht und Strafprozeß für das W.-S. 1842/43, in dem Böcking die betreffenden Vorlesungen ausfallen ließ.

4) Vgl. oben Abt. 2, Text zu Note 25.

5) Über Friedr. Gottfr. Leue, Staatsanwalt in Aachen, und seine strafprozessuale Tätigkeit s. Landsberg, Gesch. der RW., Noten, S. 201. Das Fakultäts-Gutachten vom 29. April 1837 spricht von seiner „auch

Gutachten eingeholt worden war, beschied man sich, Gustav Friedrich Gärtner[1]) zu berufen, einen Hegelianer strengster Observanz, der außer seinen eigentlichen Fächern (Staats- und Völkerrecht, Rechtsphilosophie, Encyklopädie) auch Strafrecht übernehmen mußte, wofür ihn eine Dissertation über die Grenze der cúlpa in iure criminali (1836) legitimierte. Er ist als Lehrer nicht ganz einflußlos, als Schriftsteller auf strafrechtlichem Gebiete unfruchtbar geblieben, freilich auch schon, nachdem er erst am 7. August 1837 für Bonn ernannt worden war, im Sommer 1841 erkrankt und am 3. Oktober 1841 gestorben; Strafrecht und Strafprozeß hat er kaum einige Male gelesen. Seine Persönlichkeit wird als würdig und sein Streben als ein lobenswertes später gekennzeichnet.

Für seine Nachfolge schlug die Fakultät vor (aber erst am 7. Juni 1842): Blume, Abegg, oder (pari passu) Zöpfl, oder Zachariae. Von allen diesen war der an erster Stelle genannte und auch berufene Blume (ernannt 15. Sept. 1842, in Bonn erst erschienen am 27. April 1843) der Einzige, der als Kriminalist nicht in Betracht kam. Immerhin übernahm er, bei seiner encyklopädischen Beherrschung der Jurisprudenz und als Prozessualist, doch mindestens den Kriminalprozeß, den Böcking in der Pause von 1840/42 auch noch, ebenso wie das Strafrecht, allein vertreten

wissenschaftlich" gefährlichen Richtung. — Man scheint auch einmal an eine Rückversetzung von Jarcke gedacht zu haben, doch bezeichnet das Ministerium eine solche als durch „höhere Rücksichten" ausgeschlossen. Dez. 1830.

1) Über Gärtners „Kritik des Untersuchungs-Prinzips des Preußischen Civil-Prozesses" von 1832 hatte die Fakultät, von Berlin befragt, nicht ganz ohne Anerkennung, aber kühl geurteilt. Er wurde dann von Berlin her stark bevorzugt, z. B. schon 1840 im Gehalt aufgebessert; in Bonn hatte er sich namentlich den Beginn der Tätigkeit durch schwache Latinität seines Einführungs-Programms erschwert; Maurenbrecher nannte seine Berufung nach Bonn einen „der Hegelschen Propaganda gelungenen Meisterstreich", ein „unerwartetes, kaum glaubliches Ereignis", (Brief an Rehfues vom 17. Sept. 1837) — aber auch die andere Fraktion der Fakultät stand ihm kaum geneigter gegenüber. Immerhin scheint er persönlich die Achtung der Kollegen gewonnen zu haben, und Rehfues wenigstens meint, er

hatte [1]). Daneben tritt dann seit S.-S. 1845 für den französisch-rheinischen Strafprozeß eine Vorlesung von Bauerband, der ja am 3. April 1844 ein neues Ordinariat für das gesamte rheinisch-französische Recht erhalten hatte. In der Hand dieser drei Nicht-Kriminalisten bleibt das Fach ausschließlich, bis wir endlich im Winter-Semester 1846/47 der ersten Strafrechts-Vorlesungs-Anzeige von Hälschner begegnen. Allmählich tritt dann zwischem diesen vier Beteiligten, und zwar ganz innegehalten vom Winter-Semester 1849/50 ab [2]), ein fester Turnus ein; Böcking liest Strafrecht in jedem Sommer, Hälschner jeden Winter; und Strafprozeß wird von Bauerband im Winter, von Blume im Sommer vorgetragen. So ist es dann bis Sommer-Semester 1867 ausnahmslos [3]) geblieben; inzwischen aber war Hälschner

sei, als ihn der Tod ereilte, eben im Begriffe gewesen, sich aus den Fesseln der Schule etwas zu befreien. Keinesfalls hatte er vor seiner Berufung etwas geleistet, was diese zu rechtfertigen geeignet gewesen wäre; vgl. auch Landsberg, Gesch. d. RW., Noten, S. 172. — Gustav Friedrich Gärtners Geburtsdatum vermochte ich nicht festzustellen; er verfolgte zunächst die praktische Justiz-Laufbahn, wurde 1828 Auskultator, 1833 Kammergerichtsassessor, ging 1835 als Assessor an das Oberappellationsgericht nach Greifswald, promovierte dort am 14. November 1835, wurde ebendort in demselben Jahre Privatdozent, 1837 außerordentlicher Professor und am 7. August 1837 als ordentlicher Professor hierher ernannt, wo er am 3. Oktober 1841, im 35. Lebensjahr, gestorben ist. Er war verheiratet mit einer Tochter des Geheimen Oberrevisionsrates Simon in Berlin. (Hiesige Fakultäts-Akten.)

1) Böcking liest Strafrecht viermal hintereinander, W.-S. 1840/41 bis S.-S. 1842; dann wieder S.-S. 1843 und dreimal S.-S. 1844 bis S.-S. 1845; W.-S. 1843/44 und W.-S. 1845/46 wurde es garnicht gelesen. — Strafprozeß liest Böcking W.-S. 1840/41, dann drei Sommer-Semester hindurch, Blume liest ihn dann von W.-S. 1843/44 fast Semester für Semester, und zwar „Gemeinen, preußischen und rheinischen Strafprozeß“; bei Bauerband heißt es: „Französischer, im Rheinland gültiger Strafprozeß im Vergleich mit dem in Deutschland gültigen“; er hat durchweg viel weniger Zuhörer als Blume; wenigstens zu Anfang, so lange er mit ihm konkurrierte.

2) Obgleich gerade in diesem Semester Hälschner das angekündigte Kolleg aus Gesundheitsrücksichten aussetzen muß.

3) Von da ab zunächst kleine Verschiebungen, Bauerband und Blume tauschen Semester; W.-S. 1867/68 und S.-.S 1870 bleibt

mit seinem umfassenden Lehr-System zu einem der leitenden Theoretiker des gemeinen deutschen und besonders des neuen Preußischen Strafrechts aufgewachsen; so daß er in derselben Stellung nach 1870 in das neue Deutsche Strafrecht des Reichsstrafgesetzbuches übertreten konnte. Auch er war ja zunächst nicht vom Strafrecht ausgegangen, sondern von Staatsrecht und Rechtsphilosophie[1]). Gerade darin hatte er dann aber die feste Grundlage für seine strafrechtliche Stellungnahme gefunden. Als gründlicher Rechtsphilosoph, keineswegs ausschließlicher Hegelianer, aber auch als Historiker des Preußisch-Brandenburgischen Strafrechts hervorragend, vertrat er die Strafrechtsschule jener Zeit, die uns die „klassische“ geblieben ist, sowohl wissenschaftlich wie akademisch wie persönlich vorzüglich; sein kerniges, festgefügtes und in der Grundauffassung unerschütterliches Wesen, in dem tiefer Ernst mit persönlichem Wohlwollen sich mustergültig verbanden, übte namentlich auf Zuhörer und Schüler tiefen Einfluß. In der Gesamt-Universität war seine Stellung eine höchst angesehene, seine Ansicht für die allgemeine Entwicklung vielfach maßgebend, wie er auch Vertreter der Universität im Herrenhause war. Dazu kommt, daß er seine ganze lange akademische Tätigkeit ausschließlich Bonn gewidmet hat; so steht Hugo Philipp Egmont Hälschner noch heute als der Kriminalist der Bonner Fakultät in ihrem ersten Jahrhundert vor unser Aller Augen, namentlich der Älteren unter uns. Der Schreiber dieser Zeilen ist ihm zeitlebens ein dankbarer Schüler geblieben.

---

der Strafprozeß ungelesen, zwischen Böcking's Ausscheiden und Wach's Eintritt übernimmt einmal (S.-S. 1869) Hälschner, zweimal (S.-S. 1870 und 1871), der zu Allem stets bereite Publizist Aegidi das Sommer-Strafrecht, das 1872 ausfällt.

1) Dafür habilitiert und zwar für Staats- und Völkerrecht am 28. Januar 1843, für Rechtsphilosophie am 12. Oktober 1844; die Habilitation für Strafrecht erfolgte dann erst März 1846, die für Strafprozeß, den er zunächst noch nicht las, November 1846; seine Beförderung zum außerordentlichen Professor am 31. März 1847, zum ordentlichen Professor am 23. September 1850, beide unter freudiger Zustimmung der Fakultät.

Der damit eingeleitete Aufstieg des Strafrechts an unserer Hochschule führte zu einem Höhepunkt, als nach Böcking's Tod[1]) Fakultät, Kuratorium und Ministerium, wenngleich erst nach einigen Verzögerungen und Schwankungen, einig wurden, die Lücke durch einen Vertreter der beiden Fächer des Prozesses einerseits, des Strafrechts andererseits auszufüllen und dafür als die einzig geeignete, Alles verbindende Persönlichkeit Adolf Wach in Tübingen bezeichnet und gewonnen wurde (10. Juni 1872). Eine derartig vorzügliche Doppel-Besetzung durch zwei hervorragende, einander persönlich und sachlich so glücklich ergänzende Fachmänner wie in den fünf Semestern, die Hälschner und Wach hier nebeneinander tätig waren, hatten wir seit Beginn der Universität, seit Mittermaier's und Welcker's Tagen nicht mehr gesehen. Beide Männer hielten auch strafrechtliche Übungen, Wach auch einmal strafprozessuale Übungen; den Strafprozeß lasen nun abwechselnd Blume und Wach. Es ist wohl kein Zufall, daß diese beiden Glanzzeiten mit den Nachschwingungen je eines großen nationalen Triumphes zusammenfielen. So entspricht denn auch der Verschiedenheit, die die politische Entwicklung in diesen beiden Epochen nahm, die Verschiedenheit der Fortgestaltung bei uns; in den 20er Jahren der jähe Absturz, in den 70er Jahren eine ständige, sachgemäße Fortbildung, wennschon sich eine glänzende Persönlichkeit wie Wach nicht lange hier fesseln ließ und nicht immer zwei Kriminalisten uns geboten werden konnten, geschweige denn zwei vom ersten Range eines Wach und Hälschner. Daß aber die Kriminalistik überhaupt gar nicht fachmäßig vertreten gewesen wäre, das ist denn doch seit Hälschner nicht mehr vorgekommen.

---

1) Böcking ist gestorben am 30. Mai 1870; Blume fängt etwa gleichzeitig an zu kränkeln, hält aber seine Vorlesungstätigkeit aufrecht. Auf Wach weist dann zunächst hin der Kurator Beseler in einem Bericht vom 13. Januar 1872, formal als auf den Nachfolger für Aegidi, während für Böcking ein Germanist gewünscht wird; aber im Strafrecht war dann doch Wach der Nachfolger Böcking's, in dem Strafprozeß trat er für den alternden Bauerband ein, der diese seine Vorlesung zuletzt S.-S. 1872 gelesen hat.

Als Blume am 3. November 1874 gestorben war und Wach uns, viel beklagt und vermißt, zum Sommer 1875 verlassen hatte, wurde, soweit es sich um die hier besprochenen Fächer handelt, vorgesorgt, indem Endemann (am 1. April 1875) hierher berufen und der Romanist Schloßmann zu regelmäßigen Vorlesungen über Strafrecht bestimmt wurde. Da die Säule unserer Kriminalistik, Hälschner, noch fest dastand, so mochte dieser Rückfall in eine alte bedenkliche Übung[1]) für das Strafrecht erträglich erscheinen. Für den Strafprozeß war der Prozessualist Wilhelm Endemann dagegen ein vortrefflicher Erwerb, hatte Endemann doch gerade durch Eintreten für die modernen Prinzipien und Errungenschaften des Prozesses sich seinen Namen gemacht und durfte so für die Aufgabe, die Rheinländer in die Kenntnis der bevorstehenden neudeutschen Strafprozeßordnung einzuführen, als der besonders geeignete Mann angesehen werden. Mit Hälschner, Endemann und Schloßmann gelang es denn auch, besonders seit Hälschner sich (W.-S. 1877/78) entschloß, abwechselnd mit Endemann den Strafprozeß zu lesen, dem er bis dahin ferngeblieben war, wieder einen festen Turnus zu organisieren, durch den es dauernd sichergestellt wurde, daß beide Fächer in jedem Semester gelesen wurden[2]). Es geschah dies so, daß Hälschner abwecheld Strafrecht und Strafprozeß las[3]), während in den umgekehrten Semestern abwechselnd Schloß-

1) So faßt es, als der Vorschlag dazu von der Fakultät gemacht wurde, Beseler mit Recht auf und hebt dabei namentlich auch treffend hervor, wie unglücklich dieser Vorschlag auch im Interesse des jungen Mannes sein würde; Bericht vom 2. Dezember 1875. Indessen blieb nach der Antwort des Ministers Falk vom 23. Dezember 1875 keine andere Wahl.

2) Darauf hatte der Minister in demselben Erlasse, in dem er einen kriminalistischen Ersatz für Wach nicht senden zu können erklärte — s. vorige Note —, doch ausdrücklich bestanden. Immerhin konnte für den Strafprozeß während einiger Winter-Semester nach Blume's Ausfall nicht gesorgt werden; das Strafrecht ist kein Semester ausgefallen.

3) Seit 1879 letzteren im Sommer, das Strafrecht immer im Winter, die Übungen im Sommer.

mann Strafrecht und Endemann Strafprozeß lasen; dazu kamen noch regelmäßig jedes zweite Semester Hälschner's strafrechtliche Übungen im juristischen Seminar.

Schloßmann ging zum Herbst 1884 als ordentlicher Professor des römischen Rechts nach Kiel. Für ihn schickte uns das Ministerium wieder einen außerordentlichen Professor, nun aber einen Kriminalisten von Fach und Beruf, Friedrich Oetker[1]), der sich namentlich auch des Strafprozesses, dieses Stiefkindes unserer Wissenschaft, mit Liebe annahm und von ihm sofort den längst zum Senior der Fakultät gewordenen Hälschner befreite[2]). Es wurden nun abwechelnd das Strafrecht von Hälschner und Oetker, der Strafprozeß von Endemann und Oetker vorgetragen, seminaristische Übungen über das Strafrecht hielt Oetker. Außerdem wurde vereinzelt über Geschichte des Strafrechts oder dergleichen gelesen von Landsberg, nachdem diesem die ursprünglich nur für römisches Recht erteilte venia legendi auch (Beginn Februar 1884) auf das Strafrecht ausgedehnt worden war.

Als uns Oetker zum 1. April 1888 verließ, um ein Ordinariat in Rostock zu übernehmen, konnte so für ihn im Strafrecht Landsberg einspringen, während Hälschner noch einmal aushilfsweise Strafprozeß übernahm. Das Ministerium aber fragte bei dieser Gelegenheit an, ob nicht Berufung eines ordentlichen Professors, wennschon nicht gerade für die von Oetker vertretenen Fächer angemessen sei (7. April 1888). Auf diese Einladung antwortete die Fakultät (22. Mai 1888) mit dem Wunsch eines Ordinariates

1) Friedrich August Heinrich Johannes Oetker, geb. zu Cassel am 6. Mai 1854, Gymnasium dort, Universitäten Göttingen und Leipzig 1872—75, Dr. jur. in Leipzig am 6. Juli 1876, habilitiert in Marburg am 5. Juli 1884, dort ao. Professor am 1. Juli 1885, als solcher hierher versetzt am 1. Oktober 1885, ord. Professor in Rostock vom 1. April 1888 ab. Später zum 1. Oktober 1895 nach Würzburg, zum 1. April 1900 nach Marburg, zum 1. Oktober 1902 wieder nach Würzburg berufen.

2) Ministerial-Verfügung vom 10. Juli 1885; sie befreit Hälschner von der Verpflichtung, Strafprozeß zu lesen, wogegen er Kirchenrecht (als Protestant) übernimmt.

hauptsächlich für Verwaltungs- und Kirchenrecht und eines Extraordinariates für die Oetker'schen Fächer; für jenes brachte sie Kahl aus Erlangen, für dieses Kleinfeller aus München in Vorschlag; ersterer Vorschlag wurde von dem Ministerium in der Weise angenommen, daß Kahl zugleich Lehrauftrag für Strafrecht und Strafprozeß erhielt und dadurch die Berufung eines weiteren Dozenten sich erübrigte. Doch erklärt dieser Zusammenhang, warum Kahl[1]) während seiner Tätigkeit in Bonn (vom W.-S. 1888/89 ab, Bestallung vom 28. Juli 1888) als Lehrer des Strafrechts weniger hervorgetreten ist, als später, da er dieses Fach in Berlin (vom W.-S. 1895/96 ab) in so hervorragender Weise vertreten sollte und vertritt.

Am 16. März 1889 starb Hälschner, und nun handelte es sich um die Neuberufung eines eigentlichen Kriminalisten. Die Fakultät brachte nacheinander Merckel in Straßburg, LGR. P. Bünger in Schneidemühl, v. Rohland in Dorpat (28. Juni 1889), dann noch von Liszt, Bar, Löning (2. August 1889) in Vorschlag. Am 20. März 1890 wurde, zum bevorstehenden Sommer-Semester, dafür Hermann Seuffert[2]) aus Breslau hierher versetzt, der sich seines Faches

1) Ernst Petrus Wilhelm Kahl, las hier Strafrecht nur im S.-S. 1889 und im W.-S. 1890/91, während er es zu seinem Teile in den Semestern vorher und nachher Landsberg überließ. — Er ist geboren zu Kleinheubach in Bayern am 17. Juni 1849, Gymnasium Schweinfurt, Universitäten Erlangen und Münster 1867—1872, während dessen aber auch Teilnahme am Kriege 1870/71, Dr. jur. zu Erlangen am 19. April 1873, habilitiert zu München am 22. Januar 1876, ao. Professor zu Rostock am 28. Januar 1879, ebenda ord. Professor am 15. August 1879, zum Sommer-Semester 1883 nach Erlangen berufen, wo er seit 1886 zugleich Prokanzler der Universität war.

2) Hermann Seuffert, geboren zu Ansbach i. B. 28. August 1836, Maximilian-Gymnasium zu München, Universitäten München und Heidelberg 1853—57, Okt. 1857 bis Okt. 1859 Gerichtspraktikant, Herbst 1861 bis August 1862 gerichtliche und rechtsanwaltliche Praxis in Zweibrücken, promoviert zu München 27. Februar 1861, habilitiert 10. August 1861 ebenda, dort auch ao. Professor 10. Mai 1868, ord. Professor in Gießen 13. November 1872, in Breslau 6. Februar 1879, in Bonn 20. März 1890, hier gestorben 23. November 1902. (Bonner Universitäts-Chronik, Jahrgang 28, S. 3 fg.)

sofort mit dem glühenden Pflichteifer annahm, den er in eiserner Selbstzucht bis an seines Lebens Ende, zuletzt während schwerster Krankheit, bewähren sollte. Er las fünfmal hintereinander Strafrecht, fügte dazu strafrechtliche und (zum ersten Male) strafprozessuale Übungen, und im Winter-Semester übernahm er außerdem, während Endemann das Sommer-Kolleg beibehielt, den Strafprozeß. Darin trat eine Änderung erst 1894 ein, indem er das Sommer-Strafrecht von da ab regelmäßig [1]) Landsberg überließ. Dieser erhielt dann, als Endemann vom 1. April 1896 ab vom Halten von Vorlesungen sich befreien ließ, auch Lehrauftrag für Strafrecht und Strafprozeß (23. Oktober 1895). Die Vorlesungen über beide Fächer wurden seitdem in streng regelmäßiger Abwechslung von Seuffert und Landsberg gehalten [2]); die Übungen blieben noch eine Zeit lang ausschließlich in der Hand von Seuffert; vom Sommer 1901 ab hielt dann auch Landsberg solche über Strafrecht, während die strafprozessualen stets ausschließlich von Seuffert gehalten worden sind.

Mit Hermann Seuffert ist nach dem Klassiker Hälschner die jüngere sozial-utilitaristische Strafrechtsschule in Bonn zu Worte gekommen, während Landsberg mehr einen vermittelnden Standpunkt festhält. Auch Seuffert war keineswegs von jenen neueren Überzeugungen ausgegangen, er hat sich vielmehr erst, namentlich gerade während seiner Bonner Zeit, unter dem Druck der dahin führenden Strömung, unter peinlich gewissenhafter Nachprüfung aller modernen Erscheinungen und Verhältnisse, allmählich dazu durchgerungen und ist dann mit der vollen Lauterkeit und Warmherzigkeit seines Wesens dafür ein-

---

1) Zum erstenmale S.-S. 1894, da damals Endemann erkrankte und Seuffert für diesen Zivilprozeß übernahm; dann ohne diesen Grund S.-S. 1895; endgültig mit Endemann's Rücktritt, vom S.-S. 1896 ab, wie S.-S. 1894.

2) Nämlich Strafrecht im Winter von Seuffert, im Sommer von Landsberg, und Strafprozeß umgekehrt; strafrechtliche Übungen Seuffert, auch strafprozessuale, im Winter, Landsberg (ohne Strafprozeß) im Sommer.

getreten. So hat er wesentlich dazu beigetragen, gerade indem er als einer der Älteren mit aller seiner Überzeugungskraft an die Spitze der Jüngeren trat [1]), daß deren Anschauungen in akademischen wie praktischen Kreisen immer ernsthafter genommen worden und allmählich zum Vollgewichte weitgehender Anerkennung gelangt sind. Auch schriftstellerisch hat Seuffert in dieser seiner späteren, Bonner Zeit sich eigentlich erst zu voller, freier Betätigung entfaltet und auch dadurch seine Berufung nach Bonn nachträglich glänzend gerechtfertigt. Eingehende Studien zur Statistik des Strafrechts, denen sich Seuffert in den letzten Jahren seines Lebens widmete, hingen mit seiner Richtung und mit der Vorbereitung auch gesetzgeberischer Aufgaben zusammen; sie sind, durch seinen frühen Tod unterbrochen, nicht zum Ergebnisse gelangt.

Nach Seuffert's Hinscheiden (23. November 1902) trat, auch in Bezug auf die Stellung im Schulstreite, an seine Stelle Josef Heimberger [2]). Er wurde, auf Vorschlag der Fakultät hierher berufen zum Sommer 1903 und versieht seitdem die beiden Fächer des Strafrechts und Strafprozesses in Vorlesungen und Übungen, in regelmäßiger Abwechslung mit Landsberg [3]). (Dieser ohne strafprozessuale Übungen.) Auch hat Heimberger öfter über Reichsmilitärstrafrecht und -strafprozeß gelesen.

Daneben habilitierte sich bei uns, für Strafrecht und Strafprozeß, am 14. Januar 1914, als bereits durch wissenschaftliches Schaffen wie durch praktische Erfahrung be-

---

1) Vor Allem durch seine wirksame Rektor-Rede von 1897: „Was will, was wirkt, was soll die staatliche Strafe?"

2) Josef Heimberger, geboren zu Amorbach in Unterfranken 16. Februar 1865, Gymnasien Landau und Augsburg, Universität München, seit 1887 Gerichts-Referendar, seit 1891 Gerichts-Assessor in München, ebendort Dr. jur. 7. August 1888, habilitiert in Würzburg 4. März 1893, ao. Professor in Straßburg 4. August 1896, ord. Professor in Münster i. W. 6. Juli 1902, vor Antritt dieses Amtes davon entbunden am 1. September 1902, ord. Professor in Gießen am 24. September 1902, von dort hierher ernannt 12. Januar 1903.

3) Wie früher zwischen Seuffert und Landsberg, nur in den umgekehrten Semestern.

währter Jurist Albert Coenders[1]). Indem er während der ersten Kriegs-Semester die Vorlesungen von Heimberger übernahm, wurde es zunächst möglich, den vollen Betrieb aufrecht zu erhalten. Seitdem er zur Kriegs-Vertretung nach Greifswald sich begeben hat und, dort am 19. September 1915 zum außerordentlichen Professor ernannt, aus unserer Fakultät ausgetreten ist, konnte freilich jede der Vorlesungen und Übungen nur noch in jedem zweiten Semester gehalten werden.

Heimberger stand vom Beginn des Krieges an im Kriegsdienst; in seiner Vertretung ist dieser Abschnitt unserer Fakultäts-Geschichte, den er übernommen hatte, von Landsberg geschrieben. Jenem lag Höheres ob; statt Fakultäts-Geschichte mit der Feder, schrieb er Weltgeschichte mit der Waffe, bis er jetzt wieder zur Ausübung seines friedlichen Berufes in altgewohnter Weise neben Landsberg zurückgekehrt ist.

1) Albert Coenders, geb. 8. November 1883 zu Lüdinghausen i. W., Gymnasium Cleve, Universitäten Marburg, Berlin, München, Bonn, seit August 1905 Gerichts-Referendar, seit April 1910 Gerichts-Assessor und als solcher in richterlicher Tätigkeit, Dr. jur. bei uns am 31. Oktober 1913.

Zur Reform des Strafprozesses.

Rechtsvergleichung und Vorschläge.

Von Joseph Heimberger.

Inhalt.

Vorwort.

Vor dem Ausbruch des Krieges war in Deutschland zur Vorbereitung der Reform der Strafgerichtsverfassung und des Strafverfahrens eine rechtsvergleichende Darstellung deutschen und ausländischen Strafprozesses mit daran sich anschließenden Vorschlägen für die künftige Gestaltung des deutschen Rechts in Angriff genommen worden — nach dem Muster der rechtsvergleichenden Darstellung des materiellen Strafrechts. Da kam der Krieg und mit ihm die Unterbrechung und späterhin die vollständige Aufgabe der Ausführung der Arbeit.

Mir waren für jene Rechtsvergleichung als Themen zugefallen: Der Aufbau der Strafgerichte, die Gerichtsstände, die Ausschließung und Ablehnung von Richtern. Da man neuerdings an die Reform des Strafprozesses wieder herangetreten ist, glaube ich das früher gesammelte Material nicht unverarbeitet liegen lassen zu sollen. Freilich besteht nach amtlichen Äußerungen in der Nationalversammlung wie nach halbamtlichen in der Presse die Möglichkeit, daß der Entwurf einer neuen Strafprozeßordnung eher erscheint, als diese zu einer Festgabe für einen verehrten Kollegen bestimmte Arbeit ausgegeben werden darf. Zum Druck mußte sie abgeliefert werden Mitte Juli, und der Festtag fällt auf den 18. September. Immerhin ist es nicht ausgeschlossen, daß bei der Menge grundlegender und für unser nationales Dasein wichtigerer Fragen, die augenblicklich der Lösung harren, die Gerichts- und Prozeßreform noch für einige Zeit zurücktritt, und daß dann auch diese Erörterungen bei der Neugestaltung unseres Gerichtsverfassungs- und Prozeßrechts noch Beachtung finden können.

I. Der Aufbau der Strafgerichte.

I. Das geltende deutsche Recht.

1. Die Gerichte erster Instanz.

1. Geschichtliche Vorbemerkung.

Bevor am 1. Oktober 1879 das Deutsche Gerichtsverfassungsgesetz in Kraft getreten war, hatten die meisten deutschen Einzelstaaten[1]) drei Arten erkennender Gerichte erster Instanz besessen, deren Zuständigkeit nach der Schwere der abzuurteilenden Tat abgestuft war. Als erstinstanzliche Gerichte oberster Ordnung waren — mit Ausnahme von Sachsen-Altenburg und den in Anmerkung 1 genannten Staaten — überall Schwurgerichte eingeführt, die sich nur insofern von einander unterschieden, als der Gerichtshof bald aus drei, bald aus fünf rechtsgelehrten Richtern zusammengesetzt war, während die Geschworenenbank durchweg aus zwölf Geschworenen bestand. — In den erstinstanzlichen Gerichten mittlerer Ordnung saßen fast überall nur rechtsgelehrte Richter, deren Zahl in der Regel drei, in einigen wenigen Staaten fünf betrug. In Sachsen, Württemberg und Hamburg waren die Gerichte mittlerer Ordnung als Schöffengerichte ausgestaltet. (Sachsen: 3

---

1) Eine Ausnahme machten die beiden Mecklenburg, Lippe und Schaumburg-Lippe, deren Strafrechtspflege von den seit 1848 anderwärts durchgeführten Reformen unberührt geblieben war. — In Lübeck bestand nur ein einziges Strafgericht erster Instanz. Es war mit drei Richtern besetzt. Vgl. C. Hahn, Die gesamten Materialien zum Gerichtsverfassungsgesetz 1. Abteilung 2. Aufl. 1883 S. 32.

Richter, 4 Schöffen; Württemberg: 3 Richter, 2 Schöffen und in schwereren Fällen 4 Richter, 3 Schöffen; Hamburg: 2 Richter, 3 Schöffen.) — Als erstinstanzliches Gericht unterster Ordnung urteilte in den meisten Staaten ein Einzelrichter. Nur in wenigen Staaten (Baden, Oldenburg, Bremen und in Preußen in den 1866 neu erworbenen Landesteilen) hatte man für die Gerichte unterster Ordnung die Schöffenverfassung (1 Richter, 2 Schöffen) eingeführt. Eine Sonderstellung nahm Württemberg ein, welches die leichtesten Fälle durch ein Kollegium von 2 Richtern und 3 Schöffen (Oberamtsgerichte) entscheiden ließ.

2. Heutiges Recht.

Unsere heutige deutsche Gerichtsverfassung kennt fünf Arten von Strafgerichten erster Instanz:

1. Den Amtsrichter als Einzelrichter in den Fällen des § 211 Abs. 2 St.P.O. und im Strafbefehlsverfahren nach §§ 447 ff. St.P.O. Auch ist nach Landesrecht auf Grund der Erlaubnis in § 3 Abs. 3 E. G. z. St.P.O. der Amtsrichter als Einzelrichter für Forst- und Feldrügesachen zuständig.
2. Die Schöffengerichte (1 Amtsrichter, 2 Schöffen).
3. Die Strafkammern der Landgerichte (5 rechtsgelehrte Richter).
4. Die Schwurgerichte (3 Richter, 12 Geschworene).
5. Das Reichsgericht, als erkennendes Gericht erster Instanz bestehend aus dem vereinigten zweiten und dritten Strafsenat, bei Verrat militärischer Geheimnisse aus dem zweiten Strafsenat allein[1]. (Ein Senat besetzt mit 7 Richtern.)

Die sachliche Zuständigkeit dieser Gerichte bestimmt sich nach der Schwere der abzuurteilenden Tat. Nur kommt beim Reichsgericht auch in Betracht, daß die Tat gegen (den Kaiser oder) das Reich gerichtet sein muß.

2. Die Gerichte höherer Instanz.

Als solche sind tätig:

a) Die Strafkammern der Landesgerichte und zwar

1) § 18 Abs. 2 des Ges. v. 3. Juni 1914 betr. den Verrat militärischer Geheimnisse.

α) als Berufungsgerichte gegenüber den Urteilen der Schöffengerichte und der Amtsrichter als Einzelrichter. Sie sind bald besetzt mit 5, bald mit 3 Mitgliedern, letzteres bei Übertretungen und Privatklagesachen.

β) als Beschwerdegerichte gegenüber Verfügungen des Amtsrichters, des Untersuchungsrichters und Entscheidungen der Schöffengerichte, hier immer besetzt mit 3 Mitgliedern.

b) Die Strafsenate der Oberlandesgerichte

α) als Revisionsgerichte gegenüber Berufungsurteilen der Strafkammern, ferner gegenüber erstinstanzlichen Urteilen der Strafkammern, sofern in diesem Fall die Revision ausschließlich auf die Verletzung landesrechtlicher Normen gestützt wird;

β) als Beschwerdegerichte gegen strafrichterliche Entscheidungen erster Instanz, soweit nicht die Zuständigkeit der Strafkammer begründet ist, und gegen Entscheidungen der Strafkammern in der Beschwerde- und Berufungsinstanz.

Die Strafsenate der Oberlandesgerichte sind immer mit fünf Richtern besetzt.

c) Die Strafsenate des Reichsgerichts.

α) Sie wirken als Revisionsgerichte gegenüber den Urteilen der Schwurgerichte, ferner gegenüber den erstinstanzlichen Urteilen der Strafkammern (mit der unter lit. b *α* erwähnten Ausnahme) und gegenüber Berufungsurteilen der Strafkammern im Fall des § 136 Abs. 2 G.V.G.

β) Als Beschwerdegericht wird der erste Strafsenat des Reichsgerichts tätig in den vor das Reichsgericht in erster Instanz gehörigen Strafsachen und zwar gegenüber Verfügungen des Untersuchungsrichters oder auch eines Amtsrichters.

Besetzt sind die Strafsenate des Reichsgerichts immer mit sieben Mitgliedern.

II. Das ausländische Recht.

Vorbemerkung.

Bei der Darstellung des ausländischen Rechts habe ich das englische und amerikanische nicht berücksichtigt. Beide sind, jedenfalls auf dem hier bearbeiteten Gebiet, unserer eigenen Art so fremd und fern, leiden auch, zumal das amerikanische Recht, an einer solchen Verworrenheit und Buntscheckigkeit, daß von ihrer Darstellung für die künftige Gestaltung unseres deutschen Rechts kaum ein Vorteil zu erwarten ist.

Wer sich hiervon überzeugen will, möge, was das englische Recht anbelangt, Gerlands bekanntes Werk „Die englische Gerichtsverfassung. 1910" ansehen. Von der gänzlichen Unverwendbarkeit amerikanischer Gerichtseinrichtungen zur Verbesserung deutscher Verhältnisse aber kann er sich überzeugen in dem Werk von Alf. Nerincx, professeur à l'université de Louvain, „L'organisation judiciaire aux États-Unis. Ouvrage couronné par l'Institut de France. Paris 1910"[1]). Das Gerichtsverfassungsrecht der Vereinigten Staaten ist das Recht einer von uns längst überwundenen Kulturepoche. Nerincx wirft am Schlusse seines Werkes (S. 421) die Frage auf, die sich jedem Leser während der Durcharbeitung des Buches von selbst aufgedrängt hat: „N'y a-t-il donc rien dans cette organisation judiciaire que nous, Européens, pussions lui emprunter avec quelque avantage? Car il serait étonnant que les institutions d'un grand peuple ne présentassent aucun détail qui pourrait être d'une application utile dans d'autres pays". Und darauf erwidert er: „Notre réponse sera complètement négative en ce qui concerne l'organisation judiciaire." (S. 422.) „En somme, jusqu'à présent, les Américains ont dû se contenter, dans la plupart de leurs États, d'une organisation judiciaire qu'un Européen ne peut

1) Das „Handbuch der Rechtspflege in den Vereinigten Staaten von Nordamerika" von William Vocke, Köln 1891, behandelt nur Zivilprozeß und Zivilgerichtsverfassung, zeigt aber auch deutlich die Verworrenheit und Rückständigkeit des amerikanischen Rechts.

s'empêcher d'apprécier médiocrement, tant en elle-même que dans ses résultats, au point de vue civil comme au point de vue répressif."

Ebensowenig aber bietet das ein Jahr nach dem Buche von Nerincx erschienene Gerichtsverfassungsgesetz für den Bund selbst vom 3. März 1911 „An act to Codify, Revise and Amend the Laws Relating to the Judiciary" [1]) in seinen entsetzlich langstieligen Bestimmungen irgendwelche brauchbaren Vorbilder für die Gestaltung unserer künftigen Gerichtsverfassung.

A. Gerichte erster Instanz.

In den meisten hier berücksichtigten Staaten ist die Gliederung der Gerichte erster Instanz einfacher als in Deutschland. Man begnügt sich dort in der Regel mit einer Drei- oder auch nur Zweigliederung der ersten Instanz.

1. Zweigliederung.

Einer reinen Zweigliederung begegnet man nur in wenigen Staaten.

1. Niederlande. Nach der Wet op de regterlijke organisatie (in der neuesten Fassung von 1911) urteilen als Gerichte erster Instanz:
   a) Die Kantongerichte (Kanton-Geregten), besetzt mit dem Kantonrichter als Einzelrichter. §§ 30ff., hier § 44.
   b) Die Arrondissementsgerichte (Arrondissements-Regtbanken), besetzt mit drei Richtern. §§ 46ff., hier §§ 56 und 57.

In einigen Fällen wird zwar auch der Hohe Rat (de Hooge Raad), besetzt mit zehn Richtern, in erster und letzter Instanz tätig, ebenso wie das Deutsche Reichsgericht; aber es handelt sich hier wie bei diesem um Ausnahmefälle (Amtsverbrechen der höchsten Staatsbeamten und um Seeräuberei und Kaperei §§ 92 und 93), so daß man bei Feststellung der Gliederung der Gerichte erster Instanz von dem Hohen Rat absehen kann. — Schwurgerichte bestehen nicht.

---

1) Veröffentlicht in „Compiled Statutes of the United-States-Supplement 1911. Compiled by John a Mallory St. Paul 1912" S. 128ff.

Den Kantongerichten sind nur die Feldfrevel und die Übertretungen, soweit deren Aburteilung nicht einem anderen Gericht übertragen ist, zugewiesen; den Arrondissementsgerichten alle anderen strafbaren Handlungen (mit Ausnahme derjenigen, für welche der Hohe Rat zuständig ist).

2. Kanton Schwyz. Die beiden Gerichte erster Instanz sind hier Kollegialgerichte; Einzelgerichte gibt es nicht. Man unterscheidet:

a) Das Bezirksgericht. Es entscheidet in der Besetzung von drei Mitgliedern einschließlich des Präsidenten in „korrektionellen Fällen“[1]). Die korrektionellen Fälle sind die Polizeivergehen, die im Polizeistrafgesetz bedroht sind[2]).

b) Das Kriminalgericht. Es urteilt in der Besetzung von fünf Mitgliedern über alle Kriminalfälle d. h. alle Fälle, die durch das Strafgesetz bedroht sind[3]).

Ein Schwurgericht ist nicht vorhanden.

3. Japan. Das Gerichtsverfassungsgesetz vom 10. Februar 1890 kennt als Strafgerichte erster Instanz:

a) Das Bezirksgericht. Die Gerichtsbarkeit wird hier geübt durch Einzelrichter. § 1 Z. 1, § 11. Die Zuständigkeit des Einzelrichters geht sehr weit; sie erstreckt sich z. B. auf alle Diebstähle (§ 16,I Z. 2), und diese sind nach dem Str.G.B. vom 23. April 1907 § 235 bedroht mit Zuchthaus bis zu 10 Jahren.

b) Das Landgericht (Strafkammer), besetzt mit drei Richtern. § 1 Z. 2, § 19, § 32. Es ist zuständig

---

1) § 18 Z. 7 des Ges. über das Verfahren in Strafrechtsfällen im Kanton Schwyz vom 18. Febr. 1908 (Ges. Sammlung des Kantons Schwyz. Neue Folge, 6. Band, S. 337 ff.) und § 83 ff. der Verfassung des eidgenössischen Standes Schwyz gemäß Partialrevision vom $\frac{\text{20. Okt. 1898}}{\text{11. März 1900}}$

2) Siehe Karl Stooß, Die Schweizerischen Strafgesetzbücher, 1890, S. 18, Anm. 1.

3) § 18 Z. 7 des vorgenannten Gesetzes v. 18. Febr. 1908 und §§ 68 u. 69 der Verfassung.

für alle Strafsachen, die nicht vor das Bezirksgericht oder den obersten Gerichtshof gehören, welcher eine ähnliche erstinstanzliche Zuständigkeit besitzt wie das Deutsche Reichsgericht. § 27 Z. 1 u. § 50 Z. 2.

Auch in Japan finden sich keine Schwurgerichte.

Es bedarf keiner Ausführung, daß für Deutschland, wo man auf die Zuziehung von Laienrichtern, besonders von Geschworenen nicht verzichten will, eine Nachahmung der Ausgestaltung erstinstanzlicher Gerichtsbarkeit, wie sie sich in den Niederlanden, in Japan und in Schwyz findet, ausgeschlossen ist.

2. Dreigliederung.

1. Die Dreigliederung der erstinstanzlichen Gerichte ist vor allem in den Ländern des französischen Rechts hergebracht.

In Frankreich[1]) wie in Belgien hat man:

a) Das Friedensgericht. Es heißt in seiner Eigenschaft als Strafgericht tribunal de simple police und ist mit einem Einzelrichter, dem juge de paix, besetzt[2]).

b) Das Zuchtpolizeigericht, tribunal correctionnel, besetzt mit mindestens drei rechtsgelehrten Richtern[3]). Die Mitwirkung einer größeren Zahl von Richtern ist nicht ausgeschlossen; doch findet sie meines Wissens in der Praxis kaum statt und zwar mit Recht, da der Wechsel in der Richterzahl immer wieder einen Wechsel in dem Stimmenverhältnis bei der Entscheidung veranlassen müßte.

c) Das Schwurgericht, cour d'assises, zusammengesetzt aus dem Gerichtshof im engeren Sinne (drei Richtern) und zwölf Geschworenen[4]).

---

1) Vgl. für Frankreich besonders das Buch von Eugen Wilhelm, Die französische Gerichtsorganisation. 1911. Beilageheft zu Band 78 des „Gerichtssaal“.

2) Code d'instruction criminelle, Art. 138.

3) Ges. v. 30. August 1883 sur la réforme de l'organisation judiciaire, Art. 4.

4) Code d'instr. crim., Art. 252 u. 394.

Die Zuständigkeit der verschiedenen Gerichte bestimmt sich nach der Schwere der Tat. Das tribunal de simple police besitzt nur eine geringe sachliche Zuständigkeit, nämlich bloß für Handlungen, die mit höchstens 15 Fr. Geldstrafe oder fünf Tagen Gefängnis bedroht sind[1]). Die unausbleibliche Folge dieser außerordentlich geringen Zuständigkeit des einfachen Polizeigerichts muß eine Überlastung des Zuchtpolizeigerichts sein, und es wird, wenigstens in großen Städten, eine flüchtige Behandlung der Fälle durch dieses kaum vermieden werden können[2]).

2. In Italien ist die Strafgerichtsbarkeit erster Instanz in gleicher Weise eingerichtet wie in Frankreich. Sie wird ausgeübt
   a) durch den pretore als Einzelrichter. Art. 52 u. 56 Z. 2 des Ordinamento giudiziario v. 6. Dez. 1865[3]).
   b) durch das tribunale, besetzt mit drei Richtern. Art. 64 Z. 3 u. 67 Abs. 2 des Ord. giud.
   c) durch die corte di assise, bestehend aus einem Präsidenten (ohne Beisitzer) und zwölf Geschworenen. Art. 84 des Ord. giud.

Die sachliche Zuständigkeit ist aber insoferne wesentlich anders geregelt wie in den Ländern des französischen Rechts, als der Einzelrichter weit schwerere Delikte aburteilen kann als dort, Delikte, für welche Geldstrafen bis zu 2000 Lire, Haft bis zu zwei Jahren, Einschließung oder Gefängnis bis zu sechs Monaten angedroht ist. Art. 16 des Codice di procedura penale von 1913.

---

1) Code d'instr. crim., Art. 137.

2) Ich habe im Jahre 1912 zu Paris in einer Sitzung des tribunal correctionnel bei einer Reihe von Fällen mit eigenen Augen zu meiner großen Verwunderung gesehen, wie der Vorsitzende über Angeklagte recht empfindliche Freiheitsstrafen verhängte, ohne die beiden Beisitzer mit einem Wort oder auch nur mit einem Blick um ihre Meinung oder Zustimmung zu befragen. Dies konnte ich mir nur aus der Masse der Fälle erklären, die erledigt werden mußten.

3) Vgl. die Textausgabe des Ordinamento giudiziario mit allen Änderungen von Paolo d'Anchise, Napoli 1913.

3. Aus der Schweiz gehören in die hier zu besprechende Kategorie folgende Kantone mit neueren Prozeßgesetzen [1]).

a) Bern (Gesetz über die Organisation der Gerichtsbehörden vom 31. Januar 1909 [2]). Als Gerichte erster Instanz werden hier tätig:

a) der Präsident des Amtsgerichts als Einzelrichter, Art. 1 Z. ff. 4 u. Art. 46 ff.

b) das Amtsgericht, bestehend aus dem Gerichtspräsidenten und vier Mitgliedern, Art. 36.

c) die Assisen, bestehend aus der Assisenkammer (das ist die zweite Strafkammer des Obergerichts), besetzt mit drei Richtern, und den Geschworenen. Art. 21.

b) Glarus (Strafprozeßordnung vom 7. März 1899 [3]). Die Gerichte erster Instanz sind hier:

a) der Präsident des Kriminal- und Polizeigerichts als Einzelrichter. § 1 lit. a.

b) das Polizeigericht, bestehend aus dem Präsidenten und zwei Mitgliedern des Kriminalgerichts. § 2 Abs. 2.

c) das Kriminalgericht, bestehend aus dem Präsidenten und sechs Mitgliedern. § 2 Abs. 1.

Derselbe Präsident ist hier Vorsitzender des Polizei- wie des Kriminalgerichts und einziges Mitglied des Gerichts unterster Ordnung. Seine Zuständigkeit als Einzelrichter geht verhältnismäßig weit. Er urteilt zunächst über alle Polizeiübertretungen, ferner aber, wenn der Beschuldigte ein volles Geständnis abgelegt hat, über eine Reihe anderer Straftaten, die zum Teil mit Zuchthaus bis zu fünf Jahren und Arbeitshaus bis zu vier Jahren bedroht sind. Vgl. § 7 lit. a und b und unter b besonders Z. 12.

1) Die Kantone mit älterer Prozeßgesetzgebung ließ ich unberücksichtigt. Übrigens waren mir auch neuere Gesetze und Entwürfe einzelner Kantone bei den jetzigen Verkehrsschwierigkeiten, zumal bei der Absperrung des Rheinlands, nicht erreichbar.

2) Gesetze, Dekrete und Verordnungen des Kantons Bern. 1909. S. 7 ff.

3) Landsbuch des Kantons Glarus. 5. Band. 1902. S. 44 ff.

c) Zürich (Gesetz betr. das Gerichtswesen im allgemeinen, vom 29. Januar 1911). An und für sich hat man hier nur zwei Gerichte erster Instanz, das Bezirksgericht und das Schwurgericht. Es ist aber dem Vorstand des Bezirksgerichts das Recht eingeräumt, allein das Urteil zu fällen „in leichteren und einfacheren Straffällen, wenn vom Zeitpunkt des Eingangs der Anklage bis zur nächsten Gerichtssitzung mehr als eine Woche liegt und der Angeklagte sich im Verhafte befindet". § 39 Abs. 2. Insoferne läßt sich auch hier von einer Dreigliederung der erstinstanzlichen Gerichte sprechen, und als solche kommen demzufolge in Betracht:

a) der Gerichtsvorstand des Bezirksgerichts als Einzelrichter. § 39 Abs. 2.

b) das Bezirksgericht, bestehend aus dem Präsidenten und vier Richtern. Doch ist es beschlußfähig, wenn nur drei Mitglieder anwesend sind. §§ 22 Abs. 1, §§ 33, 36.

c) das Schwurgericht, bestehend aus dem Schwurgerichtshof (drei Richtern) und der Geschworenenbank (12 Geschworenen). §§ 57, 58, 61.

d) Waadt. (Loi du 15. Mai 1911 sur l'organisation judiciaire [1]).

Die erste Instanz ist hier ähnlich wie in Zürich gegliedert:

a) Als Einzelrichter übt der Präsident des Distriktstribunals (président du tribunal de district) die Strafgerichtsbarkeit aus. Art. 89. Es sind zwar auch Friedensrichter (juges de paix) vorhanden; diese üben aber in Strafsachen keine Urteilstätigkeit, sondern sind nur Vermittlungsbehörden. Art. 132.

---

1) Recueil des Lois, décrets, arrêtés . . . du canton de Vaud. Tome CVIII. Lausanne. 1911. S. 94 ff.

b) Das Polizeigericht (tribunal de police). Es ist eine Abteilung des tribunal de district und besteht aus dem Präsidenten (oder seinem Stellvertreter) und zwei Richtern dieses Tribunals. Art. 95.

c) Das Kriminalgericht (tribunal criminel), zusammengesetzt aus dem Gerichtshof (Präsident des Tribunals und zwei Richtern) und der Geschworenenbank (9 Geschworenen).

Die Zuständigkeit des Einzelrichters geht hier nicht sehr weit. Geldstrafen kann er allerdings bis zu einem Betrage von 500 Fr. verhängen, Freiheitsstrafen (réclusion und emprisonnement) aber nur bis zur Höchstdauer von 10 Tagen. Art. 89.

4. Oesterreich. Das zur Zeit noch geltende österreichische Recht (Strafprozeßordnung von 1873, Gerichtsorganisationsgesetz von 1896) hat gleichfalls eine Dreigliederung der ersten Instanz:

a) Das Bezirksgericht, besetzt mit dem Bezirksrichter als Einzelrichter. § 9 Z. 1 St.P.O., § 24 G.O.G. Seine Zuständigkeit beschränkt sich auf Übertretungen. Art. VIII E.G. z. St.P.O.

b) Die Gerichtshöfe erster Instanz (Landes- und Kreisgerichte), besetzt mit vier Richtern, einschließlich des Vorsitzenden. § 13 St.P.O., § 30 G.O.G., § 1 der Vollzugsvorschrift zu St.P.O. vom 23. Mai 1873.

c) Geschworenengerichte (drei Richter und zwölf Geschworene). §§ 301 u. 302 St.P.O.

5. Ungarn hat dieselbe Gliederung der ersten Instanz wie Oesterreich (Gesetzartikel XXXIII, 1896; XXXIII u. XXXIV, 1897; XVIII, 1907), nämlich:

a) Das Bezirksgericht, besetzt mit Einzelrichtern, zuständig für Übertretungen und gewisse Vergehen.

b) Die Gerichtshöfe, welche in einer Besetzung mit drei Richtern erkennen und zwar bei Vergehen, die nicht den Bezirksgerichten, und Verbrechen, die nicht den Schwurgerichten zugewiesen sind.

c) Schwurgerichte, drei Richter und zwölf Geschworene. Sie werden bei den Gerichtshöfen gebildet und urteilen über die nicht den Gerichtshöfen zugewiesenen Verbrechen und über Preßdelikte.

6. Norwegen (Strafprozeßordnung vom 1. Juli 1887). Als Gerichte erster Instanz wirken:

a) Das Verhörsgericht, besetzt mit einem Unterrichter (§ 16).

b) Das Schöffengericht, besetzt mit einem Unterrichter und zwei Schöffen. (§ 15.)

c) Das Schwurgericht (drei Richter und zehn Geschworene).

Das norwegische Recht kennt eine Verschiebung der Zuständigkeit nach unten, insoferne als der Einzelrichter Sachen, die vor das Schöffengericht gehören, dann aburteilen kann, wenn der Beschuldigte ein wahrheitsgetreues Geständnis ablegt, dessen Richtigkeit durch die übrigen vorliegenden Ermittelungen bestärkt wird. §§ 23, 283. Unter der gleichen Voraussetzung werden schwurgerichtliche Fälle ans Schöffengericht gebracht, wenn das Verbrechen nicht mit einer höheren Strafe als mit acht Jahren Gefängnis bedroht ist. § 21 des Gesetzes vom 22. Mai 1902, enthaltend Änderungen im Gesetz über das gerichtliche Verfahren in Strafsachen vom 1. Juli 1887. Die Folge ist eine starke Ausdehnung der Zuständigkeit der beiden unteren Gerichte.

In all den Staaten, deren erstinstanzliche Gerichtsbarkeit hier unter der Überschrift „Dreigliederung“ dargestellt worden ist, zeigt sich als Charakteristikum der Gerichte unterster Ordnung die Besetzung mit einem Einzelrichter. Die Zuständigkeit dieses Einzelrichters ist allerdings sehr verschieden geregelt. Teilweise ist seine Strafbefugnis sehr beschränkt, zumal im Gebiete des französischen Rechts, wo er mehr als 15 Fr. Geldstrafe und fünf Tage Gefängnis nicht verhängen kann. Im Gegensatz hierzu hat man ihm in Italien eine sehr umfassende Zuständigkeit eingeräumt; er kann, wie schon erwähnt, Geldstrafen bis zu 2000 Lire, Haft bis zu zwei Jahren und Einschließung sowie Gefängnis bis zu sechs Monaten aussprechen. Glarus geht noch weiter: Es gibt dem Einzelrichter einen Strafrahmen bis zu fünf Jahren Zuchthaus und vier Jahren Arbeitshaus an die Hand, freilich nur, wenn der Angeklagte geständig ist.

Die Gerichte mittlerer Ordnung sind zumeist mit einem Kollegium von drei Richtern besetzt, so in Frankreich, Belgien, Italien, Glarus, Zürich (wenigstens genügen hier drei Richter), Waadt, Norwegen. Bei Norwegen findet sich aber gegenüber den anderen Staaten der höchst bedeutsame Unterschied, daß das Gericht mittlerer Ordnung als Schöffengericht ausgestaltet und nur mit einem Richter und zwei Schöffen besetzt ist. Ich habe dies in keinem anderen Land bei erstinstanzlichen Gerichten mittlerer Ordnung gefunden. Auch dort, wo man in Deutschland vor der Reichsstrafprozeßordnung für diese Gerichte die Schöffenverfassung eingeführt hatte, waren die Gerichte viel stärker besetzt. Weniger als fünf Gerichtsmitglieder gab es dort nicht, sei es, daß es zwei Richter und drei Schöffen oder drei Richter und zwei Schöffen waren. Mancherorts ging man bis zu drei Richtern und vier Schöffen.

Seltener ist das erstinstanzliche Gericht mittlerer Ordnung mit fünf Richtern besetzt, so in Bern und, wenigstens für die Regel, in Zürich. Eine Besetzung mit vier Richtern (einschließlich des Vorsitzenden) habe ich nur in Oesterreich gefunden.

Die erstinstanzlichen Gerichte oberster Ordnung sind mit geringen Ausnahmen als Schwurgerichte organisiert, so in Frankreich, Belgien, Italien, Bern, Zürich, Waadt, Oesterreich und Norwegen. Der Schwurgerichtshof besteht mit Ausnahme von Italien aus drei Richtern. In Italien ist es ein einziger. Die Zahl der Geschworenen beträgt meistens zwölf, im Kanton Waadt neun, in Norwegen zehn. Im Kanton Glarus besteht statt eines Schwurgerichts ein mit sieben Richtern besetztes „Kriminalgericht“.

3. Viergliederung.

1. Der österreichische Entwurf. Der Vorentwurf einer neuen Strafprozeßordnung vom Jahre 1909 und ebenso die Regierungsvorlage von 1912 schafft vier Arten erkennender Gerichte erster Instanz, nämlich:

a) Das bisherige Bezirksgericht, welches mit einem Einzelrichter besetzt bleibt und seine bisherige Zuständigkeit behält.

b) Das kleine Schöffengericht, besetzt mit zwei Richtern und zwei Schöffen. Es hat die bisherige Zuständigkeit der Gerichtshöfe erster Instanz (Erkenntnisgerichte, Landes- und Kreisgerichte), allerdings nicht ihre Zuständigkeit als Berufungsgerichte.

c) Das große Schöffengericht, besetzt mit drei Richtern und drei Schöffen.

d) Das Schwurgericht, besetzt mit drei Richtern und zwölf Geschworenen.

Die Gerichte zu b, c und d werden alle bei den Gerichtshöfen erster Instanz gebildet. § 10, § 13 Abs. 2, § 297 des Entwurfs.

Die Zuständigkeit der beiden unter c und d genannten Gerichte umfaßt jene Fälle, für welche bisher das Schwurgericht allein zuständig war. Die Zuständigkeit des Schwurgerichts soll also künftig aufgeteilt werden zwischen dem großen Schöffengericht und dem Schwurgericht. Das Schwurgericht soll beschränkt werden auf die Aburteilung politischer Verbrechen und Vergehen und jener strafbaren Handlungen, die mit mehr als zehn Jahren Freiheitsstrafe bedroht sind, während die Preßdelikte und die mit mehr als fünf Jahren Freiheitsstrafe bedrohten Handlungen dem großen Schöffengerichte zugewiesen werden [1]). § 13 Abs. 2, Entw.)

Die auffallende Vermehrung der Gerichte erster Instanz in den Entwürfen erklärt sich folgendermaßen: Leitender Gedanke der Reform ist, das Laienelement in weitem Um-

1) Vgl. Erläuternde Bemerkungen zu den Entwürfen der Gesetze, welche das Strafprozeßrecht abändern. Wien 1910. Aus der k. k. Hof- und Staatsdruckerei. S. 1 ff. Ebenso Nr. 92 der Beilagen zu den stenogr. Protokollen des Herrenhauses. XXI. Session. 1912. S. 3 ff.

fang zum Strafrichteramt heranzuziehen. Doch soll die Laiengerichtsbarkeit nicht im Sinne des Geschworenengerichts ausgedehnt werden, da dieses die Hoffnungen nicht erfüllt habe, die man bei seiner Einrichtung hegte. Das Schöffengericht verdiene in jeder Richtung den Vorzug. Die Folgerichtigkeit habe zur Beseitigung des Schwurgerichts führen müssen; trotzdem habe der Entwurf diese Konsequenz nicht gezogen. Man mache nämlich dem Schöffengericht vielfach den Vorwurf, die Schöffen ließen sich von den Richtern zu Ungunsten des Angeklagten beeinflussen. Mit dieser, wenn auch unbegründeten, Anschauung mancher Kreise der Bevölkerung müsse man rechnen. Darum habe der Entwurf die Delikte, bei denen bei ruhiger Betrachtung allein eine ungesetzliche Einflußnahme der Richter gedacht werden könne, die politischen Delikte, den Geschworenengerichten belassen. Um aber die Geschworenengerichte nicht auf solche Weise zu Ausnahmegerichten zu machen und um ihnen den für ihre Lebensfähigkeit notwendigen größeren Wirkungskreis zu sichern, habe der Entwurf auch alle strenger als mit zehn Jahren bedrohten Verbrechen den Geschworenengerichten zur Beurteilung anvertraut[1]). — Die Vermehrung der erstinstanzlichen Gerichte beruht also letzten Endes auf der Unzufriedenheit mit den Schwurgerichten, die man mit Rücksicht auf die Volksstimmung nicht ganz beseitigen, denen man aber doch einen erheblichen Teil ihrer Zuständigkeit abnehmen wollte.

2. Der Kanton Neuchatel. (Loi sur l'organisation judiciaire v. 22. März 1910[2].) Die Gerichtsbarkeit erster Instanz wird ausgeübt:

   a) Vom Juge de paix. Art. 48, 57.

   b) Vom Tribunal de police. Dies ist nur mit einem Einzelrichter besetzt; der Einzelrichter ist der Präsident des tribunal de district. Art. 48, 58.

1) Vgl. die in der vorigen Anmerkung erwähnten „Erläuternden Bemerkungen", besonders S. 8.

2) Vgl. République et Canton de Neuchatel. Grand Conseil. Bulletin. 75. Volumne. 1912. S. 106 ff.

c) Vom Tribunal correctionnel. Art. 48. Dieses tribunal correctionnel wird dargestellt entweder

a) von einem Einzelrichter, nämlich dem Präsidenten des tribunal de district, in den Fällen, in welchen der Angeklagte geständig ist, Art. 59, oder

b) von demselben Präsidenten zusammen mit einer Jury von sechs Geschworenen in den Fällen, in denen der Angeklagte nicht geständig ist. Art. 59, 74.

d) Von der Cour d'assises, besetzt mit drei Richtern und zwölf Geschworenen. Art. 48, 75.

Da nach Art. 93 das Amt des juge de paix und des président du tribunal durch dieselbe Person versehen werden kann, besteht in Neuchatel unter Umständen die Möglichkeit, daß derselbe Einzelrichter drei von den vier Gerichten erster Instanz allein darstellt. Es sind dies Verhältnisse, die natürlich nur in einem kleinen Staate möglich scheinen.

4. Fünfgliederung.

Diese Fülle von Gerichten erster Instanz besteht in dem Kanton Solothurn nach der Strafprozeßordnung von 1886. Je nach der Schwere der Tat urteilt in erster Instanz:

a) Der Friedensrichter in jeder Gemeinde. § 1.

b) Der Amtsgerichtspräsident als Einzelrichter. § 2.

c) Das Amtsgericht, bestehend aus dem Präsidenten und vier Mitgliedern. § 3 St.P.O. u. Art. 43 der Verfassung des Kantons Solothurn vom 23. Okt. 1887 [1]).

d) Das Obergericht, besetzt mit sieben Richtern einschließlich des Präsidenten. § 4 St.P.O. und Art. 42 der Verfassung.

e) Das Schwurgericht (drei Richter und zehn Geschworene). §§ 6, 9 der St.P.O.

---

1) Siehe in „Gesetze und Verordnungen des Kantons Solothurn". 60. Band. 1886—1890. Solothurn 1890. S. 47 ff.

5. Besonderheiten.

Solche finden sich in zwei neueren Schweizer Kantonsgesetzgebungen, nämlich:

1. Im Kanton Wallis. Hier ist nach der Loi sur l'organisation judiciaire vom 30. Mai 1896 die dreigliedrige erste Instanz wesentlich anders eingerichtet als anderwärts.
   a) Vor allem ist das Gericht unterster Ordnung kollegial besetzt. Es besteht als tribunal de police in jeder Gemeinde aus dem Gemeinderat oder einer Kommission von drei Mitgliedern, die aus dem Gemeinderat gewählt sind. Art. 2 Z. 1 und Art. 6.
   b) Dagegen besteht das Gericht mittlerer Ordnung aus einem Einzelrichter, dem juge-instructeur. Es führt weiter keine Bezeichnung. Das Gesetz spricht einfach von juges-instructeurs, die aber keineswegs etwa mit unserem Untersuchungsrichter gleichbedeutend sind, sondern als erkennende Richter tätig werden. Art. 2 Z. 2, Art. 63.
   c) Gerichte erster Instanz oberster Ordnung sind die tribunaux d'arrondissement. Besetzt ist das tribunal d'arrondissement mit dem juge-instructeur des Distrikts, in welchem die Strafsache anhängig ist, und mit den juges-instructeurs der beiden anderen Distrikte desselben Arrondissements. Art. 2 Z. 3 u. Art. 14 u. 70.

Ein Schwurgericht ist nicht vorhanden.

2. Im Kanton Zug. Das Gesetz betreffend die Organisation der Gerichtsbehörden vom 20. Juli 1905 unterscheidet eine niedere Strafpolizei und eine höhere Strafrechtspflege.
   a) Die niedere Strafpolizei wird ausgeübt je nach der Schwere der in Frage stehenden Übertretung
      a) von den Polizeiämtern;
      b) von den Einwohnerräten;
      c) von der Kantonspolizeidirektion.

Höher als bis zu zehn Tagen Gefängnis und 50 Fr. Geldstrafe geht aber auch die Zuständigkeit der Kantonspolizeidirektion nicht. Vgl. zu all diesem die §§ 42—48 des Ges. v. 20. Juli 1905.

b) Die höhere Strafrechtspflege wird verwaltet vom „Strafgericht". § 51 lit. a. Dieses ist je nach der Schwere des Falls mit fünf oder sieben Mitgliedern einschließlich des Präsidenten besetzt. §§ 52, 53.

B. Gerichte höherer Instanz.

1. Staaten mit einer Zweigliederung der ersten Instanz.

In den Niederlanden bilden die Arrondissementsgerichte die Berufungsinstanz gegenüber den Kantongerichten (§ 58 des niederl. G.V.G.), die Gerichtshöfe (Geregthoven), besetzt mit drei Richtern, gegenüber den Arrondissementsgerichten (§ 68 ebenda). Der Hohe Rat (Hooge Raad, fünf Richter, § 100) ist Kassationsgericht, das nur über Rechtsfragen entscheidet, aber nicht bloß gegenüber Urteilen der Gerichtshöfe, sondern auch der Arrondissements- und Kantongerichte. (§§ 83ff. ebenda u. §§ 346ff. St.P.O.)

Im Kanton Schwyz entscheidet über Urteile sowohl der Bezirksgerichte wie des Kriminalgerichts als Berufungsinstanz das Kantonsgericht. § 18 Z. 9. § 293ff. des Ges. über das Verfahren in Strafrechtsfällen. auch § 60 der Verfassung. Ein höheres Gericht als das Kantonsgericht gibt es nicht. § 64 der Verfassung.

In Japan ist das Landgericht Berufungsinstanz für die Bezirksgerichte (§ 26 Z. 2 G.V.G.), das Oberlandesgericht (fünf Richter) für die Landgerichte (§ 38 Z. 1), ebenso Revisionsinstanz für die Berufungsurteile der Landgerichte (§ 37 Z. 2) und der oberste Gerichtshof (sieben Richter) Revisionsinstanz gegenüber den Berufungsurteilen der Oberlandesgerichte (§ 50 Z. 1a).

2. Staaten mit einer Dreigliederung der ersten Instanz.

In Frankreich und Belgien ist das tribunal correctionnel (drei Richter) Berufungsgericht gegenüber den tribunaux de simple police (Art. 172 C. d'instr. crim.), die cour d'appel (fünf Richter) gegenüber den tribunaux correctionnels (Art. 201), die cour de cassation (elf Richter) Kassationsinstanz gegenüber den in letzter Instanz erlassenen Entscheidungen und Urteilen in schwurgerichtlichen, korrektionellen und einfachen polizeilichen Sachen (Art. 407).

Die gleiche Gliederung der höheren Instanz findet sich in Italien: Tribunale (drei Richter[1]), Corte d'appello (ebenfalls drei Richter[2]) und Corte di cassazione (fünf Richter[3]).

In Bern ist der Instanzenzug einfach gestaltet: Das Obergericht hat zwei Strafkammern, von denen sich die eine aus fünf, die andere aus drei Mitgliedern zusammensetzt. Die erste ist Rechtsmittelinstanz, die zweite ist die Assisenkammer[4]).

In Glarus liegen die Verhältnisse ähnlich: Zweite und letzte Instanz ist das Obergericht (Präsident und sechs Mitglieder[5]), sowohl gegenüber den kriminalgerichtlichen wie polizeigerichtlichen Urteilen (§ 141). Gegen Urteile des Präsidenten ist Einsprache zulässig und diese bewirkt, daß das Urteil als nicht erlassen betrachtet und die Sache in das ordentliche Verfahren übergeleitet wird (§ 176).

In Zürich ist Berufungsgericht das Obergericht gegenüber Entscheidungen der Einzelrichter und der Bezirksgerichte[6]), im ersten Fall besetzt mit drei, im letzten mit fünf Richtern (§ 51). Das Kassationsgericht (sieben Richter) beurteilt die Nichtigkeitsbeschwerden über Urteile des Obergerichts und des Schwurgerichts (§ 92).

1) Ordinamento giudiziario. Art. 67 Abs. 2.

2) Ordinamento giudiziario, Art. 75.

3) Ebenda Art. 149. — Vgl. über die Zuständigkeit dieser Gerichte höherer Instanz den Codico di procedura penale von 1913. Art. 477, 478, 500 ff.

4) Art. 9, 11 des Ges. über die Organisation der Gerichtsbehörden vom 31. Jan. 1909.

5) § 3 der St.P.O. v. 7. Mai 1899.

6) § 48 Z. 1 des Ges. betr. das Gerichtswesen im allgemeinen v. 29. Jan. 1911.

In Waadt fungiert das Tribunal cantonal (fünf Richter) als chambre de recours gegenüber den Urteilen des Einzelrichters, des Polizei- und Kriminalgerichts [1]). In einer Besetzung mit drei Richtern ist es cour de cassation. (Art. 50 lit. c. u. 60.)

In Oesterreich sind die „Gerichtshöfe erster Instanz" (Landes- und Kreisgerichte zu vier Richtern) Berufungsgerichte in Übertretungsfällen, d. h. gegenüber den Bezirksgerichten (§ 10 Z. 4, § 13 Z. 2, St.P.O.) und die „Gerichtshöfe zweiter Instanz" (Oberlandesgerichte, Senate von fünf Richtern) sind Berufungsgerichte gegenüber den Gerichtshöfen erster Instanz und den Schwurgerichten (§§ 15, 280, 343 St.P.O.); der „oberste Gerichtshof" (sieben Richter) ist Kassationshof in allen Fällen der Nichtigkeitsbeschwerde. (§ 16 St.P.O.) Diese gibt es nicht nur gegen Urteile der Schwurgerichte (§ 343), sondern auch der Gerichtshöfe erster Instanz. (§ 280.)

In Ungarn geht die Berufung gegen Urteile der Bezirksgerichte an die (kgl.) Gerichtshöfe (drei Richter), in Budapest speziell an den dortigen (kgl.) Gerichtshof für Strafsachen (Gesetzartikel XLIV, 1895), gegen erstinstanzliche Urteile der (kgl.) Gerichtshöfe an die (kgl.) Tafeln (= Oberlandesgerichte, fünf Richter). Die (kgl.) ungarische Kurie (oberster Gerichtshof) in Budapest ist dritte und letzte Instanz für Nichtigkeitsbeschwerden gegen Urteile der (kgl.) Tafeln und der Schwurgerichte. Sie urteilt in der Besetzung mit fünf Richtern.

In Norwegen unterscheidet man den Antrag auf erneute Verhandlung vor höherem Gericht und die Berufung. Jener Antrag bringt Fälle, die vom Verhörsgericht oder vom Schöffengericht abgeurteilt sind, ans Schwurgericht. Es muß sich hierbei um die Behauptung unrichtiger Entscheidung der Schuldfrage handeln. Mit der Berufung dagegen kann man Urteile des Verhörs- und des Schöffengerichts wie des Schwurgerichts der Prüfung des Höchstgerichts zu-

6) Art. 50 lit. a. der Loi sur l'organisation judiciaire v. 15. Mai 1911, ferner Art. 89, 94, 96.

führen. Die Berufung kann aber nicht auf unrichtige Entscheidung der Schuldfrage gestützt werden. (§§ 400, 401, 378, 380).

3. Staaten mit Viergliederung der ersten Instanz.

In Österreich soll sich nach den Entwürfen in Bezug auf die Instanzenbildung im künftigen Rechte nichts ändern. Trotz der starken Heranziehung von Laien hat man solche in die Berufungsgerichte nicht hereingenommen. Die bisherigen Gerichtshöfe erster Instanz, besetzt mit 4 Richtern, bleiben Berufungsgerichte gegenüber den Bezirksgerichten (§ 13 Abs. 2 Entw.). Es liegt hierin eine auffallende Verschwendung von Kräften gegenüber Urteilen des Einzelrichters, die noch dazu nur in Übertretungssachen ergangen sind. Die Gerichtshöfe zweiter Instanz (Oberlandesgerichte, besetzt mit 5 Richtern) fungieren als Berufungsgerichte gegenüber den kleinen und großen Schöffengerichten sowie den Schwurgerichten. § 15 Abs. 1 in der bisherigen Fassung des Gesetzes. §§ 280, 283, 345. Der oberste Gerichtshof bleibt Kassationsgericht wie bisher. Nur urteilt er in der Besetzung von 5 Richtern statt wie seither von 7. § 16 Abs. 2 des Entwurfs. —

In Neuchatel besitzt man nur ein einziges Gericht höherer Instanz, eine cour de cassation pénale, Art. 48. „La cour de cassation pénale connait des recours interjetés contre les jugements rendus par une instance pénale et des demandes en revision et en réhabilitation“ Art. 63. Die cour de cassation pénale ist besetzt mit 5 Richtern. Art. 78 der Loi sur l'organisation judiciaire vom 22. März 1910.

4. Sonstige Staaten.

In dem mit einer fünffach gegliederten ersten Instanz ausgestatteten Kanton Solothurn wirken als Gerichte höherer Instanz das Obergericht, das für bestimmte Fälle auch Gericht erster Instanz ist, und das Kassationsgericht. Das Obergericht (7 Richter) bildet die Berufungsinstanz für die von Amtsgerichten gefällten Urteile und ist Kassationsgericht bezüglich der Urteile der Friedensrichter, Amtsgerichtspräsidenten und der Amtsgerichte. § 4 Abs. 2 u. 3 der Str. P. O. v. 1886. Das Kassationsgericht (7 Richter) beurteilt die Nichtigkeitsbeschwerden gegen Urteile des Schwurgerichts. § 16.

In Wallis entscheidet ein Einzelrichter, der juge-instructeur, über Rekurse wegen offenbarer Gesetzesverletzung gegen die Urteile der kollegial (mit Laien) besetzten tribunaux de police (Art. 67), die Tribunaux d'arrondissement (3 Richter) über Berufungen gegen die Urteile der Juges-instructeurs (Art. 70) und die Cour d'appel über Rekurse und Revisionen gegen erstinstanzliche Urteile der Tribunaux d'arrondissement. (Art. 72 der Loi sur l'organisation judiciaire von 1896.)

In Zug ist die Regelung der höheren Instanzen wenig einheitlich. Gegen die Straffestsetzungen der Polizeiämter findet Rekurs an den Einwohnerrat und gegen dessen Entscheid an den Regierungsrat statt (§ 43). Gegen die Strafurteile der Einwohnerräte gibt es nur das Rechtsmittel der Kassation an das Strafobergericht (§ 45 Abs. 3), gegen Urteile der Kantonspolizeidirektion Rekurs an das Strafgericht (§ 47), gegen Urteile des Strafgerichts Kassation und Revision zum Obergericht bei geringfügigeren, dagegen Appellation ans Obergericht bei den schwereren Delikten. (§ 56 des Gesetzes betr. die Organisation der Gerichtsbehörden von 1905).

Über die Organisation der Schweizer Gerichte im Allgemeinen möchte ich hier bemerken, daß sich nirgends die Schöffengerichtsverfassung findet. Tatsächlich können aber Laien als Beisitzer genommen werden; es ist sogar in den meisten Kantonen möglich, daß das gesamte Richterpersonal einschließlich des Vorsitzenden aus Laien besteht; denn es kann jeder Bürger als Richter gewählt werden, und nur vereinzelt wird für den Richter juristische Vorbildung verlangt. In der ersten Instanz überwiegt daher, zumal in den ländlichen Kantonen, das Laienelement; doch wird wenigstens darauf gesehen, daß der Gerichtsschreiber ein Jurist

ist. In die oberen Instanzen aber wählt man durchweg fast nur Juristen und in den Städten auch in die erste Instanz [1]).

III. Vorschläge für das künftige deutsche Recht.

I. Die Gliederung der ersten Instanz.

Man kann als feststehend annehmen, daß auch in Zukunft die Laien an unserer Strafrechtspflege beteiligt sein werden und zwar in den gleichen Formen wie bisher. Die Schwurgerichte wird man trotz aller Bedenken, die gegen sie geltend gemacht worden sind, in ihrer bisherigen Form beibehalten. Daran ist nicht zu zweifeln nach allem, was in den Entwürfen und ihrer Begründung, im Reichstag und in den Landtagen der Einzelstaaten aus den Reihen der Volksvertreter wie vom Regierungstisch aus über sie gesagt worden ist. Unter den jetzigen durch die politische Umwälzung geschaffenen Verhältnissen ist erst recht an eine Aufhebung oder Änderung der Schwurgerichte nicht zu denken. Ebenso werden die Schöffengerichte bestehen bleiben.

Indem ich dies als feststehend voraussetze, habe ich die Frage zu prüfen, ob wir tatsächlich einer so vielfach gegliederten ersten Instanz wie bisher — Amtsrichter, Schöffengericht, Strafkammer, Schwurgericht [2]) — bedürfen.

---

1) Vgl. hierüber Hans Reichel, Bestellung und Stellung der Richter in der Schweiz und im künftigen Deutschland. Tübingen 1919. Wer sich über Volksrichtertum, Wahl der Richter aus dem Volk (ohne Beschränkung auf Juristen) und durch das Volk in der Schweiz und die Möglichkeit oder vielmehr Unmöglichkeit der Übertragung dieser Einrichtungen auf Deutschland unterrichten will, findet in der Schrift von Reichel reiche Belehrung.

2) Von der Behandlung der Frage, ob das Reichsgericht, welches ja auch in bestimmten Fällen als erste Instanz urteilt, als solche entbehrlich ist, sehe ich ab. Man hat bei der Beratung des Gerichtsverfassungsgesetzes diese Frage eingehend erörtert. Vgl. C. Hahn, die gesamten Materialien zu dem G. V. G. 2. Aufl. 1883 S. 136—138, 832—836, 919—921, 1339—1347. Sicher sprechen manche prinzipielle Gründe gegen die Beibehaltung dieser ersten Instanz. Man hat auch

Ich halte die Viergliederung für überflüssig und die Dreigliederung — unter Ausschaltung der Strafkammer als Gericht erster Instanz — für genügend und auch für zweckmäßiger, einmal an sich und zweitens, weil sich bei solcher Dreigliederung die schwierige und vielumstrittene Frage der Schaffung einer Berufungsinstanz ohne besondere Schwierigkeit lösen läßt[1]).

Die Ausschaltung der Strafkammer als Gericht erster Instanz entspricht der Entwicklung, die unsere Gerichtsverfassung seit den siebziger Jahren des 19. Jahrhunderts genommen hat. Es ist seit jener Zeit ständig eine Verschiebung der sachlichen Zuständigkeit von oben nach unten zu bemerken. Schon die anfänglich beabsichtigte Regelung der Zuständigkeit nach der französischen Dreiteilung der strafbaren Handlungen ließ sich nicht glatt durchführen. Um die Schwurgerichte nicht zu überlasten, hat man diesen gleich bei Erlaß des Gerichtsverfassungsgesetzes eine große Anzahl von Verbrechen abgenommen und den Strafkammern zur Aburteilung übertragen. Die Strafkammern wiederum entlastete man durch Überweisung sehr vieler Vergehen an die Schöffengerichte und diesen nahm man eine Reihe von Fällen ab, die der Amtsrichter, sei es in einem ordentlichen Gerichtsverfahren (§ 211 Abs. 2 St.P.O.), sei es im Wege des Strafbefehls zu erledigen hat. Die Novelle vom 5. Juni 1905 ist dann noch einen guten Schritt weitergegangen, indem sie die Zuständigkeit der Schöffengerichte sowohl unmittelbar wie

in der Militärstrafgerichtsbarkeit nicht etwa dem Reichsmilitärgericht die erstinstanzliche Zugeständigkeit des Reichsgerichts übertragen. Vgl. Begründung des Entwurfs einer Militärstrafgerichtsordnung zu § 56. Aber es haben sich Mißstände aus der erstinstanzlichen Zuständigkeit des Reichsgerichts meines Wissens nicht ergeben, und eine unabhängigere und zuverlässigere Rechtsprechung als jene des Reichsgerichts läßt sich auch kaum denken. Es wäre nur zu erwägen, ob man nicht geradeso wie bei Verrat militärischer Geheimnisse auch in allen anderen Fällen die Verhandlung und Urteilsfällung nur einem einzigen Senat übertragen solle.

1) Diesen Gedanken und seine nähere Begründung habe ich schon einmal ausgesprochen in meiner Schrift „Fragen der Gerichtsorganisation im künftigen Strafprozeß“ Leipzig im Januar 1909.

mittelbar auf dem Umweg über die beschließende Strafkammer (Überweisung) erheblich ausdehnte.

Noch weiter ging der Entwurf eines Gesetzes betreffend Änderungen des Gerichtsverfassungsgesetzes (Reichstagsvorlage) von 1909[1]). Er vermehrte die Zahl überweisungsfähiger Vergehen und fügte sogar einige Verbrechen bei, nämlich einfachen Diebstahl und Betrug im Rückfall.

Allerdings sollte das Schöffengericht in diesen Fällen nur zuständig gemacht werden können, wenn voraussichtlich auf keine höhere Strafe als 6 Monat Gefängnis oder 1500 Mk. Geldstrafe zu erkennen sein würde. Außerdem aber sollten nach dem Entwurf die sämtlichen Verbrechen Jugendlicher, die an sich vor die Strafkammer gehören, und sogar einige schwurgerichtliche Fälle, nämlich Raub nach §§ 249, 250, 252 und gewisse Arten der Brandstiftung und Eisenbahntransportgefährdung (§§ 308 und 315), wenn von Jugendlichen begangen, an das Schöffengericht gebracht werden können ohne Rücksicht auf die Höhe der zu erwartenden Strafe. In all diesen Fällen ist die Überweisung gegenüber dem jetzigen Recht dadurch erleichtert, daß es nicht mehr eines Beschlusses der Strafkammer, sondern nur der Anklageerhebung beim Amtsgericht durch den Staatsanwalt bedürfen soll. (§ 23^2 des Entwurfs.)

Die Schöffengerichte aber sollten dadurch entlastet werden, daß man dem Amtsrichter als Einzelrichter die Aburteilung sämtlicher Übertretungen und jener Vergehen übertrug, welche nur mit Geldstrafe von höchstens 300 M., allein oder neben Haft oder in Verbindung mit Einziehung, bedroht sind, sowie die Vergehen nach § 146 a der Gewerbeordnung (§ 23^3 des Entwurfs).

Einerseits ängstlicher, andrerseits viel radikaler als der Regierungsentwurf zeigt sich die zur Beratung des Entwurfs eingesetzte Reichstagskommission in Bezug auf die Abgrenzung der Zuständigkeit von Amtsrichter und Schöffengericht. Dem Amtsrichter als Einzelrichter schenkt sie nicht

1) Drucksachen des Reichstags, 12. Legislatur-Periode II. Session 1909/1911 Nr. 638. 4. Teil. S. 686 ff.

viel Vertrauen. Sie überläßt ihm nur die Aburteilung der Liederlichkeits-Übertretungen (§ 361 Z. 3—8 St.-G.-B.); jene der anderen Übertretungen entzieht sie ihm, da viele Übertretungen politischer oder sozial-politischer Natur seien und ihre Aburteilung durch die Einzelrichter Bedenken erregen müsse [1]). Sie gesteht ihm also nicht einmal mehr ihre Aburteilung im Umfang des § 211 Abs. 2 St. P. O. zu. Dagegen gibt die Kommission dem Schöffengericht Beweise besonderen Vertrauens. Sie gestattet dem Staatsanwalt, beim Schöffengericht Anklage zu erheben wegen aller zur Zuständigkeit der Landgerichte gehörigen Verbrechen und Vergehen, also auch wegen schwurgerichtlicher Verbrechen, wenn sie von einem Jugendlichen begangen sind. Die Klage soll indessen bei dem Schöffengericht nur erhoben werden, wenn keine schwerere Strafe als Gefängnis oder Festungshaft von sechs Monaten oder Geldstrafe von 1500 M., allein oder neben Haft oder in Verbindung mit einander oder mit Nebenstrafen, und keine höhere Buße als 1500 M. zu erwarten ist (§ 23² des Kommissionsentwurfs [2]).

Der Entwurf eines Gesetzes zur Vereinfachung der Rechtspflege (dem Reichstag vorgelegt am 10. März 1917) ging insofern noch etwas weiter, als er dem Staatsanwalt die Begründung der Zuständigkeit des Schöffengerichts gestattet unter der Voraussetzung, daß keine höhere Strafe als Gefängnis oder Festungshaft von einem Jahre oder Geldstrafe von 3000 M. zu erwarten sei [3]).

Nun werde man sich darüber klar, wie weit nach diesen Vorschlägen der Regierungsentwürfe und der Reichstagskommission die Zuständigkeit des Schöffengerichts reichen soll! Das Schöffengericht wird Gefängnis und Festungshaft bis zu 15 Jahren verhängen können. Daneben darf es den

1) Drucksachen des Reichstags 12. Legisl. Periode II. Session 1909 bis 1911. Nr. 638 1. Teil S. 15 ff.

2) A. a. O. 1. Teil S. 10 ff. 4. Teil S. 689.

3) Das Gesetz betr. die Vereinfachung der Rechtspflege vom 21. Oktober 1917 ging dann allerdings nicht so weit, wenn es die Zuständigkeit der Schöffengerichte auch schon beträchtlich erweitert hat.

Verlust der bürgerlichen Ehrenrechte und die Zulässigkeit von Polizeiaufsicht aussprechen, auch durch Überweisung an die Landespolizeibehörde die Unterbringung in ein Arbeitshaus veranlassen. Beispiele: Ein Jugendlicher wird wegen Totschlags, begangen unter mildernden Umständen, angeklagt. Der Staatsanwalt hält den Fall für so leicht, daß er keine höhere Strafe als 6 Monat bezw. 1 Jahr Gefängnis erwartet. In der Hauptverhandlung vor dem Schöffengericht charakterisiert sich die Tat als Mord. Eine Verweisung an die Strafkammer findet nicht statt, weil das Schöffengericht durch die Anklageerhebung ein für allemal zuständig geworden ist. Die mögliche Höchststrafe ist 15jähriges Gefängnis. Oder ein Erwachsener hat drei Urkundenfälschungen im Sinne des § 268 Str.-G.-B. oder drei schwere Diebstähle, nach der Ansicht des Staatsanwalts unter mildernden Umständen, begangen. Der Staatsanwalt erwartet für jede Tat höchstens 6 Monat bezw. 1 Jahr Gefängnis. Das durch die Anklageerhebung zuständig gewordene Schöffengericht beurteilt die Fälle schärfer und verhängt für jeden 4 Jahre Gefängnis, zusammen eine Gesamtstrafe von 10 Jahren. Oder es wird jemand wegen mehrerer Zweikämpfe vor dem Schöffengericht angeklagt, weil der Staatsanwalt nicht mehr als 6 Monat bezw. 1 Jahr Festungshaft für jeden einzelnen für angemessen hält. In der Verhandlung stellen sich die Fälle als weit strafwürdiger heraus. Nun kann das Schöffengericht eine Gesamtstrafe bis zu 15 Jahren Festungshaft aussprechen.

Auch nach heutigem Recht ist das Schöffengericht schon in der Lage, im Falle der Realkonkurrenz Gefängnisstrafe bis zu 10 Jahren zu verhängen. Nur Zuchthausstrafe kann es weder jetzt noch nach dem Regierungsentwurf von 1909 und den Vorschlägen der Reichstagskommission und dem Entwurf von 1917 aussprechen [1]).

Wenn man nun schon so weit gegangen ist, dem Schöffen-

1) § 253 des Regierungsentwurfs und der Beschlüsse der Reichstagskommission: „Das mit Schöffen verhandelnde Amtsgericht hat sich für unzuständig zu erklären und die Sache an das Landgericht zu verweisen, wenn es Zuchthausstrafe für verwirkt erachtet ....“

gericht eine Zuständigkeit einzuräumen, die es berechtigt Gefängnisstrafe und Festungshaft bis zu 15 Jahren zu verhängen, dann ist es kein allzukühner Schritt mehr, ihm auch noch die Befugnis zur Verhängung von Zuchthausstrafe zu verleihen. Einem erfahrenen älteren Amtsrichter, der zusammen mit den beiden Schöffen über Mord und Totschlag, Münzvergehen und alle möglichen schweren Straftaten aburteilen kann, wenn sie von Jugendlichen, in sehr vielen Fällen auch wenn sie von Erwachsenen begangen sind, einem solchen Gericht wird man wohl auch das Zutrauen schenken dürfen, daß es auf Zuchthausstrafe im richtigen Fall und im richtigen Maße erkennen wird. Versteht man sich zu diesem Schritt, dann ist die Strafkammer als erstinstanzliches Gericht mittlerer Ordnung überflüssig geworden.

Die ganze Entwicklung zielt auf die Beseitigung der Strafkammer als Gericht erster Instanz. In der oben genannten Reichstagskommission hat man zur Begründung des Antrags auf Vermehrung der überweisungsfähigen Delikte dies schon ausdrücklich anerkannt. Man sagte dort[1]), „es sei erstrebenswert, die ganze Strafrechtspflege erster Instanz aufzuteilen zwischen den bei den Amtsgerichten zu errichtenden Schöffengerichten und den Schwurgerichten. Gehe das zurzeit noch nicht an, so müsse man wenigstens die sachliche Zuständigkeit der amtsgerichtlichen Schöffengerichte nach Möglichkeit erweitern. Dadurch würde die Bedeutung der Amtsgerichte gehoben, die Rechtspflege dezentralisiert und das Verfahren verbilligt, indem es den dabei beteiligten Personen und Dingen näher gerückt werde. Auch würde an Richterpersonal gespart, und darauf sei bei jeder Justizreform, soweit die Sache nicht darunter leide, zu sehen". Was hier zugunsten einer Erweiterung der schöffengerichtlichen Zuständigkeit unter Beibehaltung der Strafkammern gesagt wird, gilt natürlich ebenso für den Fall der Beseitigung der Strafkammer.

1) Drucksachen des Reichstags 12. Leg.-Per. II. Session 1909/1911 Nr. 638, 1. Teil S. 12 „Begründung zu 7".

Auch in der Literatur zeigt sich schon ganz deutlich das Streben nach Ausschaltung der Strafkammer. Man hat gegenüber dem Vorschlag des Entwurfs, die Strafkammer mit zwei Richtern und drei Schöffen zu besetzen, schon empfohlen eine Besetzung mit einem Richter und vier Schöffen (so v. Lilienthal in der Zeitschrift f. d. gesamte Strafrechtswissenschaft, 29. Bd., S. 16) oder mit einem Richter und drei Schöffen (so Mittermaier in Aschaffenburgs Monatsschrift für Kriminalphychologie und Strafrechtsreform 1908, S. 467), auch schon mit einem Richter, der zum Unterschied vom amtsgerichtlichen Schöffengerichte ein Landgerichtsdirektor sein soll, und zwei Schöffen [1]). Wenn eine derartige Besetzung der Strafkammer vorgeschlagen wird, um was anderes handelt es sich dann als um ein einfaches Schöffengericht? Was soll dann noch eine Strafkammer? Eine wesentliche Verbesserung der Rechtsprechung liegt in der Zuziehung eines oder zweier weiterer Schöffen wahrlich nicht. Entschließt man sich zur Verwendung eines einzelnen Richters, dann ist der Hauptschritt geschehen; die Zahl der beisitzenden Schöffen ist von geringerer Bedeutung. Trägt man aber Bedenken, einem mit einem Richter und nur zwei Schöffen besetzten Gericht die Aburteilung von Verbrechen anzuvertrauen, so erhöhe man für Verbrechensfälle die Zahl der Schöffen auf vier, wenn man sich nicht scheut, den Aufwand von Laienkräften und von Geld allzusehr zu steigern.

Die Zuweisung von Verbrechen zur Aburteilung an Schöffengerichte ist übrigens schon dem geltenden deutschen Recht nicht fremd. So ist die ganze Gerichtsbarkeit der Strafkammer in den Konsulargerichtsbezirken dem Konsulargericht übertragen. Dieses ist besetzt mit dem Konsul und vier Laienbeisitzern und, wenn die Zuziehung von vier Beisitzern nicht ausführbar ist, mit zwei Beisitzern. (Gesetz über die Konsulargerichtsbarkeit vom 7. April 1900 §§ 8 und 9.) In den deutschen Schutzgebieten gar besaß ein Schöffengericht die Zuständigkeit, auch jene Verbrechen abzuurteilen, welche in

---

1) Beratungen der Reichstagskommission. Drucksachen des Reichstags. 12. Legisl.-Per. II. Session 1909/1911 Nr. 638, 1. Teil, S. 25.

Deutschland vor die Schwurgerichte gehören, [nämlich das Kaiserl. Bezirksgericht, besetzt mit dem Kaiserl. Bezirksrichter und vier, eventuell nur zwei Laienbeisitzern (Schutzgebietsgesetz vom 25. Juli bezw. 10. Sept. 1900 §§ 2 und 6 Z. 4 und Kaiserl. Verordnung, betr. die Rechtsverhältnisse in den deutschen Schutzgebieten vom 9. Nov. 1900 § 7). Auch die Kriegsgerichte in unserem Militärstrafverfahren sind nichts anderes als Schöffengerichte. In der Besetzung mit zwei Juristen und und drei Laien entscheiden sie sogar über jene Verbrechen, die nach der bürgerlichen Strafgerichtsverfassung von den Schwurgerichten und dem Reichsgericht abgeurteilt werden. Für unsere mit einem Richter und zwei Schöffen besetzten Schöffengerichte soll aber die Aburteilung dieser schweren Verbrechen gar nicht in Anspruch genommen werden.

Und einen Teil des Zutrauens, das wir unseren Konsuln, unseren Kolonial- und Militärrichtern schenken, dürfen wir, meine ich, doch auch unseren ordentlichen Gerichten nicht versagen.

In neuester Zeit finde ich die Beseitigung der Strafkammern als Gerichte erster Instanz vorgeschlagen durch Volkmar, Amtsgerichtsrat in Berlin, in einem Aufsatz „Die Gerichtsverfassung im neuen Deutschland" (Deutsche Juristenzeitung 1919, S. 218ff.) und durch J. Goldschmidt, Zur Reform des Strafverfahrens, 1919, S. 11.

Übertragen wir unter Beseitigung der Strafkammern deren Zuständigkeit auf die Schöffengerichte, so geht es nicht an, den Amtsrichter als Einzelrichter von der Aburteilung der Übertretungen in so weitem Umfang auszuschließen, wie die Reichstagskommission getan hat aus Besorgnis, der Amtsrichter möchte den politischen und sozialpolitischen Fragen nicht gerecht werden können, die bei Beurteilung von Übertretungen hereinspielen. Man darf wohl annehmen, daß die deutschen Amtsrichter nicht eben unfähiger und übelwollender sind als ihre Kollegen in anderen Staaten. Trotzdem will man ihnen ein Vertrauen nicht schenken, das man in fremden Staaten dem Einzelrichter ohne jedes Bedenken entgegenbringt. Im Ausland wird, wie aus meiner vergleichenden Darstellung sich ergibt, fast durchweg vom Einzelrichter die Gerichtbarkeit unterster Ordnung ausgeübt. Sogar dort, wo man nur zwei Gerichte erster Instanz hat (Niederlande und Japan), ist das eine mit einem Einzelrichter besetzt. Man denkt, soviel ich sehe, nirgends daran, dem Einzelrichter seine Gerichtbarkeit zu entziehen und ihm Schöffen an die Seite zu setzen. Selbst Österreich, das eine Heranziehung von Schöffen in weiterem Umfang plant, will den Einzelrichter als Richter unterster Ordnung beibehalten.

Jeder halbwegs Einsichtige muß sich sagen, daß Deutschland in seinen jetzigen Verhältnissen durchaus nicht in der Lage ist, Menschenkraft und Zeit zu vergeuden, sondern alle Kräfte zusammenraffen muß, um aus den durch Krieg und Revolution geschaffenen jammervollen Zuständen heraus zu kommen. Es besteht daher kein Anlaß, Laien in großem Umfang ihrer Berufsarbeit zu entziehen, um sie als Richter zu verwenden, wo dies nicht unbedingt nötig ist. Durch die bedeutende Erweiterung der Zuständigkeit der Schöffengerichte wird ohnehin der Laie mehr durch Richterdienst in Anspruch genommen werden, als es der Erfüllung seiner Berufspflichten zuträglich ist. Auch sollte man nicht übersehen, daß die Heranziehung von Schöffen die Rechtspflege erheblich verteuert. Das Amt der Schöffen ist nicht mehr wie früher reines Ehrenamt. Wo man, wie bei den Übertretungen und einfachen Vergehen, besonders auch bei Privatklagesachen, mit dem Berufsrichter auskommt, soll man die Kosten der Rechtsprechung nicht durch Zuziehung von Schöffen ohne Not steigern.

Wer aber dem Einzelrichter Mißtrauen entgegenbringt, der mag sich mit dem Bewußtsein trösten, daß gegen seine Entscheidungen die Berufung an ein Kollegialgericht und zwar voraussichtlich ein Schöffengericht, zulässig sein wird.

Die einfache und klare Dreigliederung der ersten Instanz — Schwurgericht, Schöffengericht, Amtsrichter —, die ich vorschlage, entspricht der Ausgestaltung der ersten Instanz in einem großen Teil der fremden Staaten. Ein Unterschied besteht nur insofern, als dort die Gerichte mittlerer Ordnung fast durchweg mit rechtsgelehrten Richtern besetzt sind, weil man die Schöffengerichtsverfassung nicht kennt. Eine Ausnahme finde ich in Norwegen, und dort ist die Gliederung der ersten Instanz genau dieselbe, wie ich sie für Deutschland empfehle: ein Einzelrichter, ein Schöffengericht, besetzt mit einem Richter und zwei Schöffen, und das Schwurgericht. Diese Dreigliederung besteht in Norwegen schon seit 32 Jahren, und man hat, wie mir von sachverständiger Seite aus Norwegen mitgeteilt wird, nie daran gedacht, zwischen Schöffengericht und Schwurgericht noch ein anderes Gericht einzuschieben.

Bei der großen Erweiterung der schöffengerichtlichen Zuständigkeit, die ich vorschlage, und in Anbetracht der Aufgaben, die dann des Schöffengerichtes harren, versteht es sich von selbst, daß nur ältere, erfahrene und tüchtige Kriminalisten an die Spitze der Schöffengerichte gestellt werden dürfen. Allerdings würde es schwierig sein, für die große Menge der Schöffengerichte die erforderliche Zahl kriminalistischer Spezialisten zu finden. Dieser Schwierigkeit wäre indessen dadurch zu begegnen, daß man für die schwereren Fälle mehrere Schöffengerichtsbezirke zu einem einzigen vereinigt und an seine Spitze den Kriminalisten von der gewünschten Beschaffenheit stellt, diese Stelle vielleicht auch zu einem Beförderungsposten erhebt, um tüchtige Kriminalisten für sie zu gewinnen. Die leichteren Straffälle verblieben den einzelnen Schöffengerichten[1]). Bei einer derartigen Organisation handelt es sich durchaus nicht etwa wieder um Schaffung einer vierten Art von Gerichten erster Instanz, sondern nur um Zusammenlegung mehrerer Amts-

1) Dieser Vorschlag findet sich bereits in meinen „Fragen der Gerichtsorganisation vom Januar 1909“ S. 36. Aschrott, Deutsche Juristenztg. 1909, S. 236, spricht denselben Gedanken aus: „Sicher befindet sich nun nicht an jedem kleinen Amtsgericht ein derartig geeigneter Richter. Aber mit meinem Vorschlage ist es durchaus vereinbar, mehrere benachbarte Amtsgerichte für die Aburteilung der größeren und schwereren Sachen zu einem Schöffengericht zusammenzulegen, so daß diese Sachen also nur bei den mit einer größeren Zahl von Richtern besetzten Amtsgerichten zur Verhandlung kommen würden, bei denen die Justizverwaltung unschwer für eine geeignete Richterkraft sorgen könnte.“ J. Goldschmidt, Zur Reform des Strafverfahrens 1919, schließt sich neuerdings diesem Gedanken an. S. 11.

gerichtsbezirke aus Zweckmäßigkeitsgründen zu einem Schöffengerichtsbezirk. Diese Zusammenlegung wäre im Gerichtsverfassungsgesetz auch keineswegs zwingend vorzuschreiben, sondern sie müßte dem Ermessen der Landesjustizverwaltung überlassen bleiben. Mit der geplanten Organisation von Berufungssenaten für mehrere Landgerichtsbezirke hätte dieses Schöffengericht für mehrere Amtsgerichtsbezirke seiner Natur nach nichts gemein. Der Berufungssenat soll ein über den Strafkammern stehendes Gericht sein, während das Schöffengericht für mehrere Amtsgerichtsbezirke dem Schöffengericht des einzelnen Amtsgerichtsbezirks rechtlich gleichsteht.

Man mag gegen die Übertragung der Strafkammerzuständigkeit an das Schöffengericht das Bedenken haben, daß darin eine Verschlechterung der ersten Instanz liege: An Stelle der vom Entwurf geplanten Besetzung mit zwei Richtern und drei Schöffen tritt eine solche mit einem Richter und zwei Schöffen. Allein der Schaden wird reichlich aufgewogen durch die Einführung der Berufung.

II. Die Gerichte höherer Instanz.

1. Berufungsgerichte.

Im Ausland hat man zumeist, so z. B. in Frankreich, Belgien, Italien, in den Niederlanden, in Österreich, die Berufung gegen die Urteile der mittleren Gerichte erster Instanz an den nächsthöheren Gerichtshof zugelassen, an die cour d'appel, corte d'appello, an die Geregtshoven, an die „Gerichtshöfe zweiter Instanz" (Österreich). In Deutschland entsprechen diesen Gerichten die Oberlandesgerichte. Es wäre das nächstliegende gewesen, nach Einführung der Berufung gegen die Strafkammerurteile die Strafsenate der Oberlandesgerichte zu Berufungsgerichten zu machen. Aber wegen der großen Ausdehnung der Oberlandesgerichtsbezirke hat man das in der Begründung des Entwurfs als nicht angängig erklärt und es vorgezogen, die Berufung den Landgerichten zu überweisen und zwar einem eigenen Berufungssenat von fünf juristischen Mitgliedern, die natürlich nicht der ersten Instanz angehört haben dürfen.

Die Bedenken, welche ich gegen diesen Plan schon früher ausgesprochen habe [1]), hege ich auch heute noch:

Das Volk stellt sich als Berufungsgericht ein über der ersten Instanz stehendes Gericht vor. Einer aus Richtern desselben Gerichts zusammengesetzten zweiten Instanz bringt es kaum das nötige Vertrauen entgegen, und eine solche zweite Instanz wird sich gegenüber den Gerichtskollegen von der ersten Instanz auch nicht wohl der gebührenden Autorität erfreuen. Die kleineren äußeren Mittel, mit denen der Entwurf diesen Mängeln abzuhelfen sucht, werden nicht viel nützen: das Berufungsgericht soll „Berufungssenat" heißen; die Stelle des Vorsitzenden soll mit einem Richter in gehobener Stellung besetzt werden: mit dem Landgerichtspräsidenten, einem Landgerichtsdirektor oder einem Oberlandesgerichtsrat; es sollen nur ständig angestellte Richter als Beisitzer verwendet, die Geschäftsräume des Berufungssenats sollen in das Oberlandesgerichtsgebäude verlegt werden, wenn ein Berufungssenat für mehrere Landgerichtsbezirke am Sitze des Oberlandesgerichts eingerichtet wird. Ich verspreche mir sehr wenig von solchen Maßnahmen: Ein Landgerichtsdirektor soll ja ohnehin für die Regel den Vorsitz in der Strafkammer führen, und den Landgerichtspräsidenten ist ebenfalls schon nahe gelegt worden, wegen des Ansehens der Strafrechtspflege nicht bloß in Zivil-, sondern auch in Strafkammern den Vorsitz zu übernehmen. Ältere Richter mit dem Titel „stellvertretende Landgerichtsdirektoren" oder Oberlandesgerichtsräte sind in Bayern wohl an jedem Landgericht als Vorsitzende oder Mitglieder der Strafkammern tätig, und andere als ständig angestellte Richter gibt es dort überhaupt nicht. Die Verlegung der Geschäftsräume des Berufungssenats aber in das Oberlandesgerichtsgebäude ist bei Licht betrachtet doch nichts anderes als eine Verhüllung der Tatsache, daß dieser Senat eben nicht eine Abteilung des Oberlandesgerichts, sondern des Landgerichts ist.

---

1) Meine „Fragen der Gerichtsorganisation" im künftigen Strafprozeß 1909, S. 20 ff.

Für einen solchen für mehrere Landgerichtsbezirke gebildeten Berufungssenat werden auch erhebliche Schwierigkeiten im Geschäftsbetrieb nicht ausbleiben: Der Senat soll nicht ständig beisammen sein; seine Mitglieder sitzen in verschiedenen Landgerichten und erscheinen nur von Termin zu Termin zu den Verhandlungen des Senats. Wie werden sich die Richter auf die Verhandlungen vorbereiten? Daß sie jedesmal einige Zeit vor dem Termin am Sitzungsort erscheinen, um die Akten zu studieren, wird sich mit ihrer Tätigkeit an dem Landgericht, dem sie angehören, nicht vertragen. Ebensowenig aber empfiehlt sich eine Versendung der Akten; denn die Besorgnis, daß diese von ihrem Rundlauf bei mehreren Landgerichten nicht rechtzeitig zurückkehren und im entscheidenden Augenblick fehlen werden, vielleicht auch überhaupt nicht mehr zum Vorschein kommen, läßt sich nicht von der Hand weisen.

Vermutlich würde sich unter dem Zwang der Verhältnisse der Berufungssenat für mehrere Landgerichtsbezirke alsbald zu einem ständigen Gericht entwickeln — schon der Arbeitslast wegen. Etwa in der Hälfte der Fälle wird Berufung eingelegt werden. Sind nun vielleicht drei Landgerichte zu einem Berufungsbezirk vereinigt, so wird der Berufungssenat um die Hälfte mehr Arbeit zu leisten haben als jede einzelne der drei Strafkammern. An einen bloß zeitweiligen Zusammentritt des Senats ist unter solchen Umständen gar nicht zu denken; der Senat wird ganz von selbst zu einem ständigen Gericht. Damit werden aber wieder all die Nachteile, wenn auch in etwas verringertem Maße, eintreten, die man von der Zuweisung der Berufung an die Oberlandesgerichte fürchtet, und die von der Kommission für die Reform des Strafprozesses im ersten Band ihrer Protokolle S. 461 ff. eingehend dargelegt wurden. Da läge es immerhin näher, den regelmäßigen Instanzenzug einzuhalten und den Oberlandesgerichten die Berufung zuzuweisen. Selbst wenn dann in manchen Fällen abgezweigte Strafsenate gebildet werden müßten, wäre dies folgerichtiger als die Schaffung von Berufungssenaten, die in Wirklichkeit nichts sind als Abteilungen der Landgerichte, aber durch allerlei

Mittel äußerlich als ein über diesen stehendes Gericht hingestellt werden sollen.

Die ganze schwierige Frage der Einrichtung der Berufungsinstanz ist indessen auf einfache Weise zu lösen, wenn man sich entschließt, die Strafgerichtsbarkeit erster Instanz zwischen Amtsrichter, Schöffengericht und Schwurgericht aufzuteilen. Als Berufungsinstanz gegenüber den Urteilen des Amtsrichters und des Schöffengerichts würde die als Gericht erster Instanz ausgeschaltete Strafkammer eintreten[1]) — es fragt sich nur, ob als Schöffengericht oder als Kollegium rechtsgelehrter Richter. Ein Kollegium rechtsgelehrter Richter — drei würden ausreichen — hielte ich für das bessere Berufsgericht. Es käme dem Staat auch billiger zu stehen als ein Schöffengericht und würde weniger Kräfte und weniger Zeit kosten. Aber es ist wohl sicher, daß im künftigen Reichstag ein rechtsgelehrtes Berufungsgericht noch viel heftigeren Widerstand finden würde als im früheren und daß es sich gegenüber dem Mißtrauen, das man nun einmal rein rechtsgelehrten Gerichten entgegenbringen zu müssen glaubt, nicht wird durchsetzen können. Man wird sich daher, um unfruchtbaren Streit zu vermeiden, gleich von vornherein zu einer schöffengerichtlich gestalteten Berufungsinstanz verstehen müssen. Für ihre Zusammensetzung sind schon verschiedene Möglichkeiten empfohlen worden: Zwei Richter, drei Schöffen; drei Richter, zwei Schöffen; drei Richter, vier Schöffen.

Drei Richter und vier Schöffen, dies wäre eine überflüssig starke Besetzung und eine Kräftevergeudung. Eine Besetzung mit zwei Schöffen gegenüber drei Richtern würde im Reichstag ohne Zweifel abgelehnt werden, da man eine Überstimmung der Schöffen durch die Berufsrichter auf alle Fälle wird vermeiden wollen. So bleibt nur die erste Möglichkeit. Sie birgt zwar die Gefahr in sich, daß bei wider-

1) Daß die Landgerichte überhaupt, auch in Zivilsachen, ausgeschaltet werden könnten, wie Volkmar in der Deutschen Juristenzeitung 1919, S. 218 ff. vorschlägt, halte ich nicht für möglich. Man kann nicht jeden noch so bedeutsamen und schwierigen Rechtsstreit jedem Einzelrichter anvertrauen.

sprechenden Ansichten der beiden Juristen in Rechtsfragen die Schöffen nicht wissen werden, wem sie sich anschließen sollen; aber diese Gefahr muß in den Kauf genommen werden. Vielleicht stellt sie sich in der Theorie größer dar als in der Praxis. Im militärgerichtlichen Verfahren vor dem Kriegsgericht in bestimmten Fällen, vor dem Oberkriegsgericht immer, stehen den Offizierrichtern ebenfalls zwei Berufsrichter gegenüber, und es ist mir weder in der Literatur noch in der Praxis bekannt geworden, daß sich daraus Unzuträglichkeiten bei der Rechtsprechung ergeben hätten. Übrigens hatte man in der Zeit vor dem 1. Oktober 1879 schon in zwei deutschen Staaten genau die gleiche Gerichtsbesetzung (zwei Richter, drei Schöffen), in Württemberg und in Hamburg (vgl. oben S. 37).

Gegenüber Urteilen des Schwurgerichts kommt eine Berufung nicht in Frage. Es ist zwar ein großer Mangel an Folgerichtigkeit, gegen Urteile über leichtere Straftaten Berufung zuzulassen, gegen solche über die schwersten Verbrechen aber nicht; allein mit der Gestaltung des schwurgerichtlichen Verfahrens ist die Zulassung einer Berufung nicht zu vereinigen. Wenn man glaubt, sich vom Schwurgericht nicht trennen zu können, so muß man eben die Folgen tragen.

In Norwegen, welches die Gliederung der ersten Instanz besitzt, die ich für Deutschland vorschlage, hat man die Möglichkeit, Urteile des Einzelrichters und des Schöffengerichtes anzufechten, anders geregelt. Nach § 400 der Norweg. Strafprozeßordnung „können Sachen, worin das Urteil vom Schöffen- oder Verhörsgericht gefällt ist, auf Antrag der Parteien zu erneuter Verhandlung vor das Schwurgericht gebracht werden“. „Der Antrag auf erneute Verhandlung muß begründet werden durch eine Bestreitung dessen, was im Urteil rücksichtlich der Schuldfrage angenommen ist; doch darf er nicht ausschließlich darauf gestützt werden, daß das Gesetz unrichtig angewendet ist.“ (§ 401). Soll das Urteil aus einem andern Grund angefochten werden, also etwa wegen unrichtiger Anwendung des Gesetzes, dann ist Berufung an das Höchstgericht zulässig. §§ 378, 380, Abs. 2.

Für Deutschland ist die norwegische Einrichtung des Instanzenzuges ausgeschlossen. Wir können die Schwurgerichte unmöglich zu Berufungsgerichten machen, abgesehen von anderen Gründen deswegen nicht, weil bei den sicher sehr zahlreichen Berufungen die Schwurgerichte genötigt wären, ununterbrochen während des ganzen Jahres zu tagen. Dies würde zu einer unerträglichen Belastung des Laienelements führen und außerdem wäre die Besetzung der Berufungsinstanz mit 3 Richtern und 12 Geschworenen eine Vergeudung von Kräften.

2. Revisionsgerichte.

Wenn meinem Vorschlag entsprechend die Strafkammer als Gericht erster Instanz ausschiede, würde eine neue Vorschrift über den Instanzenzug notwendig werden. Man hat bisher im Interesse einheitlicher Rechtsprechung Gewicht darauf gelegt, daß die erstinstanzlichen Urteile der Strafkammern im Wege der Revision der Nachprüfung des Reichsgerichts zugeführt werden konnten. Wenn nun die Zuständigkeit der Strafkammer auf die Schöffengerichte übergeht, so könnten nach der bisherigen Einrichtung des Instanzenzuges diese neuen Schöffengerichtssachen mittels der Revision nur bis zum Oberlandesgericht gebracht werden. Dies ließe sich aber leicht ändern. Man braucht nur zu bestimmen, daß diejenigen Schöffengerichtsfälle, für welche man die Garantie einheitlicher Rechtsprechung nicht entbehren will, wenn sie die Berufungsinstanz durchlaufen haben, im Wege der Revision ans Reichsgericht geleitet werden. Ein Vorbild hierfür haben wir bereits in der Vorschrift des § 136 Abs. 2 des G. V. G., welche in Strafsachen wegen Zuwiderhandlungen gegen die Vorschriften über die Erhebung öffentlicher in die Reichskasse fließender Abgaben und Gefälle ebenfalls gegen Berufungsurteile der Strafkammern eine Revision ans Reichsgericht vorsieht. — Für die leichteren Schöffengerichtssachen und für die vom Einzelrichter abgeurteilten Fälle bliebe nach wie vor der Strafsenat des Oberlandsgerichts zuständig.

Die Besetzung der Revisionsinstanz könnte vereinfacht werden: Wenn die Strafsenate der Oberlandesgerichte mit drei, jene des Reichsgerichts mit fünf Mitgliedern besetzt würden, dürfte es genügen. Bisher war schon der Strafsenat des Oberlandesgerichts nicht stärker besetzt als für die Regel die Strafkammer des Landgerichts (5 Richter). Wird die Strafkammer künftig nur zwei rechtsgelehrte Richter zählen, so wird man, da es sich bei der Revision nur um Rechtsfragen handelt, die Richterzahl des Strafsenats am Oberlandesgericht auf drei heruntersetzen können und dementsprechend jene der reichsgerichtlichen Strafsenate auf fünf. In der ausländischen Gesetzgebung fehlt es hierfür nicht an Vorbildern: Der italienische corte d' appello und die holländischen Geregthoven urteilen in der Besetzung mit drei Richtern, die höchsten Gerichtshöfe von Italien, Holland, Ungarn in der Besetzung mit fünf Richtern, und nach den österreichischen Entwürfen soll der oberste Gerichtshof, statt wie bisher mit sieben, künftig auch nur in der Besetzung mit fünf Richtern entscheiden.

3. Beschwerdegerichte und Beschlußkammer.

Als Beschwerdegericht gegenüber den Beschlüssen und Verfügungen des Amtsrichters, des Untersuchungsrichters und des Schöffengerichts, ferner als beschließendes Gericht zur Vorbereitung der Schwurgerichtssachen hätte, wenn man sich zur vorgeschlagenen Dreigliederung der ersten Instanz entschlösse, die bisherige beschließende Strafkammer in der Besetzung mit drei Berufsrichtern zu dienen. Wenn es die Geschäftsbelastung der Berufungskammer erlaubt, steht nichts im Wege, daß ihre richterlichen Mitglieder auch der beschließenden Strafkammer angehören.

Beschwerdeinstanz am Oberlandesgericht bliebe nach wie vor der Strafsenat, am Reichsgericht wie bisher der erste Strafsenat.

II. Gerichtsstände.

1. Das geltende deutsche Recht.

Als ordentliche allgemeine Gerichtsstände, die frei miteinander konkurrieren, kennt unsere Strafprozeßordnung nur den Gerichtsstand des Tatortes und des Wohnsitzes. Beim

Fehlen eines Wohnsitzes konkurriert mit dem Gerichtsstand des Tatortes jener des gewöhnlichen Aufenthaltsortes und, wenn auch dieser fehlt, jener des letzten Wohnsitzes. Versagen alle diese Gerichtsstände, dann kommt (subsidiär) der Gerichtsstand der Ergreifung in Betracht. Ergreifung bedeutet „Freiheitsentziehung zum Zweck der Strafverfolgung“[1]). „Ob sie vom Gericht oder der Polizei oder einem Privaten vorgenommen wird, ist gleichgültig.“ Sie kann eine vorläufige Festnahme wie eine Verhaftung sein. — Einen Gerichtsstand der Vereinbarung gibt es nicht. Nur hat der Angeschuldigte die Möglichkeit, auf den Einwand der örtlichen Unzuständigkeit zu verzichten und so nach dem Muster des Zivilprozesses durch Stillschweigen ein unzuständiges Gericht zuständig zu machen. § 16 St. P. O. — Die übrigen Gerichtsstände: Gerichtsstand des Zusammenhangs, des Auftrages, der Bestimmung können hier außer Betracht bleiben, da sie zu Erörterungen weniger Anlaß gegeben haben.

II. Das ausländische Recht.

Alle fremden Rechte kennen in erster Linie den Gerichtsstand der begangenen Tat[2]). Mit diesem konkurriert nach einigen Rechten frei der Gerichtsstand des Wohnsitzes, so nach französischem und belgischem (§§ 23, 63), auch nach niederländischem Recht (§ 24 Entwurf von 1913 Art. 4). Andere Rechte stellen ihn dem Gerichtsstand der begangenen Tat nicht ganz gleich. Österreich (§ 52) erklärt das Gericht des

1) Rosenfeld, Der Reichsstrafprozeß, 3. Aufl. 1909. S. 68 Ziff. IV, Abs. 2.

2) Vgl. z. B. Österreichische Str. P. O. von 1873 § 51. Ebenso der neue Entwurf § 51. Ungarische Str. P. O. von 1896 § 16. Norwegische Str. P. O. von 1887 § 136, Niederländisches Wetboek van Strafvordering von 1886 § 24 und Niederländischer Entwurf von 1913, Art. 4, Französischer und Belgischer Code d' instruction criminelle § 23, England, Mitteilung von Heinrich Gerland in Jena, Zürich Gesetz betr. den Strafprozeß (Strafprozeßordnung) von 1919 § 1, Italienische Str. P. O. von 1913 § 18, Japanische Str. P. O. von 1890 § 26.

Wohnsitzes nur dann für zuständig, wenn ihm nicht das Gericht der begangenen Tat zuvorgekommen ist. Auch muß auf Verlangen eines Beteiligten die Sache vom Gericht des Wohnsitzes an jenes der begangenen Tat abgegeben werden. Der Entwurf ändert hieran nichts. In wesentlich gleicher Weise ist das Verhältnis der beiden Gerichtsstände in der ungarischen Strafprozeßordnung (§ 17) geregelt. In Zürich ist das forum domicilii ausdrücklich als subsidiär erklärt (§ 2). In Norwegen (§ 136 Abs. 2) und Schwyz (§ 8 Abs. 2) kommt das Gericht des Wohnsitzes überhaupt nur für den Fall in Betracht, daß die Tat im Ausland oder auf hoher See (Norwegen) oder im Ausland oder in einem fremden Kanton (Schwyz) begangen worden ist. In Italien (§ 19 Abs. 3) steht das Gericht des Wohnsitzes in einem noch viel entfernteren Subsidiaritätsverhältnis zu jenem der begangenen Tat. Wieder andere Gesetzgebungen sprechen von forum domicilii überhaupt nicht.

Den Gerichtsstand des Aufenthalts stellt Japan (§ 26) vollkommen gleich jenem der begangenen Tat; ebenso der niederländische Entwurf Art. 4[1]. Österreich (§ 52), Ungarn (§ 17), Zürich (§ 2), Italien (§ 19 Abs. 3) behandeln ihn genau so wie das forum domicilii.

Für den hier verfolgten Zweck interessiert vor allem der Gerichtsstand der Ergreifung. In Frankreich, Belgien und den Niederlanden kann der Staatsanwalt nach freier Wahl bei dem Gericht der Ergreifung ebensowohl Klage erheben wie bei jenem der begangenen Tat oder des Wohnsitzes. Frankreich und Belgien (§§ 23 u. 63) sprechen von dem „lieu, où le prévenu pourra être trouvé". Garraud bezeichnet in seinem Précis de droit criminel, 8. édition 1903 S. 604 diesen Ort als „le lieu de capture (forum deprehensionis)". Das niederländische Wetboek van Strafvordering nennt als verfolgungsberechtigt in § 24 die Staatsanwaltschaft „van het arrondissement waarin de ver-

1) Art, 4: „Von den Arrondissements-Gerichten sind gleichmäßig zuständig . . . . . diejenigen, in deren Bezirk der Verdächtige sich befindet, ferner diejenigen, in deren Bezirk der Verdächtige seinen letzten bekannten Aufenthaltsort gehabt hat."

dachte wordt gevonden". Ein Unterschied zwischen bloßer Ergreifung (vorläufiger Festnahme) und Verhaftung im eigentlichen Sinn ist nicht gemacht. In Österreich (§ 52) wird das Gericht, „in dessen Sprengel der Beschuldigte betreten wird" geradeso wie jenes des Wohnsitzes und des Aufenthaltes für den Fall als zuständig erklärt, daß nicht das Gericht der begangenen Tat ihm zuvorgekommen ist. Auf Verlangen eines Beteiligten (Staatsanwalt, Privatkläger, Beschuldigter) muß aber das forum deprehensionis die Sache an das forum delicti commissi abgeben. Von einem Unterschied zwischen Ergreifung und Verhaftung findet sich auch hier nichts. Ungarn (§ 25) kennt den Gerichtstand der Ergreifung nur bei Auslandsdelikten und auch hier nur als subsidiären gegenüber dem Wohn- oder Aufenthaltsort. Es spricht in diesem Fall von jenem Gericht, „auf dessen Gebiet der Beschuldigte in die Gewalt der ungarischen Behörde gelangt ist"; ob dies durch vorläufige Festnahme oder Verhaftung oder Selbstgestellung geschehen ist, macht keinen Unterschied. — In Norwegen (§ 137) „kann die Sache dort verfolgt werden, wo der Angeklagte ergriffen wurde", wenn sich ein Gerichtsstand der begangenen Tat oder des Wohnsitzes usw. im Reiche nicht nachweisen läßt, oder wenn „die Verfolgung vor einem derselben größere Erschwerung für den Angeklagten oder Zeugen, oder aber bedeutende Verzögerung oder erhöhte Kosten nach sich ziehen würde". — In England ist bei Delikten, die auf einem englischen Schiff auf hoher See begangen sind, jedes Gericht zuständig, in dessen Bezirk der Täter ergriffen ist oder in Haft gehalten wird. War der Täter bei der Tat bereits vorläufig festgenommen, so ist jenes Gericht zuständig, in dessen Bezirk das Schiff mit dem festgenommenen Täter zuerst landet[1]. Von einer Subsidiarität des Gerichtsstandes der Ergreifung ist hier nicht die Rede. — In Italien (§ 19) kommt der Gerichtsstand der Ergreifung (judice dell' arresto) erst in Betracht, wenn das forum delicti commissi versagt und auch eine

1) Mitteilung von Heinrich Gerland in Jena.

andere Gerichtsbehörde noch keine Verfahrenshandlung vorgenommen hat. — Nach der Züricher St.P.O. von 1919 sind ebenfalls die Behörden des Ortes, „an welchem der Angeschuldigte zur Haft gebracht wurde“, erst zuständig, wenn der Begehungsort außerhalb des Kantons liegt oder ungewiß ist. (§ 2.) — Im allgemeinen ist hiernach der Gerichtstand der Ergreifung den anderen Gerichtsständen bald völlig gleichgestellt bald nur subsidiär.

Über einen Gerichtsstand der Vereinbarung habe ich nur in der Norwegischen Strafprozeßordnung § 141 eine ausdrückliche Bestimmung finden können. Es heißt dort: „Mit Einwilligung der Gegenpartei kann von den Gerichtsstandsvorschriften abgewichen werden. Stellt sich der Angeklagte, so prüft das Gericht nicht von Amtswegen, inwiefern die Sache vor das richtige Gericht gebracht ist.“ — Ein stillschweigender Verzicht auf die Rüge der örtlichen Unzuständigkeit, ähnlich wie im Deutschen Recht, findet sich natürlich auch in ausländischen Prozeßgesetzen.

III. Vorschläge für das künftige deutsche Recht.

1. Gerichtsstand des Tatortes und des Wohnsitzes.

Es bedarf keiner Erörterung der Frage, ob die Gerichtstände des Tatortes und des Wohnsitzes als frei konkurrierende beibehalten werden sollen. Ein Bedürfnis, hierin eine Änderung eintreten zu lassen, hat sich nicht gezeigt und ist bei den bisherigen Vorarbeiten zur Strafprozeßreform auch von niemand behauptet worden. Zweifel sind nur darüber entstanden, ob der Gerichtsstand des Aufenthalts und des Ergreifungsortes den beiden genannten Gerichtsständen gleichgestellt und wie der Begriff der „Ergreifung“ gefaßt werden solle, ferner ob eine Vereinbarung des Gerichtsstandes zuzulassen sei [1]).

1) Vgl. hierüber die „Protokolle der Kommission für die Reform des Strafprozeßes“ 1. Bd. S. 10—14, 2. Bd. S. 199 u. 200. Ferner den Entwurf einer Str. P. O., Reichstagsvorlage, bezw. Begründung hiezu S. 56—61, dann Bericht der Reichstagskommission, Drucksachen

Bei Behandlung dieser Fragen hat man sich als Ziel vor Augen zu halten, daß bei möglichster Wahrung der Interessen des Angeschuldigten und möglichster Einfachheit der gesetzlichen Bestimmungen jede strafbare Handlung ohne unnötige Verzögerung und ohne Verursachung überflüssiger Kosten der Aburteilung durch ein zuständiges Gericht zugeführt werde.

2. Gerichtsstand des gewöhnlichen Aufenthalts.

Von dem angegebenen Gesichtspunkt aus kann der Absicht des deutschen Entwurfs (§ 2), den gewöhnlichen Aufenthalt dem Wohnsitz gleichzustellen, ein begründetes Bedenken nicht entgegenstehen. Es kommt nicht selten vor, daß jemand an dem einen Orte wohnt, während er seinen Wohnsitz im Rechtssinn an einem andern Ort hat, z. B. eine von ihrem Manne nicht geschiedene, aber tatsächlich getrennt lebende Ehefrau. In solchen Fällen sprechen die Gründe, welche sonst eine Aburteilung am Gerichte des Wohnsitzes erwünscht erscheinen lassen, nicht für den „Wohnsitz", sondern für den gewöhnlichen Aufenthaltsort. Hier befindet sich der Angeschuldigte und das Beweismaterial, und dem Angeschuldigten wird mit einer Verhandlung beim Gerichte des Wohnsitzes in der Regel ebensowenig gedient sein wie dem strafberechtigten Staat[1]). Es können auch im Einzelfall Zweifel darüber entstehen, ob jemand an einem bestimmten Ort seinen Wohnsitz oder nur seinen gewöhnlichen Aufenthalt habe. Sind beide Orte gleichgestellt, so braucht über diese zivilrechtliche Frage im Strafprozeß nicht gestritten und entschieden zu werden; das eine wie das andere Gericht ist zur Aburteilung gleicherweise zuständig. Daß einzelne fremde Rechte, wie das französische, belgische, niederländische, den Gerichtsstand des gewöhnlichen Aufenthaltsortes überhaupt nicht kennen,

---

Nr. 638 (12. Legisl. Pr.) 1. Teil S. 92—98. Auch Aschrott, Reform des Strafprozesses, Berlin 1906 S. 120/121 u. 144/145 (Abhandlungen von Honemann und Graf zu Dohna).

2) Vgl. hierzu Begründung zur Reichstagsvorlage des Entwurfs S. 57.

andere ihn dem Gerichtsstand des Wohnsitzes nachstellen, braucht uns von anderer Regelung nicht abzuhalten, wenn wir diese als zweckmäßig erkennen. Bei den Vorarbeiten zu einer neuen Strafprozeßordnung sind auch ernsthafte Einwände gegen eine Gleichstellung beider Gerichtsstände nicht erhoben worden.

3. Gerichtsstand der Ergreifung.

Zu erheblicheren Bedenken hat die Frage des Gerichtsstandes der Ergreifung Veranlassung gegeben. Der Entwurf zu einer neuen Strafprozeßordnung (§ 3) hat ihn aus der Stellung eines subsidiären Gerichtsstandes herausgehoben, um ihn den drei anderen frei miteinander konkurrierenden Gerichtsständen des Begehungsortes, des Wohnsitzes, des gewöhnlichen Aufenthaltes, gleichzustellen. Gegenüber dem bisherigen Wortlaut in § 9 Abs. 1 St. P. O.[1]) wurde die Bestimmung folgendermaßen gefaßt: „Zuständig ist ferner das Gericht, in dessen Bezirke der Verdächtige ergriffen oder dem ein vorläufig Festgenommener vorgeführt wird.“ Unter der „Ergreifung“ soll nach der Begründung zu § 3 die Festnahme auf Grund eines Haftbefehls oder Steckbriefs zu verstehen und es soll in diesem Fall der Gerichtsstand, wie bisher nach § 9 Abs. 1 St. P. O., bei dem Gerichte begründet sein, in dessen Bezirk der Beschuldigte ergriffen wird. Dagegen soll es bei einer vorläufigen Festnahme darauf ankommen, welchem Gericht der Festgenommene vorgeführt wird. Dies kann, da es sich hier um vorläufige Festnahme vor Klageerhebung handelt, ein anderer Amtsrichter sein als jener, in dessen Bezirk die Festnahme erfolgte, da die Vorführung vor den nächsten d. h. den am schnellsten und leichtesten erreichbaren Amtsrichter zu erfolgen hat. (§ 129 des Entwurfs.)

a) Für die Vermehrung der ordentlichen allgemeinen Gerichtsstände um jenen der Ergreifung spricht der Umstand, daß bisher beim Mangel eines primären Gerichtsstands der Ergreifung der Ergriffene nicht selten unter erheblichem

---

1) „ . . . so ist dasjenige Gericht zuständig, in dessen Bezirk die Ergreifung erfolgt.“

Kostenaufwand und großem Zeitverlust an das weit entfernte Gericht des Tatorts oder des Wohnsitzes überführt werden mußte, obwohl nach Lage des Falls (erschöpfendes Geständnis des Angeschuldigten) die Verurteilung sehr leicht beim Gericht des Ergreifungsortes hätte stattfinden können [1]). Es mag sich ja im einzelnen Fall nachträglich herausstellen, daß die Aburteilung beim Gerichte des Tatortes oder Wohnsitzes oder gewöhnlichen Aufenthaltsortes zweckmäßiger ist, etwa weil eingehendere Beweiserhebungen an Ort und Stelle notwendig werden; dann bleibt immer noch die Möglichkeit, die Sache vor jenes Gericht zu bringen auf Grund eines neuen von der Reichstagskommission vorgeschlagenen § 12: „Solange noch kein Urteil verkündet ist, kann das Gericht, bei dem die Sache anhängig ist, unter Zustimmung der Prozeßbeteiligten mit einem anderen Gerichte vereinbaren, daß dieses die Sache übernimmt, wenn sie zur Zeit der Vereinbarung bei diesem Gerichte hätte anhängig gemacht werden können“. Außerdem wird jeder Staatsanwalt von vornherein vernünftig genug sein, die Klageerhebung beim Gerichtsstand der Ergreifung zu unterlassen, wenn er sieht, daß ein zureichendes Material zur Beurteilung von Tat und Täter nur beim Gericht des Begehungsortes oder des Wohnsitzes zu haben sein wird.

Man hat der Besorgnis Ausdruck gegeben, daß durch eine Vermehrung der der Staatsanwaltschaft zur Auswahl frei stehenden Gerichtsstände diese Behörde in den Verdacht kommen könnte, ihre Auswahl mit Rücksicht auf die leichtere Verurteilung zu treffen, besonders bei Preßdelikten, für die in einzelnen Bundesstaaten die Schwurgerichte, in andern die Strafkammern zuständig seien. Es gewinnt allmählich den Anschein, als ob in Deutschland die Staatsanwaltschaft die strafgierigste und vertrauensunwürdigste Behörde sei oder als ob sie wenigstens auf alle erdenkliche Weise vor dem Verdacht, dies zu sein, behütet werden müsse. Wenn irgendwo eine Bestimmung vorgeschlagen wird, die mit der Tätigkeit der Staatsanwaltschaft in irgendeinem Zusammen-

1) A. a. O. S. 57.

hang steht, dann kann man sicher sein, daß sofort das Bedenken auftaucht: Könnte die Staatsanwaltschaft nicht vielleicht mit dieser Bestimmung Mißbrauch treiben oder könnte sie nicht in den Verdacht kommen dies zu tun? Ich denke, man hat zunächst zu fragen, ob eine Vorschrift für die Rechtspflege zweckmäßig ist, und im Bejahungsfall sie einzuführen im Vertrauen darauf, daß unsere Behörden der Strafverfolgung aus Männern bestehen, denen es um die Wahrung der Gerechtigkeit zu tun ist, nicht aber darum, unter allen Umständen den bloß Verdächtigen auch verurteilt zu sehen. In den Ländern des französischen Rechts hat man seit einem Jahrhundert der Staatsanwaltschaft die freie Wahl zwischen den Gerichtsständen des Tatortes, des Wohnsitzes und des Ortes der Ergreifung gelassen, ohne daß daraus die Mißstände sich entwickelt hätten, die man in Deutschland so ängstlich zu verhüten sich bestrebt.

b) Die näheren Voraussetzungen des Gerichtsstandes der Ergreifung hat die Regierungsvorlage anders gefaßt als die geltende Strafprozeßordnung. Sie will unterscheiden, ob ein Verdächtiger verhaftet oder nur vorläufig festgenommen und vorgeführt wird. Das Wort „verhaftet“ vermeidet sie aber und sagt dafür „ergriffen“. Man kann dann nur aus der Begründung entnehmen, daß dies eine Ergreifung auf Grund eines Haftbefehls oder eines Steckbriefs sein soll. Schon wegen dieser Unklarheit der Ausdrucksweise bedurfte die betreffende Vorschrift einer Änderung. Die Reichstagskommission hat denn auch eine solche vorgenommen, einmal weil bei einem Gerichtsstand der Vorführung die Begründung dieses Gerichtsstandes bis zu einem gewissen Grad in die Hände der Polizei gegeben sei; denn es unterliege oft deren Belieben, welchem Amtsgericht sie den Festgenommenen zuführen wolle (§ 129 des Entwurfs); außerdem vereinfache man das Gesetz, wenn man statt der zwei Gerichtsstände der Verhaftung und der Vorführung nur den einen der Verhaftung schaffe. So bestimmte man denn: „§ 3. Zuständig ist ferner das Gericht, in dessen Bezirke der Beschuldigte verhaftet wird“. Bei der zweiten Lesung erkannte man aber, daß es bei dieser Fassung der Vorschrift an einem Gerichtsstand für Auslandstaten fehle, wenn weder ein Haftgrund vorliege noch auch ein Gerichtsstand des Wohnsitzes oder Aufenthalts im Sinne des § 2 gegeben sei. Infolgedessen beschloß man, für Auslandstaten doch wieder den Gerichtsstand der Ergreifung einzuführen und dem soeben angegebenen Abs. 1 des § 3 einen Absatz 2 anzufügen: „Ist die Tat im Ausland begangen, so ist das Gericht zuständig, in dessen Bezirke der Verdächtige ergriffen wird". Mit der Fassung, welche die Reichstagskommission dem § 3 gegeben hat, sind nun wieder die gleichen Mängel verbunden, wegen deren man den § 3 des Regierungsentwurfs mißbilligte. Auch hier liegt es letzten Endes in den Händen der Polizei, welches Gericht sie zuständig machen will; denn einen Haftbefehl wird eben derjenige Amtsrichter erlassen, welchem die Polizei den vorläufig Festgenommenen vorführt. Und die Vereinfachung des Gesetzes ist ebenfalls wieder preisgegeben, wenn man neben den Gerichtstand der Verhaftung jenen der Ergreifung setzt.

Ich sehe überhaupt keinen durchschlagenden Grund, an dem bisherigen Begriff der Ergreifung etwas zu ändern. Anlaß, die Ergreifung zu zerlegen in eine Verhaftung und in eine Vorführung auf Grund vorläufiger Festnahme, gab anscheinend nur der Umstand, daß nach dem Entwurf (§ 129) der Ergriffene manchmal nicht dem Amtsrichter des Ergreifungsortes, sondern einem schneller erreichbaren anderen Amtsrichter zuzuführen ist, daß durch die Ergreifung dann aber nicht die Zuständigkeit dieses Amtsrichters oder seines vorgesetzten Gerichts begründet werden kann, sondern die Sache zurückgeleitet werden muß an die Gerichte, in deren Bezirk die Ergreifung erfolgte. Das sind aber wohl höchst seltene Fälle, und wenn sie sich ereignen, so liegt darin für niemanden ein Schaden. Die Vorführung hat ja weiter keinen Zweck, als möglichst bald die Entscheidung eines Richters über die Rechtmäßigkeit der Ergreifung herbeizuführen. Ob dies der Richter ist, der seinerzeit in der Sache selbst entscheiden wird, oder ein anderer, ist ohne sonderliche Bedeutung. In vielen Fällen wird ohnehin in der Sache selbst ein Gericht höherer Ordnung zu urteilen haben.

Man möge es also ruhig dabei belassen, daß für das Gericht, in dessen Bezirk die Ergreifung erfolgte, mag sie sich als vorläufige Festnahme oder als Ergreifung auf Grund Haftbefehls oder Steckbriefs darstellen, eine Zuständigkeit begründet wird. Auch kann die gesetzliche Bestimmung hierbei auf die einfachste Form gebracht werden. Sie wird lauten können: „Zuständig ist ferner das Gericht, in dessen Bezirk der Beschuldigte ergriffen wurde". Wenn im Ausland die einheitliche Fassung des Begriffs der Ergreifung nicht zu Unzuträglichkeiten geführt hat, werden für Deutschland solche auch nicht zu befürchten sein.

4. Gerichtsstand des vorübergehenden Aufenthalts.

Der Entwurf zu einer Strafprozeßordnung hat (§ 4) auch einen Gerichtsstand des vorübergehenden Aufenthalts vorgesehen, der mit den bisher genannten Gerichtsständen auf gleicher Stufe stehen und nicht bloß subsidiäre Bedeutung haben soll[1]). Es vermischt sich mit ihm der Gedanke einer Vereinbarung des Gerichtsstandes, insoferne als der Gerichtsstand des vorübergehenden Aufenthalts nur platzgreifen soll, wenn der Beschuldigte der Erhebung der Klage in diesem Gerichtsstand nicht widerspricht. Die Reichstagskommission hat den Gesichtspunkt der Vereinbarung noch schärfer betont: Das Gericht des vorübergehenden Aufenthalts soll nur dann zuständig sein, „wenn der Beschuldigte sich mit diesem Gerichtsstand ausdrücklich einverstanden erklärt."

Die Gründe, welche für die Einführung eines primären Gerichtsstandes des vorübergehenden Aufenthalts bestimmend waren, sind folgende: Der Gerichtsstand der Ergreifung werde, abgesehen von Bettlern und Landstreichern, künftig nur noch für Personen in Betracht kommen, die einer verhältnismäßig schweren Straftat verdächtig seien; denn die Voraussetzungen für die Verhängung der Untersuchungshaft würden eng be-

1) § 4. „Zuständig ist endlich das Gericht, in dessen Bezirk sich der Angeschuldigte zur Zeit der Erhebung der Klage vorübergehend aufhält. Der Erhebung der Klage in diesem Gerichtsstand kann der Angeschuldigte widersprechen."

grenzt und die vorläufige Festnahme solle, von der Ergreifung auf frischer Tat abgesehen, nur unter den gleichen Voraussetzungen zulässig sein wie die Verhaftung. Schon mit Rücksicht hierauf erscheine es geboten, auch das Gericht für zuständig zu erklären, in dessen Bezirk sich der Angeschuldigte zur Zeit der Klageerhebung nur vorübergehend aufhalte. Dieser Gerichtsstand sei besonders für Fälle erwünscht, in denen es sich um Personen handle, die nach ihrem Beruf den Aufenthaltsort beständig wechseln und dem Orte ihres Wohnsitzes, soferne sie einen solchen überhaupt besitzen, lange Zeit hindurch fernbleiben. In solchen Fällen habe meistens der Angeschuldigte selbst ein begründetes Interesse daran, daß das Strafverfahren an dem Orte durchgeführt werde, wo er sich gerade befinde [1]). Zugleich werde durch Einräumung eines Widerspruchsrechtes dafür gesorgt, daß nicht der Angeschuldigte an einem Orte, an dem er sich nur vorübergehend aufzuhalten gedachte, wider seinen Willen durch das Strafverfahren längere Zeit festgehalten werde.

5. Gerichtsstand der Vereinbarung.

Die Schaffung eines primären Gerichtsstandes des vorübergehenden Aufenthalts entspricht sicher einem praktischen Bedürfnis. Aber man sollte noch einen Schritt weiter gehen und einen Grundsatz ausdrücklich aufstellen, der implicite schon in dem § 4 des Entwurfs und noch deutlicher in § 4 der Beschlüsse der Reichstagskommission enthalten ist, einen Grundsatz, der auch bei den Beratungen der Reichstagskommission (1. Teil S. 93 Antrag 7) ausgesprochen worden ist, nämlich den Grundsatz der Zulässigkeit der Vereinbarung des Gerichtsstandes. Der § 4 sollte nach dem eben erwähnten Antrag 7 lauten: „Zuständig ist endlich jedes Gericht, wenn der Angeschuldigte der Zuständigkeit zugestimmt hat“. Im wesentlichen ist dies dieselbe Bestimmung, die sich schon in § 141 der norwegischen Strafprozeßordnung findet. Vgl. oben S. 78.

Der Haupteinwand, den man gegen die Zulassung der Vereinbarung des Gerichtsstandes in den Verhandlungen der

1) Begründung zur Reichtagsvorlage des Entwurfs S. 58.

Reichstagskommission vorbrachte, war, daß ein Paktieren mit dem Verdächtigen vor Erhebung der Klage nicht der Stellung der Staatsanwaltschaft entspreche, und — nun wiederholt sich das übliche Bedenken —, die Staatsanwaltschaft werde bei Ausübung des Rechtes der Vereinbarung leicht dem Vorwurfe ausgesetzt sein, daß sie sich dabei von nicht in der Sache liegenden Rücksichten habe leiten lassen. Allein das Paktieren zwischen Staatsanwalt und Angeschuldigtem ist auch schon möglich bei der Fassung des § 4 des Regierungsentwurfs wie bei der Fassung, welche die Reichstagskommission dem § 4 gegeben hat, bei der ersten versteckt, bei der zweiten ganz offen: Im ersten Fall begibt sich der Angeschuldigte in den Bezirk irgend eines Gerichts, der Staatsanwalt klagt dort, und der Angeschuldigte widerspricht nicht. Im zweiten Fall begibt sich der Angeschuldigte ebenfalls in den Bezirk des gewünschten Gerichts, der Staatsanwalt fragt ihn, ob er sich dort anklagen lassen wolle, und der Angeklagte erklärt sich mit diesem Gerichtsstand ausdrücklich einverstanden. Was ist dies anderes als eine Vereinbarung des Gerichtsstandes? Wenn man schon so weit gegangen ist, dann verstehe ich nicht, warum man sich scheut, durch eine ausdrückliche Vorschrift den Gerichtsstand der Vereinbarung zuzulassen. Aus Besorgnis, die Staatsanwaltschaft möge unbegründetem Verdacht ausgesetzt sein? Bei dem Mißtrauen, das ihr anscheinend so vielfach entgegengebracht wird, hütet sie sich vermutlich doppelt, durch irgendwelche nicht in der Sache liegende Gründe sich zu einer Vereinbarung des Gerichtsstandes bestimmen zu lassen. Ein Schaden wird dann aus der Zulassung der Vereinbarung kaum entstehen. Sie würde nur eine Vereinfachung der gesetzlichen Vorschrift bedeuten, besonders der kasuistischen Bestimmung des Entwurfs über das Widerspruchsrecht des Angeschuldigten, der nicht vom Gericht des vorübergehenden Aufenthalts abgeurteilt sein will.[1])

1) § 4 des Entwurfs: „Zuständig ist endlich das Gericht, in dessen Bezirke sich der Angeschuldigte zur Zeit der Erhebung der Klage vorübergehend aufhält. — Der Erhebung der Klage in diesem Gerichtsstande kann der Angeschuldigte widersprechen; der Widerspruch ist,

III. Ausschließung und Ablehnung von Richtern.

I. Vorbemerkung.

Es handelt sich hier nicht um eine vergleichende Darstellung und Prüfung des gesamten Rechts der Ausschließung und Ablehnung, sondern nur um Erörterung einzelner Punkte, bei denen sich Mißstände und Zweifel ergeben haben. Es sind die folgenden:

1. Sollen Richter, die bei einer im Wege der Wiederaufnahme angefochtenen Entscheidung mitgewirkt haben, von der Ausübung des Richteramts sowohl bei der Beschlußfassung über die Wiederaufnahme wie in der erneuerten Hauptverhandlung ausgeschlossen sein?

2. Soll eine verspätete Ablehnung noch zugelassen werden, wenn der Ablehnungsgrund erst nachträglich entstanden oder dem Ablehnenden erst nachträglich bekannt geworden ist?

3. Soll der Beschluß, welcher die Ablehnung als unzulässig oder als unbegründet zurückweist, anfechtbar sein? Sollen bejahenden Falls bei der Anfechtung neue Ablehnungsgründe vorgebracht werden dürfen? Soll gegen den anzufechtenden Beschluß, wenn er außerhalb der Hauptverhandlung erging, stets sofortige Beschwerde zulässig sein?

II. Das geltende deutsche Recht.

1. Durch die Reichsstrafprozeßordnung ist ein Richter, der bei der angefochtenen Entscheidung mitgewirkt hat, weder von der Beschlußfassung über die Wiederaufnahme noch von der Teilnahme an der erneuten Hauptverhandlung ausgeschlossen.

---

falls eine Voruntersuchung stattfindet, spätetens drei Tage nach der ersten Vernehmung, andernfalls spätestens drei Tage nach Zustellung der Ladung zur Hauptverhandlung erster Instanz oder, wenn die Hauptverhandlung vor Ablauf der Frist stattfindet, bis zur Verlesung der Anklageformel geltend zu machen. Hierauf soll der Angeschuldigte hingewiesen werden. — Wird rechtzeitig widersprochen, so verliert das Gericht die Zuständigkeit."

2. Eine Ablehnung nach den in § 25 Str. P. O. angegebenen Zeitpunkten ist auch dann nicht mehr zulässig, wenn die Ablehnungsgründe erst später entstanden oder dem Ablehnenden erst später bekannt geworden sind [1]). Nur könnte unter Umständen die verspätete Anbringung eines Ablehnungsgesuchs Anlaß dazu werden, daß nach § 30 Str. P. O. das Gericht von Amtswegen einen Richter als ausgeschlossen erklärt.

3. Wenn ein Ablehnungsgesuch als unbegründet zurückgewiesen wird, so ist zu unterscheiden, ob es gegen einen erkennenden oder einen anderen Richter angebracht war. Im ersten Fall kann der abweisende Beschluß nur zusammen mit dem Urteil, also nur im Wege der Berufung oder Revision angefochten werden. Im zweiten Fall ist sofortige Beschwerde zulässig. § 28 Str. P. O.

Über den Fall, daß ein Ablehnungsgesuch als unzulässig z. B. wegen verspäteter Anbringung abgewiesen wird, sagt die Prozeßordnung ausdrücklich überhaupt nichts; ebensowenig die Lehrbücher und Kommentare. Nach § 346 Str. P. O. muß der abweisende Beschluß anfechtbar sein, da er nicht ausdrücklich der Anfechtung entzogen ist. Nur muß ebenfalls wieder unterschieden werden, ob das Gesuch gegen einen erkennenden oder einen andern Richter gerichtet war. Im ersten Fall kann der Beschluß nur zusammen mit dem Urteil angefochten werden (§ 347), im zweiten mit der gewöhnlichen Beschwerde. Ausgeschlossen ist die Anfechtung, wenn der Beschluß vom Oberlandesgericht oder vom Reichsgericht erlassen ist.

Da die Strafprozeßordnung über die Begründung der Beschwerden überhaupt keine Vorschriften, also auch keine beschränkenden gibt, ist das Vorbringen neuer Tatsachen und Beweismittel nicht ausgeschlossen. Ebenso ist das beneficium novorum gegeben im Fall der Berufung, nicht aber dann, wenn der abweisende Beschluß im Wege der

1) Im Gegensatz hierzu gestattet die Zivilprozeßordnung § 44 Abs. 4 eine nachträgliche Ablehnung, wenn glaubhaft gemacht wird, daß der Ablehnungsgrund erst später entstanden oder der Partei bekannt geworden ist.

Revision angefochten wird. Bei Anfechtung mit Berufung wird es aber zweifelhaft sein, ob die neue Tatsache nur eine solche sein darf, die schon vor der Verlesung des Eröffnungsbeschlusses (§ 25) vorhanden, aber nicht zur Begründung des Ablehnungsgesuchs geltend gemacht war, oder auch eine solche, die erst später entstanden ist, die also etwa im Verhalten eines Richters in der Hauptverhandlung liegt. Ich nehme das letztere an. Natürlich könnte nicht im Wege der Berufung wegen der in der Verhandlung zu Tage getretenen Tatsache erst das Ablehnungsgesuch angebracht werden; dem stände die Bestimmung des § 25 entgegen. Aber es kann die in dem rechtzeitig angebrachten Gesuch geltend gemachte Besorgnis der Befangenheit durch einen weiteren Umstand begründet werden. Der Gesuchsteller sagt etwa: Daß meine Besorgnis der Befangenheit nicht unbegründet war, ergibt sich noch daraus, daß der betreffende Richter sogar in der Hauptverhandlung in dieser oder jener Weise gegen mich vorgegangen ist.

III. Das ausländische Recht.

1. Die Ausschließung des Vorrichters im Wideraufnahmeverfahren.

Bei der Beschlußfassung über die Zulassung der Wiederaufnahme kann in einer Reihe fremder Staaten ein Richter, der bei dem angefochtenen Urteil mitgewirkt hat, in der Regel schon deswegen nicht beteiligt sein, weil diese Beschlußfassung einem andern und zwar höheren Gericht übertragen ist. In Frankreich (Art. 444), Belgien (Art. 444) und Italien (§ 540) ist dies der Kassationshof, in Japan (§§ 305, 306) das Revisionsgericht, in den Niederlanden (§ 376, Entwurf Art. 433) der hohe Rat, in Zürich (St.P.O. von 1919 § 439) das Obergericht. Es ist freilich möglich, daß der betreffende Richter inzwischen Mitglied des Kassationshofes usw. geworden ist; ich konnte aber nicht feststellen, daß er in diesem Fall von der Beschlußfassung über die Zulassung der Wiederaufnahme ausgeschlossen wäre. Ungarn bestimmt ausdrücklich, daß ein Richter, der an der angefochtenen Entscheidung beteiligt war, „nach Möglichkeit" nicht als Mitglied des beschließenden Senats verwendet werden soll. Österreich (§ 357) und Norwegen (§ 416) lassen wie Deutschland über die Zulässigkeit der Wiederaufnahme das Gericht entscheiden, das ursprünglich in der Sache in der ersten Instanz erkannt hatte.

Was die Ausschließung des früher mit der Sache befaßten Richters bei der erneuerten Hauptverhandlung anbelangt, so finde ich in der Gesetzgebung verschiedener Staaten eine ausdrückliche Bestimmung darüber nicht; es ergibt sich aber aus der Verweisung der Sache an das ursprüngliche Gericht, daß die Mitglieder desselben in der neuen Verhandlung nicht vom Richteramt ausgeschlossen sein sollen, so z. B. in Österreich (§§ 357 ff.), Zürich (St.P.O. von 1919 § 454). Dagegen ist in mehreren andern Staaten vorgeschrieben, daß die neue Hauptverhandlung überhaupt vor einem andern als dem ursprünglichen Gericht stattzufinden habe. So nach dem Genfer Gesetz vom 26. Mai 1897 (Loi modifiante l' instruction criminelle). Nach dem französischen und belgischen code d' instruction criminelle Art 445 verweist der Kassationshof, wenn er nicht selbst in der Sache entscheidet, den Prozeß an eine andere cour d' appel oder cour d' assises oder ein anderes Tribunal als jenes, das zuerst in der Sache erkannt hat. Ebenso ist es in Italien nach § 544 des Codice di procedura penale von 1913. In Japan (§ 307) entscheidet das „Revisionsgericht", wenn es die Wiederaufnahme für begründet erachtet, selbst die Sache niemals, sondern hebt nur das angefochtene Urteil auf und verweist die Sache „vor ein Gericht der gleichen Art und Ordnung wie jenes, welches das Urteil bereits gefällt hat". Ungarn (§ 461 Abs. 4) und Norwegen (§ 418) verweisen zwar den Fall nicht zur neuen Verhandlung an ein anderes Gericht, Ungarn bestimmt aber, daß „derjenige Richter, welcher an der früheren Erledigung der Angelegenheit teilgenommen hat, bei der Bildung des in der Frage der Zulässigkeit der Wiederaufnahme beschließenden und in der neuen Hauptverhandlung erkennenden Senats nach Möglichkeit außer Acht zu lassen ist", und Norwegen verbietet schlechtweg, daß einer der Geschworenen oder Richter, welche in dem früheren Gericht gesessen haben, im Gericht bei neuer Verhandlung der Sache sitzen.

2. Zulassung verspäteter Ablehnung.

In den meisten Gesetzgebungen ist die verspätete Vorbringung von Ablehnungsgründen gestattet, wenn dieselben erst nach dem Zeitpunkt, der für ihre Vorbringung regelmäßig gesetzt ist, entstanden oder zur Kenntnis des Vorbringenden gelangt sind. So in Japan nach § 42 St. P. O. zusammen mit § 35 Abs. 2 der C. P. O., England[1]), Norwegen § 70, Frankreich und Belgien, wo allerdings der code d'instruction criminelle gar keine Vorschriften über Ausschließung und Ablehnung von Gerichtspersonen enthält, wo aber die Praxis die entsprechenden Vorschriften des code de procédure civile (Art. 382) analog anwendet, (vgl. Garraud, Précis de droit criminel 8. Ed. 1903 S. 904), in der Schweiz in dem Bundesgesetz über die Organisation der Bundesrechtspflege von 1893 § 30, in Solothurn (Str. P. O. von 1885 § 34). Zürich (Gesetz betr. die züricherische Rechtspflege von 1874, Neuausgabe von 1905 § 133) gestattet das „Ausstandsgesuch" in jedem Stadium des Verfahrens anzubringen, droht aber dem Gesuchsteller Ordnungsbuße und Entschädigungspflicht, wenn durch sein Verschulden eine Tagfahrt vereitelt wird. Nach dem Gesetz betr. die Gerichts- und Prozeßordnung für Basel-Land von 1905 § 41 können Ablehnungsgründe geltend gemacht werden, solange das Urteil nicht ergangen ist. Die niederländische Str. P. O. (§ 323) läßt nach dem Beginn der Hauptverhandlung Ablehnungsgesuche nicht mehr zu, der Entwurf von 1913 aber (Ontwerp tot Vaststelling van een Wetboek van Strafvordering) Art. 482, 486 gestattet dies, wenn der Ablehnungsgrund erst später entstanden oder bekannt ge-

1) Mitteilung von H. Garland auf Grund von A. Wood Renton, Encyclopaedia of the Laws of England vol. II p. 78.

worden ist. Österreich, Ungarn, Italien kennen eine verspätete Vorbringung von Ablehnungsgründen nicht.

3. Anfechtbarkeit des die Ablehnung abweisenden Beschlusses. Beneficium novorum.

Das Recht der einzelnen Staaten weicht in diesem Punkte sehr von einander ab. In Österreich (§ 74 Abs. 3) sind die Entscheidungen über Ablehnungsgesuche unanfechtbar, in Frankreich dagegen ist nach Art. 391 des code de procédure civile jedes Urteil über Rekusation der Berufung unterworfen; ebenso läßt Zürich (§ 135 Abs. 2) in allen Fällen Beschwerde zu. Ungarn (§ 69 Abs. 5) hinwieder gestattet eine selbstständige Anfechtung des abweisenden Beschlußes nicht, sondern nur eine Anfechtung zusammen mit dem Urteil. Die Niederlande (§ 334) kennen im geltenden Recht eine Anfechtung der in Ablehnungssachen ergehenden Beschlüße und Urteile überhaupt nicht; der Entwurf von 1913 (§ 487 Abs. 1) gewährt ein Anfechtungsrecht, wenn ein Einzelrichter über die Ablehnung abweisend entschieden hat, in allen anderen Fällen sind (§ 487 Abs. 4) Rechtsmittel versagt. In Italien (§ 47) entscheidet über das Ablehnungsgesuch immer das nächsthöhere Gericht und zwar durch Urteil (sentenza) und gegen dieses Urteil ist, mag es von einem tribunale oder von einer corte d'appello erlassen sein, immer Revision (ricorso per cassazione) zulässig. (§ 48 Abs. 5.) Hat der Kassationshof selbst entschieden, so gibt es gegen sein Urteil natürlich kein Rechtsmittel. Übrigens kann mit dem Urteil, das den Ablehnungsantrag abweist, der Antragsteller zugleich zur Zahlung einer Summe von 100—1000 Lire zu gunsten der Staatskasse verurteilt werden. (§ 50.) Japan (§ 42 St. P. O. zusammen mit § 38 C. P. O.) gibt gegen den abweisenden Beschluß sofortige Beschwerde. Norwegen (§ 69) läßt im Gegenteil eine Beschwerde nur zu, wenn ein Ablehnungsgesuch für begründet erklärt wird, und zwar kann die Beschwerde hier nur von der Staatsanwaltschaft eingelegt werden. Von der Anfechtung abweisender Beschlüsse ist nicht die Rede.

Darüber, ob bei Anfechtung eines abweisenden Beschlusses neue Ablehnungsgründe vorgebracht werden dürfen, ob also ein beneficium novorum besteht, ist nirgends etwas ausdrücklich gesagt. Mit Ausnahme des Falls, daß der Beschluß nur mit einem Revisions- oder Kassationsgesuch anfechtbar ist, wird man wohl annehmen können, daß dem Beschwerdeführer ein beneficium novorum zustehe.

IV. Vorschläge für das künftige deutsche Recht.

1. Die Ausschließung des Vorrichters im Wiederaufnahmeverfahren.

Bei den Vorarbeiten zu einer neuen Strafprozeßordnung hat man sich, trotz verschiedener Anregungen hierzu, doch niemals zu dem glatten Entschluß durchringen können, von der Entscheidung über die Zulässigkeit des Wiederaufnahmeantrags die Richter auszuschließen, die bei der angefochtenen Entscheidung mitgewirkt haben. Man ging immer von der Ansicht aus, daß gerade die Richter, die bei dem früheren Urteil mitgewirkt hätten, wegen ihrer Vertrautheit mit der Sache zur Mitwirkung am Wiederaufnahmeverfahren am besten geeignet seien[1]). Ebensowenig hat man die an der früheren Entscheidung beteiligten Richter von der erneuerten Hauptverhandlung ausgeschlossen.

Ich halte gerade diese Vertrautheit mit der Sache für einen Grund, gegen die Mitwirkung der Vorrichter bei dem Wiederaufnahmeverfahren mißtrauisch zu sein. Sie haben auf Grund ihrer Kenntnis der Sache sich ihre feste Meinung gebildet, und es ist ungemein menschlich, sich neuen Gesichtspunkten gegenüber, wenn dieselben nicht auf flacher Hand liegen und sofort überzeugen wie etwa das Geständnis eines anderen Täters, ablehnend zu verhalten. Selbstverständlich braucht dabei gar keine üble Absicht mitzuspielen.

1) Vgl. hierzu Protokolle der Kommission für die Reform des Strafprozeßes 1. Bd. 1905 S. 282/283. 2. Band S. 264. — Regierungsentwurf einer neuen Str. P. O. § 358 Abs. 3 a. E. u. Begründung hierzu S. 194. — Bericht der Reichstagskommission: Drucksachen des Reichstags 12. Legisl. Per. II. Session 1909/1911 Nr. 638. 3. Teil S. 528/529.

Daß die Befürchtung einer Befangenheit der Vorrichter nicht unbegründet ist, findet die deutlichste Bestätigung in den Bestimmungen vieler fremder Rechte, die es von vornherein für geboten halten, das frühere Gericht überhaupt nicht mit der Frage der Wiederaufnahme zu befassen, und zwar augenscheinlich deswegen, weil man jenes Gericht nicht für unbefangen genug hält. Es schiene mir angezeigt, diesem Gedanken in unserem künftigen Strafprozeß wenigstens dadurch Rechnung zu tragen, daß man den einzelnen Richter, der an der früheren Aburteilung beteiligt war, von der Beschlußfassung über die Wiederaufnahme ausschließt.

Ähnliche Erwägungen lassen mir die Forderung berechtigt erscheinen, auch von der erneuerten Hauptverhandlung die am früheren Urteil beteiligten Richter auszuschließen. Auch hierfür spricht das Beispiel einer ganzen Anzahl fremder Staaten: Frankreich, Belgien, Italien, Genf, Japan, Ungarn, Norwegen.

Übrigens erkennt schon unser geltendes Strafprozeßrecht, wenn auch in anderem Zusammenhang, die Gründe an, welche in derartigen Fällen die Ausschließung eines Richters verlangen: Warum ist ein Richter, der bei einer durch ein Rechtsmittel angefochtenen Entscheidung mitgewirkt hat, von der Mitwirkung bei der Entscheidung in höherer Instanz ausgeschlossen? Doch wohl, weil man ihn nicht für unbefangen genug hält, die Sache, über welche er früher entschieden hat, nun auch von anderen Gesichtspunkten aus zu beurteilen. Obwohl es sich auch hier, wie in der Regel bei der Wiederaufnahme, möglichen Falls nur um Fragen tatsächlicher Art handelt, etwa um Würdigung neuer Beweismittel, die in der Berufungsinstanz vorgelegt werden, so erachtet man den Amtsrichter, der inzwischen Mitglied der Strafkammer geworden ist, doch nicht für geeignet, über die früher von ihm abgeurteilte Sache neuerdings zu entscheiden. Nun soll er dazu aber fähig und unbefangen genug sein, wenn etwa am Tage nach dem Ablauf der Berufungsfrist der Verurteilte mit genau den gleichen neuen Tatsachen und Beweismitteln kommt und Wiederaufnahme verlangt? Dann soll nichts im Wege stehen, daß derselbe Amtsrichter sowohl über die Vorfrage der Zulässigkeit wie in der Hauptverhandlung über die Sache selbst entscheidet? Noch mehr: Man läßt nicht einmal den Untersuchungsrichter zum Richteramt in der Hauptverhandlung zu, obwohl er doch „wegen seiner Vertrautheit mit der Sache zur Mitwirkung bei der Entscheidung vornehmlich geeignet" wäre. Gerade wegen dieser Vertrautheit nimmt man an, daß er voreingenommen sei, und deswegen hält man ihn fern. Nun hat er sich aber nicht einmal durch ein Urteil in der Sache festgelegt wie der erkennende Richter. Und trotzdem behauptet man, dieser sei unbefangen, während man jenen schlechtweg für befangen und daher ausgeschlossen erklärt. Ich meine, diese Vergleiche dürften ernstlich Anlaß zur wiederholten Prüfung der Frage geben, ob man den Vorrichter nicht doch vom Wiederaufnahmeverfahren ausschließen sollte.

2. Verspätet angebrachte Ablehnungsgesuche.

Es erschiene theoretisch an sich durchaus gerechtfertigt, daß Ablehnungsgründe, die erst nach dem für ihre Anbringung festgesetzten Zeitpunkt entstanden oder doch bekannt geworden sind, auch nach diesem Zeitpunkt noch durch ein Ablehnungsgesuch geltend gemacht werden dürfen. Man hat dies bei den Vorarbeiten zu einer neuen Strafprozeßordnung auch wiederholt verlangt[1]), und das Beispiel einer Reihe von ausländischen Prozeßgesetzgebungen könnte zur Nachahmung reizen. Trotzdem hielte ich die Zulassung solcher verspäteter Ablehnungsgesuche aus praktischen Gründen nicht für empfehlenswert. Sie könnte, wie an den in Anmerkung 1 angeführten Stellen mit Recht betont wurde, die Autorität des Gerichtsvorsitzenden in der Hauptverhandlung untergraben und Verschleppungsversuchen Tür und Tor öffnen. Manche Angeklagte würden — man braucht nur an die berüchtigten Berliner Strafprozesse zu denken — jede Äußerung des Vorsitzenden, in der er seine Überzeu-

1) Vgl. Protokolle der Kommission für die Reform des Strafprozesses 1. Band 1915 S. 15ff., besonders S. 21. — Beratungen der Reichstagskommission 12. Legisl.-Per. II. Session 1909/1911 Nr. 638. 1. Teil S. 113—114.

gung von ihrer Schuld durchblicken läßt, als eine Voreingenommenheit gegen sie kennzeichnen und darauf ein Ablehnungsgesuch stützen. Dadurch wäre der Vorsitzende der ständigen Kritik des Angeklagten unterstellt. Nach wochenlangen Verhandlungen könnte der Angeklagte das Gericht durch Ablehnungsgründe sprengen, die er sich in Reserve gehalten hat oder die er sich vielleicht selbst, etwa durch Beleidigung des Vorsitzenden, schafft.

Gegen üble Folgen, die sich aus der Unmöglichkeit ergeben, auf triftige erst später entstandene oder bekannt gewordene Ablehnungsgründe ein Ablehnungsgesuch zu stützen, könnte immerhin noch im Rechtsmittelverfahren Abhilfe geschaffen werden, allerdings nur bei der Berufung. Man müßte nur bestimmen, daß die Berufung auf einen Ablehnungsgrund gestützt werden könne, der erst entstanden oder bekannt geworden ist nach dem für die Geltendmachung von Ablehnungsgründen gesetzten äußersten Zeitpunkt. Rechtfertigt der vorgebrachte Grund wirklich die Befangenheit des Richters, so ist es nur billig, daß das angefochtene Urteil aufgehoben wird.

Zum Revisionsgrund dürfte man freilich den später entstandenen oder bekannt gewordenen Ablehnungsgrund nicht machen. Dies würde mit dem Wesen der Revision in Widerspruch stehen; dem Revisionsgericht ist die Feststellung und Prüfung von Umständen tatsächlicher Natur fernzuhalten [1]).

3. Die Anfechtbarkeit des die Ablehnung abweisenden Beschlusses. Beneficium novorum.

Die Vorarbeiten (§ 22 der Entwürfe) haben es in Bezug auf die Anfechtbarkeit des abweisenden Beschlusses bei dem bisherigen Recht belassen, auch für den Fall, daß der Beschluß sich auf einen Richter bezieht, der zur Ausübung des Richteramts in der Hauptverhandlung berufen ist.

1) Dieser Gedanke hat schon in der Reichstagskommission zur Ablehnung des Antrags geführt, erst in der Hauptverhandlung hervorgetretene Ablehnungsgründe zu absoluten Revisionsgründen zu machen. Drucksachen des Reichstags 12. Legisl.-Per. II. Session 1909/1911 Nr. 638. 3. Teil S. 507—508.

Dieser Beschluß soll auch künftig nur mit der Entscheidung in der Hauptsache angefochten werden können. Freilich besteht hier die Gefahr, daß hinterher die ganze Hauptverhandlung hinfällig wird, weil das Obergericht die Ablehnung für begründet erachtet — eine unangenehme Möglichkeit, die zu vermeiden wäre, wenn vorher in der Ablehnungsfrage der Instanzenzug erschöpft werden könnte. Trotzdem ist diese Gefahr weit geringer als jene der Prozeßverschleppung, die durch Gewährung eines selbständigen Anfechtungsrechts zweifellos heraufbeschworen würde. Man wird es daher zweckmäßig bei der bisherigen Einrichtung belassen.

Ebenso halte ich es für richtig, daß nach wie vor abweisende Beschlüsse, die sich nicht auf erkennende Richter, sondern etwa auf den Untersuchungsrichter beziehen, ihre selbständige Anfechtbarkeit behalten. Es würde sonst, falls das Ablehnungsgesuch begründet war, das ganze Verfahren wegen eines am Anfang liegenden Fehlers, der hätte vermieden werden können, nichtig sein müssen.

Daß die selbständig anfechtbaren Beschlüsse nur der sofortigen, nicht der gewöhnlichen Beschwerde unterliegen, ist sowohl mit Rücksicht auf einen raschen Prozeßgang wie deswegen nötig, weil man bei der fristlosen gewöhnlichen Beschwerde nie sicher wäre, ob man nicht wegen der immer noch bestehenden Anfechtungsmöglichkeit umsonst arbeite.

Was das Beneficium novorum anbelangt, so wurde in der Reichstagskommission zu dem § 22 des Entwurfs, der die Anfechtung der abweisenden Beschlüsse regelt, folgender Zusatz beantragt: „Die Anfechtung kann auf solche Tatsachen gestützt werden, die im Ablehnungsgesuch nicht geltend gemacht waren, insbesondere auf solche Tatsachen, die zur Zeit der Ablehnung noch nicht vorhanden oder dem Ablehnenden unbekannt waren.“ Der Antrag wurde in erster und zweiter Lesung abgelehnt. Er war überflüssig, soweit es sich um das Rechtsmittel der Beschwerde handelt; denn in der Beschwerdeinstanz ist neues Vorbringen immer zulässig. Eine Bedeutung konnte er nur haben bei der Ablehnung von Personen, die zur Ausübung des Richteramts in der Hauptverhandlung berufen sind. Es handelt sich hier nicht um die oben unter Z. 2 S. 95/96 besprochene Frage des verspätet angebrachten Ablehnungsgesuchs, sondern um den Fall, daß das rechtzeitig angebrachte Ablehnungsgesuch als unbegründet verworfen ist, und daß zu seiner besseren Begründung bei der Anfechtung des Urteils auf Umstände Bezug genommen wird, die vorher nicht geltend gemacht worden waren. Diese Umstände konnten schon vor Anbringung des Gesuchs vorhanden gewesen und können auch nachher erst entstanden sein z. B. in oder noch vor der Hauptverhandlung, so wenn etwa der Richter zwischen Verwerfung des Ablehnungsgesuchs und Hauptverhandlung in zivilrechtliche Streitigkeiten mit dem Angeklagten gerät. Wird gegen das Urteil, mit dem zusammen der abweisende Beschluß angefochten wird, Berufung eingelegt, dann besteht kein Grund zur Versagung des beneficium novorum. Durch die Berufung kann der Fall in seinem ganzen Umfang unter Heranziehung aller möglichen neuen Tatsachen, Gesichtspunkte und Beweismittel der Beurteilung des Berufungsgerichts zugeführt werden. Das gilt auch für die Ablehnung. Es kann daher nichts entgegenstehen, daß dem Berufungsgericht auch in Bezug auf die Frage der Ablehnung alles für ihre richtige Beantwortung dienliche Material, auch neu hervorgetretenes, vorgelegt wird. Ich halte dies schon nach geltendem Recht für zulässig (vgl. oben S. 89) und wüßte nicht, warum man es im künftigen Recht ausschließen sollte. Eine besondere Bestimmung darüber ist nach meiner Auffassung nicht notwendig.

Anders wenn das Urteil mit der Revision angefochten wird. Das Revisionsgericht hat nur zu prüfen, ob das Gesetz auf den Tatbestand, der dem Untergericht vorlag, richtig angewendet worden ist. Es läßt sich mit der Natur der Revision nicht vereinbaren, daß Tatsachen, die dem Berufungsgericht unbekannt waren, dem Revisionsgericht zur Prüfung unterbreitet werden. Daß dies auch auf die Ablehnung zutrifft, folgt aus dem Wortlaut („mit Unrecht verworfen") des § 377 Z. 3 der geltenden Str. P. O. wie des § 333 Z. 3 der Entwürfe.

3. Zur Fruchtlehre.

Von Carl Crome.

Die mangelnde Einheitlichkeit des Fruchtbegriffs im heutigen Recht führt zu erheblichen Unsicherheiten in der Rechtsanwendung[1]). Diese können nur überwunden werden, wenn wir rückhaltlos eine Dreiteilung vornehmen, die ich auch gegenüber eigenen abweichenden früheren Ausführungen vorschlage. Es gibt ein absolutes und ein relatives Fruchtrecht. Ersteres allein ist es, das uns in gewohnter Weise sagt, wem von der fruchttragenden Sache oder dem sonstigen fruchtbringenden Gegenstand die Früchte zufallen, d. h. wenn es sich um Sachen handelt, wem die Früchte zu Eigentum erworben werden. Wobei die Frage offen bleibt, ob nicht aus dem Verhältnis des Fruchtberechtigten zu einem besonderen Interessenten eine schuldrechtliche Ausgleichung einzutreten hat. Im letzteren Fall wird schon das absolute Fruchtrecht durch ein relatives korrigiert. Nicht selten aber steht letzteres auch allein, woraus sich zeigt, daß es nicht blos als Ausgleichung zu denken ist. Es gibt relative mit Fruchtbezugsrecht ausgestattete Beziehungen zwischen bestimmten Personen. Auch diese sind von der Rechtsordnung geregelt, sodaß ein objektiver Fruchtbegriff vorliegt: nur eben kein sachenrechtlicher oder absoluter, sondern ein schuldrechtlicher oder relativer. Die objektive Ausmessung des Fruchtbezugs erfolgt regelmäßig im Anschluß an die Regeln ordnungsmäßiger Wirtschaft in den betreffenden Verhältnissen.

Erkennt man ein solches relatives Fruchtrecht an, so ergibt sich die weitere Frage, ob letzteres unter allen

1) Vgl. v. Petražycki, Die Lehre vom Einkommen, I (1893), II (1895); Reichel, Der Begriff der Frucht i. Iherings Jahrb., Bd. 42, S. 205, Grünhuts Zschr., Bd. 30, S. 167ff.

Umständen ein objektiv (nach den Regeln ordnungsmäßiger Wirtschaft) begrenztes sein muß, oder ob nicht auch eine subjektive Durchbrechung, also Bemessung nach freiem Belieben der Hauptbeteiligten vorkommen kann, die von dritten Bezugsberechtigten der Früchte anzuerkennen ist. Z. B. vom Nießbraucher der Sache oder des Vermögens, zu welchem die Rechte aus der Abmachung gehören, oder vom Vater resp. Ehemann, der kraft Gesetzes die Nutznießung an diesem Vermögen hat. Auch diese berührt es, wenn etwa der Zinsfuß einer zum Vermögen gehörigen Forderung unter das übliche Maß herabgesetzt oder ein dazu gehöriges Haus zu billig vermietet worden ist. Somit fragt sich schließlich: gibt es beim relativen Fruchtrecht nur objektive, oder auch subjektiv bemessene (willkürliche) Früchte?

I.

Zweifellos ist es verfehlt, dem Fruchtbegriff nur sachenrechtliche Bedeutung zuzusprechen. Gewiß muß bei Sachfrüchten zunächst feststehen, wem die einzelnen in Betracht kommenden Stücke gehören. Damit beschäftigen sich §§ 99, 953 ff. BGB. Aber die sachenrechtliche Zuteilung ist nur die eine Seite des Problems. Sie ist notwendig aus Gründen der Rechtssicherheit und Praktikabilität. Wenn der Sturm einen großen Wald verwüstet, wäre es abwegig, die niedergelegten Stämme in das Miteigentum des Grundstückseigentümers und eines davon verschiedenen dinglichen Nutzungsberechtigten (Nießbrauchers) fallen zu lassen — zumal dies nicht einmal ein Miteigentum zu gleichen Teilen wäre, sondern nach Verhältnis dessen, was stehen bleiben oder nach den Regeln ordnungsmäßiger Wirtschaft abgeholzt werden durfte (da der Nießbraucher die Substanz zu schonen hat) [1]. Dieser Begriff der Substanzschonung berührt schon

1) Kohler Bürg. Recht II S. 322 will die gleiche Regelung auch bei der Pacht, aus denselben „Bedürfnissen des Lebens" eintreten lassen. Dies hat den Wortlaut des § 581 BGB gegen sich, und wir werden gleich unten auch sehen, daß die Verhältnisse verschiedene sind.

die andere Seite des Problems, und führt zu den relativen Beziehungen des Nießbrauchers und Eigentümers, dem die Substanz dereinst im unverminderten Bestand zurückzugeben ist. Den Gedanken der Substanzschonung hat das BGB dem absoluten Fruchtbegriff bei organischen Erzeugnissen (§ 99 Abs. 1) sowenig zu Grunde gelegt, wie es den Fruchtbegriff von der regelmäßig wiederkehrenden Art dieser Erzeugnisse abhängig macht.

Weniger weit geht der Fruchtcharakter bei der sonstigen Ausbeute einer Sache durch menschliche Tätigkeit, ohne daß eine organische Erzeugung mitwirkt. Diesen Fruchtertrag schränkt § 99 Abs. 1 auf die Ausbeute ein, die aus der Sache ihrer Bestimmung gemäß gewonnen wird. Sodaß z. B. die unorganischen Bodenbestandteile nur dann zu den Früchten gehören, wenn das Grundstück (als Steinbruch oder Tongrube) gerade zur Gewinnung dieser Bestandteile bestimmt war; nicht aber, wenn sie zufällig gefunden werden. Aus demselben Grund gehört auch die dem Grundstückseigentümer nach § 984 BGB zufallende Schatzhälfte nicht zu den Früchten des Grundstücks. Auf die Regelmäßigkeit des Ertrages wird auch hier kein Gewicht gelegt. Auf den Substanzverlust der Hauptsache nur insoweit, als begrifflich von „Ausbeute“ einer Sache nur geredet werden kann, wenn diese als Hauptsache noch übrig bleibt; sodaß ein bloßes Zerlegen von Sachen in Teile z. B. eines Schlachttieres in Fleischwaren, trotz der Bestimmungsmäßigkeit solcher Behandlung nicht zu den Fruchtnutzungen gehört. Die Bestimmung der Hauptsache wird, wo sie nicht als die einzig mögliche außer Zweifel steht, durch die tatsächliche Durchführung (wenn auch eines Nichtberechtigten) gegeben. Die absolute Wirkung kann nur auf objektiver tatsächlicher Basis aufgebaut werden und ist von schuldrechtlichen Ersatzfragen unabhängig.

Auch als Rechtsfrüchte (§ 99 Abs 2) werden nur die Erträge angesehen, die ein Recht seiner Bestimmung gemäß gewährt. Das betreffende Recht kann freilich nicht Eigentum sein, da dessen Früchte schlechthin mit den Sachfrüchten zusammenfallen [1]), sondern nur ein vom Eigentum verschiedenes Nutzungsrecht (Nießbrauch, Pacht, Reallasten, Bergwerksgerechtigkeiten etc.). Als dessen Früchte kommen dieselben Sachfrüchte in Betracht, die an sich auch dem Eigentümer zufallen, auf die aber hier der Nutzungsberechtigte kraft seines dinglichen oder persönlichen Rechtes Anspruch hat. Daher auch hier wieder nur, soweit dieses Recht geht, also kraft seiner Bestimmung einen Ertrag gewährt. Der Überschuß fällt dem Eigentümer zu. — Dabei wird der Unterschied des dinglichen und obligatorischen Nutzungsrechtes bedeutungsvoll. Das dingliche Nutzungsrecht ist eine Abgliederung aus dem Eigentum; es gibt dem Berechtigten ein unmittelbares Recht gegenüber der Sache, aus der die Früchte hervorkommen, — daher auch ein absolutes Recht auf alle Sachfrüchte, wie es der Eigentümer hat. Also auch auf den über den wirtschaftlichen Ertrag hinausgehenden Überschuß (§ 954), freilich vorbehaltlich der Ausgleichung (§ 1039). Ist das Nutzungsrecht, wie die Pacht, nur ein obligatorisches, so kann es dem Fruchtberechtigten kein höheres (oder weitergehendes) Fruchtrecht geben, als dem Inhalt des Mutterrechts entspricht. Letzteres geht aber nicht unmittelbar gegen die Sache, sondern nur auf eine Gestattung des Eigentümers. Dem Pächter fallen daher (§ 956) die Sachfrüchte nur soweit zu, als die Gestattung des Eigentümers nach Maßgabe des Pachtverhältnisses geht. Schon hier erwächst also ein relatives Fruchtrecht auf dem Boden der Obligation. Hierdurch erklärt sich das Verhältnis von § 581 zu § 1039, deren „Inkongruenz" oftmals getadelt worden ist. § 581 kann nicht, wie der Nießbrauch, dem Bezugsberechtigten ein absolutes Fruchtrecht gegenüber der Sache geben, mit Herausgabepflicht, nach Art des § 1039, für unwirtschaftlich zuviel Bezogenes; denn die Pacht erschöpft sich als obligatorisches Recht in der relativen Beziehung zum Verpächter, und kann dem Pächter daher nur denjenigen Fruchtertrag gewähren, der dieser relativen Beziehung entspricht.

1) S. dazu Affolter Fruchtbegriff (1910).

Ähnlich verhält es sich mit den in § 99 Abs. 3 besprochenen Zivilfrüchten. Auch diese erwachsen nur kraft eines Rechtsverhältnisses des Bezugsberechtigten zum Eigentümer etc. Daher auch nur in der Höhe, wie sich aus diesem Rechtsverhältnis ergibt[1]). Sie bestehen in dem Entgelt, den der Empfänger für den überlassenen Gebrauch oder die Benutzung einer Sache oder eines Rechtes zu zahlen hat, z. B. Miet- und Pachtzinsen. Was in diesem Fall Früchte sind, bestimmt lediglich der Vertrag. Selbst eine Objektivität des Fruchtbegriffs, wie sie sich in § 581 aus den Regeln ordnungsmäßiger Wirtschaft ergibt, fehlt hier. Die Höhe hängt lediglich vom freien Ermessen der Beteiligten in ihrer Vereinbarung ab.

II.

Daß die relativen Früchte wirkliche Früchte sind, zeigt das Beispiel des § 581 klar. Die darunter fallenden Erträgnisse gehören dem Pächter. Auch die Zivilfrüchte gehören dem Bezugsberechtigten. Der Anspruch darauf befindet sich in seinem Vermögen, haftet als Befriedigungsobjekt seinen Gläubigern und fällt unter eine etwaige Nutznießung, die an seinem Vermögen besteht. Dennoch ist die Abscheidung von den absoluten oder sachenrechtlich gewonnenen Früchten von größter Bedeutung. Nur auf dieser Grundlage können wir zahlreichen weiteren Erscheinungen des Gesetzes gerecht werden. Zunächst sind auch §§ 1039, 2133 BGB unter dem Gesichtspunkt eines relativen Fruchtrechts aufzufassen. Nicht dreht es sich hier blos um Ersatz oder Herausgabe eines Zuviel, welches der absolute Fruchtbegriff einem Beteiligten als ungerechtfertigten Gewinn in den Schoß wirft — ähnlich wie im Fall, wenn ein Nichtberechtigter die von ihm benutzte Sache einer neuen Bestimmung unterwirft und dadurch eine Ausbeute von ihr gewinnt, die sonst nach § 99 Abs. 1 nicht „Frucht“ wäre. Dieser schuldet dem dadurch geschädigten Eigentümer Ersatz, nichts anderes. Dagegen steht in den hier in Frage kommenden Fällen ein

1) S. auch Sohm Der Gegenstand S. 78 ff.

besonderes relatives Fruchtrecht neben dem absoluten — als die maßgebende Norm, auf der sich die Ausgleichung aufbaut. Auch der Nießbraucher und Vorerbe haben im Verhältnis zum Eigentümer und Nacherben ein besonderes Fruchtrecht, das sich aus der ihnen vorgeschriebenen Behandlung der Sache oder des Vermögens ergibt. Sie dürfen davon keine Zufallserträge ziehen, sondern nur den Ertrag, der durch ordnungsmäßige Bewirtschaftung gewonnen wird. Ihr Fruchtbezugsrecht ist also ein objektives — ein Ertrag, wie Jedermann ihn in der entsprechenden Situation zu erzielen im Stande ist. Also genau wie das Fruchtbezugsrecht des Pächters nach § 581, das über jeden Zweifel erhaben ist. Der Unterschied ist nur, daß Nießbraucher und Vorerbe als dinglich Berechtigte (letzterer sogar als einstweiliger Eigentümer) auch ein absolutes Fruchtrecht gegenüber der Sache haben, zufolge dessen ihnen unter Umständen mehr zufällt, als ihnen kraft des relativen Bezugsrechtes gebührt, so daß dann in relativer Beziehung eine Ausgleichung stattfinden muß. Das ist aber nur eine Folgeerscheinung des relativen Fruchtrechts, das hier sogut wie bei der Pacht besteht.

Am deutlichsten wird letzteres Fruchtrecht, wo es allein steht und Wirkungen äußert. Nach § 993 ist der vindizierende Eigentümer dem redlichen Besitzer der Sache gegenüber fruchtberechtigt, soweit dieser die gezogenen Früchte nicht nach den Regeln ordnungsmäßiger Wirtschaft als den ihm zustehenden Sachertrag behalten darf. Nach § 1655 hat der Vater, der die Nutznießung am Vermögen des Kindes hat, ein Fruchtrecht am Reinertrag eines Erwerbsgeschäfts des Kindes. Entsprechend dürfen der Ehemann als Nutznießer des eingebrachten Gutes der Frau von einem dazu gehörigen Erwerbsgeschäft, und der einfache Nießbraucher eines Erwerbsgeschäfts den Reinertrag beziehen. Diese Früchte eines Unternehmens hat Cosack[1]) unbefangen den Rechtsfrüchten angereiht. Diese instinktive Jurisprudenz zeigt, wie sehr es sich auch bei den relativen Früchten nach der natürlichen Auffassung

1) Bürgerliches Recht I (6) 128.

um wirkliche Früchte handelt. Aber es ist eine andere Art von Früchten [1]). Sie verfallen nicht dem Bezugsberechtigten zu Eigentum, gehören ihm beim Eingang nicht unmittelbar, sondern gebühren ihm nur kraft seiner relativen Beziehung zum Vermögensherrn, wie in den oben erwähnten Fällen. Die Eigentumszuständigkeit an den darunter fallenden Objekten kann ganz verschieden sein. Betreibt der Vater das Geschäft im Namen des Kindes, so ist auch dieser Gewinn, wie alles im Betrieb Erworbene, zuerst Eigentum des Kindes. Aber soll man ein Fruchtrecht des Vaters wegen der abweichenden Art der Zuteilung hier leugnen, während man es gegenüber dem sonstigen Vermögen des Kindes ohne weiteres annimmt? Besser sagen wir, daß das relative Fruchtrecht dadurch klargestellt wird.

Diesem Fall reiht sich sofort ein anderer an. Wir haben gesehen, daß das Gesetz auch bei den absoluten Früchten vom Erfordernis der Regelmäßigkeit des Ertrags, den Petražycki und ihm folgend Dernburg noch als Begriffsmerkmal voraussetzen, absieht. Das organische Erzeugnis (z. B. Windbruch) kann ein einmaliges sein, sogut wie die sonstige Ausbeute. Noch mehr gilt dies von den Nutzungen (§ 100 BGB), die Früchte und Gebrauchsvorteile umfassen. Unter diesen Begriff fällt auch der Arbeitsertrag von Tieren, den das römische Recht, wie die operae servorum, ebenfalls zu den Früchten zählt. Es sind Früchte im weiteren Sinn. So kommen wir auf das lucrum ex re, welches einen wiederkehrenden, aber auch einmaligen Gewinn aus einer geschuldeten Sache darstellt und ebenfalls einen objektiven Begriff bildet, — einen Vermögensbestand von dem zu fragen ist, wem er gebührt: dem Schuldner oder dem Gläubiger? Bezogen hat ihn zunächst immer der erstere. Die Frage ist, ob der Gläubiger kraft des zwischen ihm und dem Schuldner bestehenden Rechtsverhältnisses blos die geschuldete Sache, oder die Sache mit Früchten (Nutzungen) verlangen kann? Der Fall ist ein vollkommenes Gegenstück zu den in §§ 581, 993 1039, 2133 BGB besprochenen

1) So auch Martin Wolff i. Ehrenberg's Handbuch des Handelsrechts IV 1. Abt. S. 18ff.

Fällen, und zeigt wieder, daß ein relatives Fruchtbezugsrecht auch als selbständige Erscheinung vorkommt, nicht blos als Korrektur oder Verengerung eines absoluten. Den Fall des § 993 müssen wir sogar vorbildlich — als Ausgangspunkt für unsere Betrachtung nehmen. Er ist im BGB ausdrücklich geregelt, das lucrum ex re im Übrigen nur unvollkommen. Der Anspruch des vindizierenden Eigentümers auf Fruchterstattung gegen den Besitzer der Sache ist uralt und war vom Gesetz nicht zu umgehen. Der Besitzer gebraucht die fremde Sache als Erwerbsmittel und zieht Früchte daraus, ohne ein Recht darauf zu haben. Es ist in die Augen springend, daß diese Vorteile dem Eigentümer der Sache gebühren. Aber ist es nicht ebenso in zahlreichen Fällen, wo der Restitutionsanspruch nur ein obligatorischer ist? Z. B. Jemand kauft eine Sache auf Probe und gibt sie vor Ablauf der Frist zurück. Muß er hier nicht ebenso das in der Zwischenzeit aus der Sache Erworbene zurückgeben[1]? § 292 BGB bestimmt die Gleichstellung der Fälle für die Zeit vom Eintritt der Rechtshängigkeit, weil für ihn nicht blos Restitutionsansprüche, sondern auch Ansprüche auf Übergabe einer dem Gläubiger bis dahin fremden Sache in Frage kommen. Nach § 292 soll gleichmäßig in allen diesen Fällen der Beklagte sich vom Streitbeginn ab als Verwahrer fremden Gutes betrachten. Doch hält § 292 Abs. 1 i. f. die Möglichkeit offen, daß aus dem Schuldverhältnis sich zu Gunsten des Gläubigers ein Anderes ergibt. Das läßt sich für Restitutionsansprüche verwerten, und bezieht sich nach Abs. 2 auch auf die Herausgabe und Vergütung von Nutzungen. Es ist offensichtlich ein großer Unterschied, ob Jemand Rückgabe oder erstmalige Leistung schuldet. Wer eine Sache verkauft und sie, ohne gemahnt oder gerichtlich belangt zu sein, noch weiter benutzt, wird, wie er regelmäßig nach heutigem Recht (§ 446) bis zur Tradition nicht von der Gefahr befreit ist, auch die Nutzungen bis dahin weiter zu eigenem Vorteil beziehen. Dem Käufer gebühren die Nutzungen erst von der Übergabe. Anders ist es bei Resti-

1) Vgl. Crome System des Bürg. Rechts II § 226 bei N. 6ff.

tutionsansprüchen, z. B. beim Kauf auf Probe, Verwahrung, Auftrag, unbeauftragter Geschäftsführung, wo der auf Herausgabe verpflichtete Besitzer Gegenstände des Klägers oder Vermögensherrn in Händen hat. Beim Kauf auf Probe wird man dem Verkäufer nicht blos den Eigentumsanspruch, sondern auch einen kontraktlichen Restitutionsanspruch zuerkennen, trotzdem das Kaufgeschäft durch die Mißbilligung zusammenfällt. Denn die Verabredung der Parteien schließt doch auch das in sich, daß im Fall der Rückgabe die Sache bis zur Restitution ordnungsmäßig zu behandeln und aufzubewahren ist. Das Ergebnis ist also ein einheitliches. Die Restitutionspflicht erstreckt zich in allen diesen Fällen auch auf Früchte, die der geschuldete Gegenstand beim Schuldner abwirft. Eine andere Frage ist freilich, was hier zu den Früchten gehört? Z. B. Jemand kauft ein Rennpferd auf Probe mit mehrtägiger Frist. Während derselben verwendet er das Pferd zu einem Rennen und gewinnt damit den ersten Preis. Muß er, wenn er das Pferd zurückgibt, auch den Preis zurückgeben? Oder er kauft ein Fischernetz auf Probe. Gilt dasselbe, wenn es zurückgibt, auch in Ansehung der damit gefangenen Fische? Oder einen photographischen Apparat! Gilt dasselbe in Ansehung der damit gemachten Aufnahme einer Gebirgslandschaft oder eines Festzuges, die dem Erprobenden gelang? Hier werden wir verkehrsmäßig unterscheiden müssen, ob der Gewinn in erster Linie aus der Sache, oder aus der Arbeit des Gebrauchenden entstammt. Also was als überwiegender Produktionsfaktor anzusehen ist. Ist es die Sache, wie im ersten Beispiel (im Gegensatze zu den beiden anderen) wohl anzunehmen ist, so betrachten wir den Gewinn als Frucht. Der Andere hat nur einen Gegenanspruch wegen Verwendungen. — So erfährt der in § 993 erwähnte Fall des relativen Fruchtbezugsrechts durch § 292 eine sachgemäße Erweiterung.

Nicht anders ist der Fall des Nießbrauchers und Pächters, dem auch die Fälle der familienrechtlichen Nutznießung des Ehemanns und Vaters (§§ 1383, 1652) gleichzustellen sind, zu beurteilen. Zwar spricht § 1039, in der Absicht, den absoluten oder dinglichen Fruchterwerb des Nießbrauchers auch an übermäßig gezogenen Früchten klarzustellen, nicht so deutlich wie § 581, der sein relatives Fruchtrecht als solches, und nicht eine Ersatzpflicht aufstellt. Jedenfalls darf aber auch der Nießbraucher die Sache gegenüber dem Eigentümer nur ohne Substanzverlust ausnutzen. Nach den obigen Präzedenzfällen wäre es willkürlich, nur die dingliche, und nicht auch die obligatorische Bezugsberechtigung als objektives Fruchtrecht zu bezeichnen. Letzteres besteht in dem ordnungsmäßigen Wirtschaftsertrag der Sache oder des betreffenden Vermögens.

Besonders deutlich zeigt sich die Objektivität dieses Fruchtrechts, wenn ein Wald, ein Bergwerk oder eine andere auf Gewinnung von Bodenbestandteilen gerichtete Anlage (wie Schiefer-, Sandstein-, Granitbrüche, Lehmgruben) Gegenstand des Nießbrauchs etc. ist. Hier kann sowohl der Eigentümer als der Nießbraucher verlangen, daß das Maß der Nutzung und die ordnungsmäßige Behandlung der Sache durch einen Wirtschaftsplan festgestellt werde. In §§ 1038, 2123 wird die relative „Nutzung" auch ausdrücklich als solche beim Namen genannt, und auf die üblichen Wirtschafts- und Betriebspläne festgelegt.

Dasselbe gilt für familienrechtliche Vermögensnutznießer (also Vater und Ehemann) am Vermögen von Frau und Kindern. Das Fruchtrecht des Nutznießers gegenüber dem Vermögensherrn, als ein von objektiven Kriterien beherrschtes aber lediglich relatives, zeigt sich hier auch besonders klar in einigen Anwendungsfällen. So bei den Abschlagsdividenden im Fall der Veräußerung von Wertpapieren, die zum Vermögen gehören, wenn die Veräußerung einer Aktie vor der Dividendenfeststellung für das laufende Jahr erfolgt. Seitdem die Stückzinsenberechnung weggefallen ist, kommt die Schätzung der künftigen Dividende mit in dem Kurs des Papiers zur Verkaufszeit zum Ausdruck, und es muß deshalb angenommen werden, daß der auf die Dividende entfallende Teil des Kurses dem Vermögensnutznießer als Frucht gebührt. Ebenso M. Wolff[1]), der dabei den Ausdruck „Frucht" noch als einen uneigentlichen gebraucht.

1) In Ehrenbergs Handbuch a. a. O. S. 19.

In unserem Sinne liegt wirklich Frucht vor; nur handelt es sich nicht um ein dingliches (absolutes), sondern um ein relatives Fruchtrecht, das, entsprechend den vorerwähnten Fällen, dem Vermögensnutznießer als ein selbstständiges (nach objektiven Kriterien) zuzusprechen ist.

Einen weiteren Fall enthält § 122 HGB. Wenn das der Nutznießung unterliegende Vermögen oder ein Teil des letzteren im Geschäftsanteil einer offenen Handelsgesellschaft angelegt ist, so bestehen die Früchte des Gesellschaftsanteils in dem Recht des Gesellschafters auf 4 Prozent Zinsen des für das letzte Gesellschaftsjahr festgestellten Kapitalanteils und dem etwaigen höheren Gewinn des letzten Jahres, soweit die Herausnahme nicht zum offenbaren Schaden der Gesellschaft gereicht. Damit gibt das Gesetz gewissermaßen einen Wirtschaftsplan für ordnungsmäßigen Betrieb des Unternehmens (damit die Gesellschaft nicht durch übermäßige Herausnahmen entkräftet wird). Der Mehrgewinn ist natürlich Ertrag des Unternehmens und als solcher auch dessen Frucht. Aber die Frucht des Geschäftsanteils m. a. W. das relative Fruchtbezugsrecht des Gesellschafters ist durch die Regel des § 122 HGB objektiv beschränkt. Das relative Fruchtrecht ist geringer als der absolute Gewinn. Mehr als § 122 ihm zuweist, gebührt dem Gesellschafter nicht, — der die 4% übersteigende Gewinn sogar nur, wenn er die Auszahlung verlangt! Betrifft diese Regelung zunächst nur das innere Verhältnis der Gesellschafter, so wirkt sie doch gegen den Vermögensnutznießer des Geschäftsanteils. Auch dieser ist hinsichtlich des die 4% übersteigenden Gewinnanteils an die Entschließung des Gesellschafters (als Vermögensherrn) gebunden. Will dieser den Mehrgewinn im Geschäft belassen, so kann der Nießbraucher dagegen nichts einwenden.

III.

Der letzte Fall führt zur Betrachtung der Wirkung von Abmachungen über die Früchte. Wenn die Gesellschafter übereinkommen, den überschießenden Gewinn im

Geschäft zu belassen, so ist ihnen die Macht gegeben, das Fruchtbezugsrecht des Vermögensnießbrauchers am Geschäftsanteil zu beschränken. Kann der Vermögensherr dies auch in anderen Fällen? Wenn der Zinsfuß einer Forderung durch Vereinbarung mit dem Schuldner herabgesetzt wird, vermindert sich auch dadurch das Bezugsrecht des Fruchtberechtigten an dessen Vermögen. Wenn der Vermögensherr den Mieter aus Freundschaft billiger wohnen läßt, hat er auch seinem Vermögensnießbraucher den diesem zustehenden Fruchtertrag gemindert. Die Vereinbarung wirkt auch in diesen Fällen über die Parteien hinaus. Der Fruchtberechtigte muß sich die damit verbundene Schmälerung seiner Bezüge gefallen lassen. Ist das als allgemeine Regel haltbar? Gegen übermäßige Verkürzung hilft dem Gläubiger einer Partei einzig das Anfechtungsrecht (actio Pauliana). Für den Fruchtberechtigten kann unter Umständen auch ein Ersatzrecht wegen fructus percipiendi in Frage kommen. Schon römisch sind diese als der Reinertrag gedacht, der aus dem Vermögen hätte erzielt werden können. Sie sind ein leicht zu ermittelndes Ersatzquantum für den Fall, daß der Vermögensherr wußte oder doch voraussehen konnte, daß er die Früchte einem Anderen würde herausgeben müssen. Bestand eine derartige Erstattungspflicht zur kritischen Zeit noch nicht, oder war sie damals nicht vorauszusehen, so findet ein Ersatz versäumter Früchte nicht statt[1]). Dies ist auch wieder auf den Herausgabeanspruch des Eigentümers gegen den Besitzer (§§ 987, 989) und die oben erwähnten, ihm nachgeformten Restitutionsansprüche (§ 292) zu erstrecken. Auch hier wird zunächst vom Fall der Rechtshängigkeit des Anspruchs ausgegangen, weil von diesem Zeitpunkt an jedenfalls das Streitobjekt, als ein möglicherweise fremdes, vom derzeitigen Inhaber zu hüten und gegebenenfalls zu fruktifizieren war. Demnach ist also der Besitzer zum Schadensersatz verpflichtet, wenn er schuldhaft die nach den Regeln ordnungsmäßiger Wirtschaft zu ziehenden Früchte nicht ge-

1) Vgl. v. Petrażycki Einkommen II S. 61 ff.

zogen hat. Dies ist nach § 990 auch auf den Fall auszudehnen, daß der Besitzer schon früher in schlechtem Glauben war resp. (§ 292) seine Restitutionspflicht kannte.

Soweit das Anfechtungsrecht oder die Ersatzpflicht versagt, kämen wir danach schließlich doch zur Möglichkeit subjektiv bemessener Früchte, für deren Bestimmung also ein objektiver Maßstab (wie ihn die Regeln ordnungsmäßiger Wirtschaft an die Hand geben) fehlt. Leitet der Fruchtberechtigte sein Bezugsrecht vom Eigentümer oder Vermögensherrn her, so muß er sich die durch solche Verfügung herbeigeführte Beschränkung seines Bezugsrechts gefallen lassen, weil sein Auktor sich durch die Abmachung selbst beschränkt hat, und er nicht mehr Rechte haben kann als sein Auktor.

Zweifelhaft ist, ob dasselbe auch dann gilt, wenn der Fruchtberechtigte zu dem Vermögensherrn, der die Verfügung getroffen hat, nicht im Verhältnis eines Rechtsnachfolgers steht. So ist es beim Vor- und Nacherben[1]. Ersterer, obwohl bis zur Restitution der Erbschaft Eigentümer resp. Vermögensherr, steht wirtschaftlich (in Ansehung des zu restituierenden Kapitals) wie ein Nießbraucher der Erbschaft da. Aber er restituiert nicht an einen Auktor, sondern an einen Fremden. Daraus ergibt sich, daß das Maß der von ihm zurückzubehaltenden Früchte nicht aus seiner subjektiven Behandlung des Erbschaftskapitals, sondern aus den vom Gesetz zu Grunde gelegten Regeln ordnungsmäßiger Wirtschaft zu entnehmen ist. Der Vorerbe hat die Substanz der Erbschaft mit allen Surrogaten an den Nacherben herauszugeben, soweit ihm nicht der Erwerb als Nutzung gebührt. § 2111. Raubbau darf er aus der Erbschaft so wenig treiben, wie ein Nießbraucher. § 2133. Erzielt er andere ungewöhnlich hohe Nutzungen (z. B. Zinsen), so werden ihm diese nur insofern verbleiben, als dadurch die Substanz der Erbschaft nicht vermindert ist. Umgekehrt kann er sich durch besondere Abmachungen

1) Abgesehen von der entgegenstehenden Auffassung Hellwigs, Rechtskraft 219; Civilprozeß I § 39 N. 33, die auch beim vorliegenden Problem zu unangemessenen Ergebnissen führt.

auch selbst schädigen, indem er durch Zinsherabsetzung seinen Fruchtertrag mindert. Dies ist ausschließlich zu seinen Lasten, weil die Erbschaft keine Vorteile davon hat. Anders ist es, wenn durch die Abmachung Vorteile für das Stammvermögen entstehen. Hier wird man sagen müssen, daß, wenn in den Abmachung kein Verzicht gegenüber dem Nacherben liegt, der objektive Fruchtbegriff vorgeht, so daß sich die Rechte des Vorerben gegen den Nacherben nach ihm, und nicht nach jenen abweichenden Abmachungen bestimmen. So im Falle des § 122 HGB, wenn die Vorerbschaft im Geschäftsanteil der offenen Handelsgesellschaft besteht, und die Gesellschafter übereingekommen sind, zur Festigung des Kredits und Hebung des Betriebs oder der allgemeinen Geschäftslage nichts aus der Gesellschaft herauszunehmen, also nicht nur den Geschäftsgewinn, sondern auch die ihnen nach § 122 zustehenden Prozente des Geschäftsanteils (ganz oder teilweise) im Geschäfte zu belassen. Hat hierdurch der Vorerbe eine Reihe von Jahren aus der Gesellschaft keine oder nur geringe Einkünfte erzielt, so wird die Frage entstehen, ob ihm der dadurch eingetretene Vermögensvorteil zu Gute kommt oder dem Nacherben? M. a. W. ob die ihm gebührenden Nutzungen der Vorerbschaft aus den vereinbarungsgemäß an die Gesellschafter ausgezahlten Beträgen oder dem höheren Geschäftsgewinn bestehen. Man könnte sagen, daß letzterer nach § 120 Abs. 2 HGB dem Kapitalanteil des Gesellschafters zugeschrieben werden muß und daher dem Vorerben weder als Gesellschafter noch als Vorerben gebühre; sodaß der so vergrößerte Geschäftsanteil als angewachsenes Kapital der Vorerbschaft an den Nacherben falle. Indessen muß für das Verhältnis zwischen Vor- und Nacherben der relativ objektive Begriff der Fruchtnutzungen maßgebend sein, wonach die Erträge der Vorerbschaft in denjenigen Erträgnissen bestehen, welche die dazu gehörigen Sachen oder Rechte ihrer Bestimmung gemäß resp. bei ordnungsmäßiger Bewirtschaftung gewähren. Die Nutzungen des § 2111 sind in diesem Sinne gemeint. Sie gebühren dem Vorerben im

Verhältnis zum Nacherben, wenn sie dem Vorerben auch nicht sofort gehören resp. in sein Eigentum gelangt sind. Z. B. auch wenn sie einstweilen gestundet waren, oder sonst während der Zeit der Vorerbschaft nicht zur Einziehung gelangten (wie rückständige Miet- und Pachtgelder). Umgekehrt gebühren dem Vorerben selbst an ihn geleistete Fruchteinnahmen, z. B. praenumerando gezahlte Miet- und Pachtzinsen nicht, wenn sie für eine Zeit gezahlt sind, die über die Dauer der Vorerbschaft hinausgeht. Ist die Vorerbschaft in dem Geschäftsanteil einer offenen Handelsgesellschaft angelegt, so kann die Sachlage nicht anders sein. § 122 HGB bestimmt im inneren Verhältnis der Gesellschafter, daß ohne besondere Verabredung jeder Socius berechtigt ist, Geld bis zum Betrag von 4 Prozent seines Kapitalanteils aus der Gesellschaft herauszunehmen, von einem höheren Geschäftsgewinn im letzten Jahr soviel, als nicht zum offenbaren Schaden der Gesellschaft gereicht. Läßt sich dies, wie erwähnt, auch als eine Art Wirtschaftsplan für die Gesellschafter betrachten, so besteht dieser Charakter doch nicht für willkürliche Abmachungen, wonach (sei es aus Ängstlichkeit oder aus anderen Gründen) die Herausnahmen aus der Gesellschaft für eine Reihe von Jahren gänzlich sistiert oder auf ein Minimum beschränkt werden. Ein Verzicht des Vorerben gegenüber dem Nacherben auf die in dieser Weise in der Gesellschaft stehen gelassenen Gewinne wird hier regelmäßig nicht vorliegen. Die ganze Regelung erfolgt ausschließlich unter den Gesellschaftern; der Nacherbe nimmt daran nicht teil. Auch unter den Gesellschaftern ist der Sinn der Abmachung nicht der eines Verzichts auf die betreffenden Werte, sondern das im Geschäft Belassene soll ihnen in anderer Form, als Vergrößerung ihres Kapitalanteils an der Gesellschaft wieder zu Gute kommen. Der Gewinncharakter wird dadurch nicht verändert. Der Kapitalanteil im Sinne des § 122 HGB hat nur die Bedeutung eines Beteiligungsmaßstabs am Gesellschaftsvermögen[1]).

1) S. Cosack Handelsrecht (7. A) S. 673. Dies ist auch die herrschende Ansicht.

Hieraus ergibt sich die Konsequenz für den inzwischen eintretenden Fall der Nacherbfolge. Die willkürliche Abmachung der Gesellschafter kann die objektive Bestimmung der dem Vorerben nach § 2111 BGB verbleibenden Nutzungen nicht ändern. Es ist nicht anders, wie wenn gestundete Pachtzinsen später eingingen. Der Nacherbe darf die ihm aus der Abmachung zufließenden Werte, soweit sie auf die Zeit der Vorerbschaft entfallen, nicht behalten. Auf Grund des § 2111 gebühren sie dem Vorerben. Um deswillen nicht weniger, weil durch die Abmachung der Kapitalanteil vermehrt ist. Der Kapitalanteil hat nur den Sinn einer Rechnungsgröße für die Feststellung des Umfangs der Ansprüche und Verpflichtungen jedes Gesellschafters gegenüber seinen Mitgesellschaftern. Den Nacherben geht diese Abmachung nichts an, sowenig wie eine Stundung. Der willkürlich im Geschäft belassene Mehrgewinn ist ihm gegenüber Frucht aus der Zeit der Vorerbschaft. Der Vorerbe geht also dieser Werte nicht verlustig; vielmehr wird der Nacherbe sie ihm, wenn die Gesellschaft nicht aufgelöst wird, aus sonstigen Bestandteilen der Vorerbschaft oder in anderer Art ersetzen müssen. Man kann auch sagen, daß das Stehenlassen des Mehrgewinns in der Gesellschaft im Verhältnis zum Nacherben den Charakter einer Aufwendung in das Erbschaftsvermögen hat, die über den Betrag gewöhnlicher Erhaltungskosten hinausgeht. Einer Aufwendung, die der Vorerbe zum Zweck der Erhaltung von Erbschaftsgegenständen (Erhaltung des unversehrten resp. kapitalkräftigen Bestands des Unternehmens) gemacht hat, und den Umständen nach, gemäß übereinstimmender Ansicht sämtlicher Mitgesellschafter, für erforderlich erachten durfte. Solche Aufwendungen darf der Vorerbe nach § 2124 BGB aus der Substanz der Erbschaft bestreiten. Bestreitet er sie aus seinem Vermögen, d. h. hier aus den ihm gesetzlich zustehenden Nutzungen des Geschäftsanteils, die er nicht in sein persönliches Vermögen überführte, so kann er dafür vom Nacherben beim Fall der Nacherbfolge Ersatz verlangen. Auch eine nützliche Geschäftsführung für den Nacherben im Sinne des § 2125 kann zur Begründung des Anspruchs herangezogen werden, insoweit die Fürsorge über die Zeit der Vorerbschaft hinausgeht.

Eine subjektive Bemessung des Fruchtertrags wird hiernach nur gegenüber solchen Fruchtberechtigten wirksam sein, die ihr Fruchtrecht von dem Urheber der beschränkenden Verfügung ableiten. Z. B. wenn im vorliegenden Falle nicht der Vorerbe, sondern der Erblasser als Mitgesellschafter den Vertrag über die Belassung der Kapitalzinsen in dem Geschäft für eine Reihe von Jahren, die über seinen Tod hinausgeht, getroffen hätte, so müßten auch der Vor- und Nacherbe, als seine Rechtsnachfolger, die Abmachung gegen sich gelten lassen, und ersterer hätte dementsprechend auch die durch die Zinsansammlung vergrößerte Erbschaft dem Nacherben herauszugeben.

Kriegsverschollenheit und Wiederverheiratung.

Von Martin Wolff.

Die Heimkehr des Totgeglaubten, der die Gattin neu vermählt findet: ein Vorwurf, lockend zu dichterischer Gestaltung und oft behandelt; von Tennyson in süßlichen Versen, als bretonisches Fischerschicksal von Maupassants Kunst festgehalten, dramatisiert von Körner, Houwaldt, Eulenberg, mit einer Wendung ins humoristisch-barocke gestreift von Shaw, in eigentümlicher stofflicher Abwandlung von Tolstoi beleuchtet; bald abgestellt auf die seelischen Konflikte des Heimkehrenden, bald auf die der Frau, die bei der Rückkehr des Verschollenen voll Grauens „zwei Männern zugleich anzugehören glaubt“ und sich „ins neue Alte nicht zu finden weiß“.

Der Weltkrieg hat das Problem lebendig gemacht; von überall her vernimmt man von neu vermählten Soldatenfrauen, deren totgeglaubter erster Mann in Sibirien, Serbien, Marokko kriegsgefangen war, abgeschnitten von allem Verkehr mit der Heimat, für tot erklärt nach einjähriger Verschollenheit oder fälschlich als gefallen gemeldet. Mit der Rückkehr unserer Kriegsgefangenen wird sich die Zahl noch mehren.

Die Lösung, die das Bürgerliche Gesetzbuch gibt, befriedigt nicht. Das Gesetz behandelt die neue Ehe verschieden, je nachdem sie nach falscher Todeserklärung oder nach falscher Todesbeurkundung geschlossen ist. In jenem Falle ist sie in der Regel gültig, in diesem ist sie „nichtig“. Schon diese Ungleichheit befremdet; sie findet im Volksbewußtsein keinen Widerhall; der Laie, der von der Wiederheirat einer vermeintlichen Kriegerswitwe hört, kommt nicht darauf, zu fragen, ob der Krieger für tot erklärt oder als tot gebucht worden ist. Noch seltsamer aber, daß die Verheiratung nach unrichtiger Todeserklärung günstiger behandelt wird, als die nach unrichtiger Todesbeurkundung. Man erwartet eher das Umgekehrte: die Frau, die des Todes ihres ersten Mannes gewiß zu sein glaubt, weil seine glaubwürdigen Kameraden seine Tötung durch Volltreffer gesehen haben wollen und weil die dienstliche Sterbeanzeige des Feldtruppenteils an das Standesamt zur Beurkundung des Todesfalls geführt hat, sollte wohl mehr geschützt sein, als die Frau, die auf Grund längerer Verschollenheit den Tod ihres Mannes zwar mit größter Wahrscheinlichkeit vermuten, aber nicht als bewiesen ansehen darf. Fast könnte man geneigt sein, die Unebenheit schon de lege lata wegzuräumen[1]), indem man die Sätze über die Wiederheirat nach Todeserklärung mit einem argumentum a fortiori auf den anderen Fall überträgt; eine brüchige Logik, die zudem den Anwendungsbereich eines verfehlten Gesetzes erweitern würde.

Im Folgenden sollen zunächst die Bedenken, die gegen die §§ 1348ff. BGB bestehen, vorgebracht und dann die für den Fall der falschen Todesbeurkundung geltende Regelung geprüft werden.

I.

Die Ordnung, die die W i e d e r v e r h e i r a t u n g n a c h T o d e s e r k l ä r u n g im BGB gefunden hat, läßt sich, soweit Friedensrecht in Frage kommt, rechtfertigen. Billigenswert ist jedenfalls, daß die alte Ehe b i s zur Wiederverheiratung der zurückbleibenden Frau fortbesteht; die Schweizer Regelung empfiehlt sich gewiß nicht, wonach die Frau auf Grund der Verschollenerklärung an sich eine staatliche „Auflösung“ der alten Ehe verlangen kann, so also, daß die Verschollenerklärung einen Ehescheidungsgrund darstellt und die aufgelöste alte Ehe aufgelöst bleibt, auch wenn der Verschollene vor Wiederverheiratung seiner Frau zurückkehrt (ZivGB Art. 102). Billigenswert ist es auch, daß man den

1) Vgl. §§ 2031 Abs. 2, 2370 Abs. 2 BGB.

Standpunkt des Allgemeinen Landrechts, wonach die neue Ehe unanfechtbar gültig ist, abgewiesen und den beiden Ehegatten der neuen Ehe ein Recht gegeben hat, diese Ehe wegen Irrtums über den ledigen Stand der Frau anzufechten und damit die kirchlich ungelöste erste Ehe wiederherzustellen. Billigung verdient es ferner, daß die alte Ehe jedenfalls dann nicht aufgelöst ist, wenn die neue Ehe „nichtig" ist, sei es, daß sie wegen Bösgläubigkeit beider Gatten der neuen Ehe, wegen Blutschande, Geschäftsunfähigkeit u. dgl. nichtig oder daß sie wegen jenes Irrtums oder aus einem anderen Grunde anfechtbar und angefochten ist; in solchen Fällen wird mit der Nichtigerklärung oder Auflösung der neuen Ehe (BGB § 1329) die Auflösung der alten Ehe rückwirkend vernichtet, die erste Ehe daher als nie aufgelöst gewesen behandelt. Freilich ist dieser Satz nicht unbestritten; namhafte Gelehrte behaupten, jede formell ordnungsmäßige Eheschließung der Frau löse die Ehe mit dem Verschollenen auf, und dabei bleibe es, auch wenn nachher die zweite Ehe vernichtet werde [1]). Aber diese Lehre entspricht m. E. weder dem geltenden Recht, noch dem, was man als Recht erwünschen sollte. Sie widerstreitet dem BGB aus zwei Gründen. Erstens: das Eheanfechtungsrecht der wiederheiratenden Frau bezweckt nur, den Fortbestand der ersten Ehe herbeizuführen. Das ergibt sich daraus, daß es nur besteht, wenn der erste Mann noch zur Zeit der Eheanfechtung lebt. Ist er zwischen der Wiederverheiratung seiner Frau und der Anfechtung gestorben, so erlischt das Anfechtungsrecht, obwohl nach kanonischem Recht das indispensable Ehehindernis des Bandes durch den nachträglichen Tod des ersten Gatten nicht entfällt. Das Anfechtungsrecht will also nicht dem Interesse gläubiger Katholiken, die kirchlich nichtige zweite Ehe zu zerstören, sondern dem Interesse, die erste Ehe zu erhalten, dienstbar sein. Zweitens: welchen Sinn sollte es haben, daß das BGB bei Unredlichkeit beider Gatten der

1) Dernburg Festschr. f. d. 26. Deutschen Juristentag (1902) 1ff., Kohler Lehrbuch d. bürg. Rechts III, 1 S. 126, Pagenstecher Rhein. Zeitschr. 10, 74 f.

neuen Ehe diese Ehe für nichtig erklärt, wenn es dennoch die alte Ehe auflösen will? Hätten die Gegner Recht, so brauchten die unredlichen Ehegatten der neuen Ehe die Eheschließung nur am folgenden Tage zu wiederholen (§ 1309 Abs. 1 Satz 2 BGB), um nunmehr gültig verheiratet zu sein. Auch de lege ferenda ist die Gegenmeinung unerwünscht. Zuzugeben ist, daß der verschollen Gewesene, der seinerseits wiederheiratet, nie sicher weiß, ob seine zweite Ehe gültig ist, da diese Gültigkeit von der Gültigkeit der zweiten Ehe seiner ersten Frau abhängt. Zweifellos ein Übelstand. Aber ein Übelstand, wie er erstens immer besteht, wenn jemand eine zweite Ehe eingeht und es aus irgend einem Grunde zweifelhaft wird, ob seine erste Ehe wirklich aufgelöst ist: so wenn die erste Frau als gestorben gebucht wurde, weil man angesichts einer halb verkohlten oder verwesten Leiche die Identität feststellen zu können glaubte; oder wenn die erste Ehe geschieden wurde und das Scheidungsurteil nachträglich im Wiederaufnahmeverfahren vernichtet wurde [1]). Zweitens wiegt jener Übelstand leicht gegenüber der Folgerung der Gegenmeinung: die Frau sollte nach Heimkehr ihres ersten Mannes zwar die zweite Ehe anfechten können, weil der erste Mann lebt, dann aber einen dritten heiraten dürfen?

Zweifelhafter mag sein, ob es billigenswert ist, daß das BGB überhaupt die Möglichkeit einer Auflösung der alten Ehe durch neue Eheschließung zuläßt. Soweit Friedensrecht in Frage kommt, ist auch dies zu bejahen, und es empfiehlt sich weder zum kanonischen Recht zurückzukehren, nach welchem die alte Ehe gültig, die neue nichtig ist, noch zum code civil, nach dessen freilich stark umstrittenem Art. 139 der verschollen Gewesene und nur er das Recht zu haben scheint, die neue Ehe anzufechten [2]). Daß ein für tot Erklärter noch

1) Freilich ist auch das streitig. Davon an anderer Stelle (Familienrecht [2], 1914 S. 45 [4]).

2) Darüber ist man in Frankreich einig, daß die alte Ehe jedenfalls giltig bleibt. Streitig ist nur, ob wenn der Heimgekehrte nicht anficht, daneben die neue Ehe giltig bleibt (so wegen des Wortlauts des art. 139: Laurent, principes d. dr. civ. II [3] Nr. 250, Zachariae-

lebt, wird bei den Weltverkehrsverhältnissen des Friedens nur vorkommen, wenn er sich verbirgt: wer lebend für tot erklärt wird, ist daran schuld. Die einsame Insel, auf der Enoch Arden mehr als zehn Jahre verbringt, gehört dem heutigen Leben nicht an. Daß die Ehe des Verschollenen durch eine zweite Ehe ausgelöscht wird, ist begründete Verwirkungsfolge verschuldeten Schweigens; es liegt eine Verschweigung vor gegenüber einem Aufgebot, das den Abwesenden zur Meldung auffordert. Das gilt nicht nur für die Todeserklärung auf Grund zehnjähriger Abwesenheit oder auf Grund von See- oder allgemeiner Unfallverschollenheit (§§ 14, 16, 17 BGB), sondern auch für die Todeserklärung, die nach dem BGB § 15 im Fall der Kriegsverschollenheit zulässig ist: die Länge der Verschollenheitsfrist (drei Jahre) und der Umstand, daß der Fristlauf erst mit Friedensschluß oder mit Schluß des letzten Kriegsjahrs beginnt, sichern dem noch lebenden Verschollenen die Möglichkeit, durch Meldung die Verschweigung zu hindern.

Diese Erwägungen treffen nicht mehr zu, seitdem aus gewichtigen Gründen der Bundesrat die Todeserklärung Kriegsverschollener erleichtert hat (Verordn. vom 18. April 1916 und v. 9. August 1917; RGBl. 1916, S. 327; 1917, S. 702, 704ff.): bei den während des Weltkrieges vermißten Soldaten (und gewissen anderen Personen) ist die Todeserklärung schon zulässig, wenn ein Jahr lang keine Nachricht eingegangen ist; das Gericht kann das Verfahren auf längstens ein Jahr aussetzen, wenn eine weitere Nachricht nicht ausgeschlossen ist. Auch diese Todeserklärung findet auf Grund eines Aufgebotsverfahrens statt; allein wenn dieses „Aufgebot“ am Gemeinderathaus und an der Gerichtstafel angeschlagen wird und die Aufforderung an den Verschollenen enthält, „sich spätestens im Aufgebotstermine zu melden, widrigenfalls die Todeserklärung erfolgen werde“, so nimmt sich diese Aufforderung an einen, der

Crome Handbuch I³ 270 f.) oder ob sie trotz art. 139 wie jede Doppelehe angreifbar ist (so die herrschende Lehre). — Das italienische Recht (codice civ. art. 113 Abs. 2) stellt das letztere zweifelsfrei.

kriegsgefangen in Asien das heimatliche Rathaus nicht sieht und dessen Briefe von der russischen Zensur zurückgehalten werden, wie eine Geste aus. Freilich enthält das Aufgebot mehr als jene Aufforderung: es enthält auch (§ 964 Nr. 2 ZPO) die „Aufforderung an alle, welche Auskunft über Leben oder Tod des Verschollenen zu erteilen vermögen, spätestens im Aufgebotstermine dem Gericht Anzeige zu machen“, und dieser Teil des Aufgebots behält seinen Sinn; deshalb ist es gerechtfertigt, an die Todeserklärung die Todesvermutung und wohl auch den Publizitätsschutz des § 2370 BGB zu knüpfen. Aber nicht zu billigen ist die Verschweigungsfolge gegenüber der Ehe. Solche Ausschlußwirkung zum Schaden eines Mannes, der außerstande war, die Todeserklärung zu hindern — man mag an die echte Not des „in rikes dienste“ Abwesenden denken —, ist ungebührlich.

Wie gesetzgeberisch zu helfen wäre, mag zweifelhaft sein. Entweder: man gebe dem für tot erklärten Krieger das Recht, die von seiner Frau mit einem Dritten abgeschlossene Ehe anzufechten; oder — und das ist vorzuziehen — man schließe für die auf Grund der Bundesratsverordnungen von 1916 und 1917 Toterklärten die Wirkung der §§ 1348 bis 1351 grundsätzlich aus., sodaß wie bei einer falschen Todesbeurkundung (wovon II) die zweite Ehe der vermeintlichen Kriegerswitwe wegen des bestehenden Ehebandes „nichtig“ wäre [1]). Nur dann, wenn auch noch drei Jahre seit Friedensschluß keine Kunde von dem Verschollenen kommt, wenn also eine Todeserklärung nach § 15 BGB stattfinden könnte, ist es gerechtfertigt, die Ausschlußwirkung der §§ 1348ff. BGB eintreten zu lassen.

1) In Frankreich, wo man für Kriegsverschollene die Todeserklärung durch Gesetz vom 3. Dezember 1915 eingeführt hat (jugement déclaratif de décès neben der dem code civil einzig bekannten déclaration d'absence), bereitet man (März 1919) ein neues Gesetz vor, das nach Zeitungsnachrichten die neue Ehe der vermeintlichen Kriegerswitwe als nichtige Putativehe behandeln wird.

II.

Befriedigender ist die Regelung, die das BGB für den Fall gewährt, daß die vermeintliche Soldatenwitwe auf Grund falscher Todesbeurkundung wieder geheiratet hat. Die Wiederverheiratung löst hier die alte Ehe nicht auf; die neue Ehe ist wegen des bestehenden Ehebandes (§§ 1309, 1326 BGB) „nichtig". Der im modernen Deutschland in Friedenszeiten überaus seltene Fall einer beiderseits gutgläubig geschlossenen Doppelehe gewinnt erhebliche Bedeutung. Eine Reihe von Fragen, die der ernste Jurist bisher als Gedankenspiele übergehen durfte, fordert Antwort.

1. Die „Nichtigkeit" der zweiten Ehe kann bis zur Nichtigerklärung oder Auflösung dieser Ehe nicht frei „geltend gemacht" werden, § 1329 BGB. So sehr man über die theoretische Ausdeutung dieser „Nichtigkeit" streitet, das Ergebnis ist zweifelsfrei: solange die zweite Ehe noch nicht für nichtig erklärt oder (durch Tod oder Scheidung) aufgelöst ist, hat sie alle Wirkungen einer gültigen Ehe; mit der Nichtigerklärung oder Auflösung werden diese Wirkungen rückwirkend vernichtet. Gewisse Schwierigkeiten ergeben sich aber daraus, daß auch die erste Ehe alle Ehewirkungen behält, soweit diese nicht (wie die Schlüsselgewalt) den Fortbestand des ehelichen Hauswesens voraussetzen. Zu welchen Verwicklungen dieses Nebeneinander führt, hat in einer lehrreichen Studie Riezler gezeigt[1]. So hat die Frau den Wohnsitz, den Unterstützungswohnsitz, die Staatsangehörigkeit des ersten Mannes behalten, aber die des zweiten Mannes einstweilen dazu bekommen, und sie verliert sie rückwirkend mit der Zerstörung der zweiten Ehe. Das Gleiche gilt für den Namen der Frau: Riezler meint, da die Frau beide Namen habe, müsse sie „nach strenger Rechtskonsequenz" einen aus den Namen beider Ehegatten zusammengesetzten Doppelnamen führen. Die Folgerung befriedigt ihn selbst nicht, und er spottet darüber mit Recht. Sie ist nicht als richtig anzuerkennen. Die Frau mag, wenn sie von dem Leben des ersten

1) Riezler Iherings Jahrb. 66, 429 ff.

Mannes weiß, nach ihrem Belieben den einen oder anderen Namen führen; den Namen ihres ersten Gatten, da er ihr zusteht; den des zweiten, da bis zur Vernichtung der zweiten Ehe nicht „geltend gemacht werden kann“, daß er ihr nicht zusteht. Diese Wahl zwischen zwei Namen ist kaum ärgerlicher, als die Mehrnamigkeit des Kaufmanns, der seine Handelsgeschäfte nach seiner Wahl unter seinem bürgerlichen Namen oder unter seiner davon verschiedenen Firma schließen darf, oder des Schriftstellers, der nach richtiger Meinung auch unter seinem Schriftstellernamen geschützt wird. Benutzt die Frau ihre Mehrnamigkeit, um Verwechslungen zu erzeugen, indem sie z. B. bald als Frau A, bald als Frau B Bestellungen macht und den Anschein erweckt, daß es sich um zwei verschiedene Personen handele, so kann mit § 826 BGB geholfen werden.

Daß die Pflicht zur Lebensgemeinschaft nicht in beiden Ehen zugleich, und deshalb nicht in der neuen Ehe, bestehen kann, ist nach § 1353 Abs. 2 Satz 1 (Rechtsmißbrauch) leicht zu erweisen und wird allgemein anerkannt.

Fest steht, daß jede der beiden Ehen scheidbar ist; insbesondere gibt ein Geschlechtsverkehr der Frau mit einem Dritten sowohl dem zweiten Ehemann ein Scheidungsrecht als auch dem ersten dann, wenn zur Zeit des Ehebruchs die Frau von dem Bestand der ersten Ehe, demnach von dem Leben des Verschollenen, weiß. Dagegen hat der zweite Ehemann kein Scheidungsrecht, wenn die Frau nach Rückkehr ihres ersten Mannes mit diesem den Verkehr wieder aufnimmt; denn ihr Verhalten ist rechtmäßig. Umgekehrt hat der erste Mann, wenn die Frau trotz Kenntnis des Fortbestandes der ersten Ehe den Verkehr mit dem zweiten Mann fortsetzt, zwar solange kein Scheidungsrecht wegen Ehebruchs, als die zweite Ehe unvernichtet und unaufgelöst besteht: aber ihr Verhalten wird erstens regelmäßig einen relativen Scheidungsgrund nach § 1568 abgeben und erscheint wohl auch zweitens nach Vernichtung oder Auflösung der zweiten Ehe rückwirkend als ein Ehebruch gegen den ersten Mann, sodaß dieser jetzt auch aus § 1565 klagen könnte.

Zweifelhaft ist der Güterstand, der in der bigamischen

Ehe besteht, ehe sie vernichtet oder aufgelöst wird. Da während dieser Zeit die erste Ehe gültig bleibt und die zweite als gültig behandelt wird, so können zwei sich überdeckende Güterstände nebeneinander stehen: z. B. Verwaltungs- und Nutznießungsrechte beider Ehemänner, wenn kein Ehevertrag geschlossen ist, oder zwei Gütergemeinschaften, wenn in beiden Ehen entsprechende Verträge vorliegen. Riezler läßt, um solche Widerstreite zu vermeiden, für die zweite (bigamische) Ehe den Güterstand der Gütertrennung gelten. Das ist m. E. nicht begründet, ganz abgesehen davon, daß es nicht durchaus hilft: so kann § 1430 mit dem Verwaltungs- und Nutznießungsrecht des ersten Mannes in Widerstreit treten. Vielmehr besteht eine echte Kollision von Rechten; daher müssen die schwächeren Rechte zurücktreten: schwächer sind die aus der bigamischen Ehe fließenden Rechte, da dieser Ehe unentrinnbar die rückwirkende Vernichtung droht. So kann in der Tat, solange die ersteheliche Gütergemeinschaft besteht, der zweiteheliche Gütergemeinschaftsvertrag keine Wirkungen haben; aber wenn jener aufgehoben wird, z. B. weil die erste Ehe aufgelöst wird, so bekommt der zweiteheliche Vertrag (ex nunc) Geltung, solange bis die bigamische Ehe vernichtet ist. Ebenso tritt, wenn in keiner Ehe der gesetzliche Güterstand geändert ist, das Verwaltungs- und Nutznießungsrecht des zweiten Mannes gegenüber dem des ersten Mannes zurück; ganz bedeutungslos braucht es darum nicht zu sein: es ergreift z. B. das Vermögen der Frau, das in der ersten, nicht in der zweiten Ehe Vorbehaltsgut ist, so alles das, was die Frau zwischen ihrer ersten und ihrer zweiten Verheiratung durch den selbständigen Betrieb eines Erwerbsgeschäfts oder durch ihre Arbeit erworben hat. Kommt der totgeglaubte Mann zurück, so hat er hiernach sofort (ohne erst die Nichtigerklärung abwarten zu müssen) gegen den zweiten Mann einen Anspruch auf Herausgabe des ersteehelichen Eingebrachten und auf die vom zweiten Mann gutgläubig gezogenen Raub- und Übermaßfrüchte (§ 993 BGB), sowie auf alle Nutzungen, die der zweite Mann etwa seither noch zieht.

Doch ist die praktische Bedeutung von dem allen nicht sehr groß: regelmäßig wird gleich nach Heimkehr des Totgeglaubten die Nichtigkeitsklage wegen der zweiten Ehe eingeleitet; und mit der Nichtigerklärung werden alle Wirkungen der zweiten Ehe rückwärts vernichtet; jetzt könnte z. B. die Frau von dem zweiten Mann die Nutzungen erstattet verlangen, die er von dem ersteheIichen Vorbehaltsgut, das zweiteheliches Eingebrachtes ist, im Übermaß oder in bösem Glauben gezogen hat.

Die Rückwirkung, die der Vernichtung der zweiten Ehe zu teil wird, wird bekanntlich nach drei Richtungen durchbrochen: im Interesse des redlichen Gatten gegenüber dem unredlichen (§ 1345), im Interesse redlicher Dritter (§ 1344) und im Interesse der Kinder (§§ 1699 ff). Der erste Punkt ist hier ohne Bedeutung.

Bei dem zweiten Punkt verdient Beachtung, dass der Dritte, der wie alle Welt den ersten Mann für gefallen hielt, nicht nur in seinem Vertrauen auf die Gültigkeit der zweiten Ehe, sondern auch in seinem Vertrauen auf die Auflösung der ersten Ehe geschützt wird. Hatte z. B. der zweite Mann verbrauchbare Sachen der Frau veräußert, so ist der redliche Käufer Eigentümer geworden (§§ 1344, 1376 Nr. 1), und er bleibt es auch, wenn der Totgeglaubte zurückkehrt und nach Vernichtung der zweiten Ehe gestützt auf sein Verwaltungsrecht die Sachen herausverlangt.

Was endlich den dritten Punkt anbelangt, so werden die in einer nichtigen Putativehe geborenen Kinder grundsätzlich wie eheliche Kinder behandelt, und dabei bleibt es auch nach Vernichtung der Ehe. Bei der Doppelehe liegt eine Schwierigkeit darin, daß die nach der zweiten Eheschließung erzeugten Kinder nicht nur in der zweiten (bigamischen), sondern zugleich in der ersten vollgültig gebliebenen Ehe geboren sind, hiernach zugleich Kinder des zweiten Gatten und, solange der erste Gatte ihre Ehelichkeit nicht anficht, Kinder dieses ersten Gatten zu sein scheinen. Die Annahme, daß das Kind zwei eheliche Väter haben könne, ist zweifellos abzuweisen; es fragt sich nur, welcher von beiden der eheliche Vater sei. Nach

Riezler der erste Gatte:[1]) die §§ 1699 ff. BGB müßten zurücktreten; denn sie schützten das Kind der Putativehe nur, damit es nicht als unehelich gelten müsse; wenn es aber schon nach §§ 1591, 1593 f. als ehelich gelte, bedürfe es nicht erst des Schutzes der §§ 1699 ff. Gerade das Gegenteil ist (mit Bernhöft u. a.) anzunehmen; das Kind aus der Putativehe gilt als eheliches Kind des zweiten Gatten, dessen natürliches Kind es in der Regel sein wird; deshalb gilt es nicht zugleich als Kind des ersten Gatten, der während seiner Erzeugung in Sibirien kriegsgefangen war; gewährt unser Recht die Möglichkeit, die physische Verwandtschaft mit der rechtlichen in Einklang zu bringen, weshalb eine Diskrepanz schaffen? Lebte die Frau auch von dem zweiten Gatten getrennt und hat sie das Kind in wilder Ehe mit einem Dritten geboren, so gilt das Kind folgerichtig zunächst als Kind aus der Putativehe; ficht der zweite Gatte die Ehelichkeit an, oder stirbt er, ohne das Anfechtungsrecht verloren zu haben, so gilt das Kind nunmehr als Kind des ersten Gatten, bis auch dieser anficht oder ohne Verlust des Anfechtungsrechts stirbt: die Anfechtungsfrist läuft für den ersten Gatten nicht schon von der Zeit an, in der er die Geburt des Kindes erfährt, sondern erst dann, wenn er die Anfechtung durch den zweiten Gatten erfahren hat.

2. Von geringerer praktischer Bedeutung ist das kürzlich in einer anregenden Untersuchung Pagenstechers behandelte Problem[2]), wie die zweite (bigamische) Ehe zu beurteilen sei, wenn die erste Ehe „nichtig" ist. Da nach BGB § 1323 eine Ehe „nur" in den Fällen der §§ 1324 bis 1328 „nichtig" ist[3]), und der vorliegende Fall nicht dahin gehört, so ist eine solche bigamische Ehe in der Sprache des BGB „gültig". Wie sich aber die Nichtigkeit der ersten Ehe zu dem verhält, was man bei anderen Rechtsverhältnissen als „Nichtigkeit" bezeichnet, so die Gültigkeit der zweiten Ehe zu sonstiger Gültigkeit. Von jener „Nichtigkeit" sagt das Gesetz, daß sie erst nach der

1) Riezler, Arch. f. bürg. R. 38, 70 ff.; dort weitere Literatur.
2) Pagenstecher, Rhein. Zeitschr. 10, S. 20 ff.
3) Ein Satz, den Pagenstecher S. 76[4] unberücksichtigt läßt.

Nichtigerklärung oder Auflösung von jedermann und ohne weiteres „geltend gemacht werden“ könne, und zwar dann mit rückwirkender Kraft. Ebenso läßt sich, wenn man der Gesetzessprache folgt, von der zweiten Ehe sagen, daß ihre volle „Gültigkeit“ mit rückwirkender Kraft erst „geltend gemacht werden kann“, wenn die erste Ehe für nichtig erklärt oder aufgelöst ist. Bis zu diesem Zeitpunkte sind also beide Ehen bestehende, wirksame, vernichtbare Ehen. Die erste Ehe ist trotz ihrer sogenannten „Nichtigkeit“ nur „vernichtbar“, weil jene „Nichtigkeit“ nicht frei geltend gemacht werden kann; die zweite Ehe ist trotz ihrer sog. „Gültigkeit“ vernichtbar, weil ihre Vollgültigkeit (Unvernichtbarkeit) nicht geltend machbar ist. Im Augenblick der Nichtigerklärung oder Auflösung der ersten Ehe verwandelt sich diese aus einer vernichtbaren in eine vernichtete, also (wirklich) nichtige Ehe, und die zweite Ehe aus einer vernichtbaren in eine (wirklich) gültige Ehe, beides mit rückwirkender Kraft. Die Vernichtbarkeit der zweiten Ehe ist hiernach selbst zerstörbar; (es klänge gesucht, wäre aber richtig, die Gültigkeit der zweiten Ehe als eine vernichtbare Vernichtbarkeit zu bezeichnen); und die rückwirkende Zerstörung der Vernichtbarkeit tritt mit Vernichtung der ersten Ehe ein.

Über alles das kann dann kein Zweifel herrschen, wenn die erste Ehe für nichtig erklärt oder aufgelöst wird, ehe die zweite Ehe für nichtig erklärt oder aufgelöst worden ist. Gesetzt, die kriegsgetraute Frau habe gleich nach der Hochzeit die Anfechtungsklage wegen Irrtums (z. B. über die geschlechtliche Gesundheit des Mannes) erhoben; bald nach der Klageerhebung wird der Tod des Mannes fälschlich gemeldet und gebucht; die Frau heiratet wieder; als der Totgeglaubte heimkehrt, ist die zweite Ehe zwar vernichtbar, solange die erste Ehe noch nicht vernichtet ist; sobald aber auf den jetzt fortgesetzten Anfechtungsprozeß hin die erste Ehe für nichtig erklärt ist oder sobald (vor dieser Nichtigerklärung) der Heimgekehrte stirbt, wird die Vernichtbarkeit der zweiten Ehe vernichtet; diese Ehe erscheint als von Anfang an vollgültig.

Die Zweifel beginnen erst dann, wenn die zweite Ehe

für nichtig erklärt oder aufgelöst ist und dann erst die erste Ehe vernichtet oder aufgelöst wird. Nach Pagenstecher kann hier die bereits vernichtete zweite Ehe nicht wieder rückwärts aufleben. Ich halte das Gegenteil für richtig. Getrennt zu betrachten ist der Fall, in dem die zweite Ehe aufgelöst ist, und der, in dem sie für nichtig erklärt ist.

Erster Fall: Die zweite Ehe wird aufgelöst, bevor die erste Ehe aufgelöst oder für nichtig erklärt ist. In dem eben angeführten Beispiel stirbt etwa der zweite Mann, und einen Monat danach stirbt auch der erste Mann oder es wird im Anfechtungsprozeß das Nichtigkeitsurteil gesprochen. Mit dem Tode des zweiten Mannes war zunächst die zweite Ehe (rückwirkend) vernichtet worden; aber diese Vernichtung war nur eine vorläufige. Durch den folgenden Tod des ersten Mannes oder das über die erste Ehe gesprochene Nichtigkeitsurteil wird diese vorläufige Vernichtung selbst wieder vernichtet, und die zweite Ehe gilt nunmehr als von Anfang an gültig; die Frau kann also den Namen des zweiten Mannes behalten, sie hat ein gesetzliches Erbrecht und ein Pflichtteilsrecht gegenüber seinem Nachlaß usw. Dieses Ergebnis ist jedenfalls rechtspolitisch erwünschter, als das entgegengesetzte Ergebnis Pagenstechers. Aber es gehört auch dem geltenden Rechte an; sobald die erste Ehe für nichtig erklärt oder aufgelöst ist, kann ihre „Nichtigkeit“ frei „geltend gemacht“ werden; §§ 1329, 1343 Abs. 2: die erste Ehe ist also jetzt als von Anfang an nichtig zu behandeln; folglich liegt § 1326 nicht vor, der die „Gültigkeit“ der ersten Ehe voraussetzt, und die zweite Ehe muß gemäß § 1323 gültig sein[1]). Phantasiebegabte Romandichter mögen Fälle erfinden, in denen erst viele Jahre nach dem Tod des zweiten Mannes die Nichtigkeit der ersten Ehe hervortritt. Auch dann ist (im Gegensatz zu Pagenstecher) das Ergebnis für erwünscht zu halten. Ich denke an ein Opernlibretto: Micaela, die unglückliche Gattin des gewalttätigen Condottiere Boccolino, folgt auf die falsche Nachricht von

1) Vgl. oben S. 126[2].

seinem Tode den Werbungen des Fürsten von Brescia, lebt mit ihm in glücklicher Ehe und gebiert ihm einen Sohn Alessandro. Da erscheint Boccolino wieder, der jahrelang im Kerker eines Feindes geschmachtet hat, dringt in Brescia ein, tötet den Fürsten und führt Micaela mit sich; Alessandro, unfähig, den Thron des Vaters zu besteigen, wird von einem getreuen Diener geborgen und erzogen. Als 20 Jahre vergangen sind, wird es ruchbar, daß Micaelas Vater als Jüngling mit einer Florentinerin in freier Liebe ein Kind gezeugt hat und daß dieses Kind Boccolino ist. Sollte das Libretto ins Leben übertreten, so würde ich den Schluß, daß Micaela wieder zur Fürstin von Brescia wird und Alessandro den Thron des Vaters besteigt, für angemessen halten.

Zweiter Fall: Die zweite Ehe wird für nichtig erklärt, bevor die erste Ehe aufgelöst oder für nichtig erklärt ist. Derartiges wird nur vorkommen, wenn man während des Nichtigkeitsprozeßes, der die zweite Ehe betrifft, die Mängel der ersten Ehe noch nicht kennt, da andernfalls jener Prozeß bis zur Nichtigerklärung der ersten Ehe ausgesetzt werden würde. Man muß also wieder an fern liegende Fälle denken, wie den, daß die zweite Ehe der vermeintlichen Kriegerswitwe nach Heimkehr des Totgeglaubten durch Nichtigkeitsurteil vernichtet wird und sich nachher herausstellt, daß der Krieger und seine Frau uneheliche Kinder desselben Vaters sind. M. E. liegt es hier nicht anders als im ersten Fall: wird die erste Ehe als blutschänderisch vernichtet, so ist die zweite Ehe, obwohl sie schon für nichtig erklärt war, rückwirkend gültig. Pagenstecher erklärt dies im Hinblick auf die Rechtskraft des Nichtigkeitsurteils für unhaltbar: ein rechtskräftiges Urteil könne „nur durch eine Rechtsgestaltungsklage und nur in den in der Zivilprozeßordnung ausdrücklich vorgeschriebenen Fällen (§§ 579 f., 323 f.) beseitigt oder abgeändert werden.“ [1]) Mit Unrecht. Es verstößt gegen die Rechtskraft, wenn eine Partei behauptet, die urteilsmäßige Feststellung sei zu der Zeit der letzten mündlichen Verhandlung, in der tatsächliches

1) Rhein. Zeitschr. 10, S. 56.

Vorbringen statthaft war, unrichtig gewesen. Alle vor diesem maßgebenden Zeitpunkt eingetretenen Tatsachen, mögen sie den Parteien bekannt gewesen sein oder nicht, sind der Rechtskraft gegenüber unbeachtlich. Hier mag unter Umständen mit der Restitutionsklage (Auffindung neuer Urkunden, § 580 Nr. 7b) geholfen werden. Es verstößt aber nicht gegen die Rechtskraft, wenn vorgebracht wird, daß die urteilsmäßige Feststellung nicht mehr zutrifft,[1]) daß also seit jenem Zeitpunkt die materielle Rechtslage sich verändert hat. Der Satz selbst ist so anerkannt, daß er keiner Begründung bedarf. Er gilt auch, wenn das die materielle Rechtslage verändernde, nach der letzten Tatsachenverhandlung eingetretene Ereignis rückwirkende Kraft hat; ist z. B. die ehemännliche Verwaltung und Nutznießung wegen Entmündigung des Mannes aufgehoben (§ 1418 Nr. 3), ist dann die Entmündigung aufgehoben und hat darauf der Mann rechtskräftig die Wiederherstellung seiner Rechte erstritten (§ 1425), so tritt trotz dieses Urteils wieder Gütertrennung (rückwirkend) ein, wenn das die Entmündigung aufhebende Urteil im Wiederaufnahmeverfahren aufgehoben wird. Oder: Ist eine Gütergemeinschaft auf Klage des Mannes wegen Überschuldung nach § 1469 rechtskräftig aufgehoben, demnach Gütertrennung eingetreten, und ficht dann der Mann den Gütergemeinschaftsvertrag selbst wegen arglistiger Täuschung an, so entfällt damit jene Urteilswirkung, und es gilt der Güterstand der ehemännlichen Verwaltung und Nutznießung mit rückwirkender Kraft; dies selbst dann, wenn der Mann den Anfechtungsgrund schon bei Erhebung der Aufhebungsklage des § 1469 kannte. Oder: Wird die Klage des E auf Feststellung seines gesetzlichen Erbrechts rechtskräftig abgewiesen, weil der beklagte B sich auf sein testamentarisches Erbrecht berufen hat, und ficht nachträglich E dieses Testament nach § 2078 mit Grund (form- und fristgerecht) an, so wird durch diese Anfechtung das rechtskräftige Feststellungsurteil wirkungslos, und zwar wieder gleichviel, ob E

1) Vgl. statt aller Hellwig System d. ZPR I S. 807 f.

den Anfechtungsgrund schon vor der letzten Tatsachenverhandlung kannte oder nicht: denn erst die Anfechtung selbst ist das Ereignis, das das dem Kläger rechtskräftig abgesprochene Erbrecht begründet. Nicht anders liegt es hier. Ist durch rechtskräftiges Urteil die zweite Ehe wegen des Bestandes der ersten für nichtig erklärt, so wird diese Vernichtung durch ein neues Ereignis rückwirkend wieder aufgehoben, dadurch nämlich, daß die (vernichtbare) erste Ehe nachträglich für nichtig erklärt oder aufgelöst wird, und zwar selbst wenn die Ehegatten der zweiten Ehe zur Zeit, als der Vernichtungsprozeß schwebte, die Vernichtbarkeit der ersten Ehe kannten; denn nicht die Vernichtbarkeit, sondern die Vernichtung der ersten Ehe (durch Urteil oder Auflösung) ist das Ereignis, das die rückwirkende Gültigkeit der zweiten Ehe herbeiführt.

Daß diese Regelung dem geltenden Recht angehört, ist m. E. gewiß; ob sie billigenswert ist, mag zweifelhaft sein[1]). Jede andere Lösung hat stärkere Bedenken gegen sich. Treffend bemerkt Pagenstecher (S. 88), daß eine restlose Beseitigung aller unerfreulichen Ergebnisse bei der Doppelehe nicht möglich sei, daß es sich vielmehr nur darum handele, unter mehreren Übeln das kleinere zu wählen.

Bei der praktisch äußerst geringen Bedeutung des Problems sind vielleicht schon die vorstehenden kurzen Bemerkungen zu lang.

3. In einem Punkte ist die gesetzliche Regelung der Doppelehe reformbedürftig. Da die nichtige bigamische Ehe durch Eheauflösung, spätestens also durch den Tod eines Gatten der neuen Ehe, vernichtet wird, ist die Vernichtung das unentrinnbare Geschick jeder bigamischen Ehe, wofern die erste Ehe gültig war. Auch wenn die erste Ehe nachträglich aufgehoben wird, bleibt die zweite Ehe vernichtbar. Das entspricht zwar dem kanonischen Recht[2]), ist aber unbefriedigend. War z. B. der erste Mann

1) Man kann insbesondere die (immer bedenkliche) Rückwirkung tadeln. Mit Grund hat das Schweizer Ziv. GB. die Rückwirkung der Ungültigerklärung abgelehnt; Egger zu Art. 132 Ziv. GB.

2) Doch war nach c. 8 X 4, 7 bei Bösgläubigkeit beider Teile

im August 1915 als gefallen gebucht, in Wahrheit aber in russische Gefangenschaft geraten, und hat seine Frau im Januar 1917 wieder geheiratet und im März 1917 von einem Kameraden ihres ersten Mannes erfahren, daß der Mann im Februar 1917 nach eineinhalbjährigem Krankenlager gestorben ist, so bleibt nach unserem Recht die zweite Ehe nichtig; wenn die Ehegatten weiter zusammenleben, ohne je auf den Gedanken zu kommen, daß es einer neuen Eheschließung vor dem Standesbeamten bedürfe, und wenn dann der Mann stirbt, so ist die Frau nicht seine Witwe; sie hat kein gesetzliches Erb- und Pflichtteilsrecht, sie verliert den Namen des Mannes. An eine analoge Anwendung des § 1324 Abs. 2 BGB ließe sich denken, wenn die Ehegatten, seitdem sie den Tod des ersten Mannes erfuhren, noch zehn Jahre oder bis zum Tode mindestens drei Jahre zusammen gelebt haben; denn der Entschluß, die Ehe fortzusetzen, läßt sich zur Not, da der matrimoniale Konsens vorliegt, in eine „formlose Eheschließung", d. h. eine Eheschließung, die nicht vor dem Standesbeamten stattgefunden hat, umdeuten.

Aber diese Auskunft, die zudem auf Widerspruch gefaßt sein muß, rettet nur einige Fälle: sie versagt besonders, wenn ein Gatte der neuen Ehe früh stirbt. Besser ist die Lösung des Preußischen Landrechts (II,1 §§ 942 ff.) und des Schweizerischen Zivilgesetzbuchs (Art. 123 Abs. 3): diese lassen die zweite (bigamische) Ehe ohne weiteres gültig werden, wenn die erste Ehe (vor Nichtigerklärung der zweiten) aufgelöst wird; ein Zusammenleben der Gatten oder eine Konsenserneuerung ist nicht erforderlich. Freilich knüpfen sie die Heilung an die Voraussetzung, daß wenigstens ein Gatte der neuen Ehe bei der Eheschließung gutgläubig war; das Preußische Landrecht fordert die Gutgläubigkeit des Wiederheiratenden, das Schweizer Recht die des anderen

die Vernichtung wegen Bigamie ausgeschlossen, und nach c. 1 cod. hatte bei Bösgläubigkeit eines Teils der bösgläubige Gatte kein Akkusationsrecht. Heute gilt Cod. iur. can. c. 1135: Die Konsenserneuerung nach Wegfall des impedimentum vinculi bedarf (wenn dieses Impediment, wie meist, öffentlich ist) der Eheschließungsform.

Teils. Mit Recht sieht das protestantische Eherecht von dem Erfordernis des guten Glaubens ganz ab[1]). Denn da das Verbrechen der Doppelehe (im Gegensatz zum Ehebruch) kein impedimentum criminis für die Ehe der Verbrecher mit einander begründet, so können die Verbrecher jederzeit nach der Auflösung der ersten Ehe die Eheschließung wiederholen (§ 1309 Abs. 1 Satz 2[2]); und weshalb sollte man, wenn sie das verabsäumen, ihre Geschlechtsverbindung dauernd als nichtige Ehe, ihre Kinder als unehelich behandeln[3])? Fraglich kann es nur sein, ob man mit dem protestantischen Eherecht die Heilung an die Voraussetzung knüpfen soll, daß der Ehekonsens der Gatten noch fortdauert, ob man also eine Bestätigung der Ehe nach Wegfall der ersten Ehe zu verlangen hat. M. E. ist das unangemessen. Eine Bestätigung hat guten Sinn, wo ein Willensmangel die Nichtigkeit oder Anfechtbarkeit begründete und nach seinem Wegfall die Ehe heilungsreif geworden ist (§§ 1325,1337); hier nicht. Führt ein verheirateter Mann unredlich mit seiner ebenfalls unredlichen Geliebten das Spiel einer standesamtlichen Trauung auf, z. B. unter Vorlegung eines gefälschten Scheidungsurteils, und stirbt danach seine erste Frau, so ist es angemessen, daß fortab (ohne Rückwirkung) die zweite Ehe gelte, auch wenn die beiden Verbrecher (oder einer) das nicht wollen; der Hinweis auf den mangelnden Ehewillen sollte angesichts des Mißbrauchs der Eheschließungsform gerade so ungehört bleiben, wie ein Hinweis auf Simulation bei der Eheschließung. War einer der beiden Verlobten redlich, der andere unredlich, so wird in der Regel der Redliche dadurch hinreichend geschützt, daß er das Recht hat, die Ehe wegen arglistiger Täuschung anzufechten.

1) v. Scheurl Eherecht (1882) S. 247 f.

2) Vgl. Kohler Lehrb. d. Bürg. R. III 1, S. 114.

3) Das letzte Bedenken räumt für das Schweizer Recht allerdings Art. 133 ZivGB aus dem Wege, der die Kinder aus ungültigen Ehen auch bei Bösgläubigkeit beider Eltern als ehelich behandelt. Anders aber BGB § 1699.

Zu l 16 § 2 Si servus D 21,2.

Von Hermann Nottarp.

Die l 16 D 21,2 enthält ein Fragment des Pomponius zur Eviktionslehre aus dem 9. Buch seines Sabinuskommentars. Sie lautet in § 2:

Si servus, cuius nomine duplam stipulati sumus, evictus fuerit a nobis: ob id quod fugitivus vel sanus non fuerit an agere nihilo minus possimus, quaeritur. Proculus videndum ait, ne hoc quoque intersit, utrum tum evictus sit, cum meus factus non esset, an tum cum meus factus esset: in eo enim casu quo meus factus est statim mea interest, quanto ob id deterior est, et quam actionem semel ex stipulatu habere coepi, eam nec evictione nec morte nec manumissione nec fuga servi nec ulla simili causa amitti: at si in bonis meis factus non sit, nihil ob ea quod fugitivus sit pauperior sim, utpote cum in bonis meis non sit. quod si sanum esse, erronem non esse stipulatus essem, tantum mea interesse, quantum ad praesentem usum pertineret, tametsi in obscuro esset (utpote ignorantibus nobis, quamdiu eum habiturus essem et an futurum esset, ut eum quisquam aut a me aut ab eo cui vendidissem cuive similiter promisissem evinceret). summam autem opinionis suae hanc esse, ut tantum ex ea stipulatione consequar, quanti mea intersit aut post stipulationem interfuerit eum servum fugitivum non esse.

Darin erörtert Pomponius die Frage, ob der Käufer eines nachher evinzierten Sklaven wegen etwaiger Sachmängel gegen den Verkäufer vorgehen kann.[1])

1) Vgl. zu dieser Stelle Lenel, Palingenesia juris civilis II (1889) Sp. 112 Nr. 559; Huschke, Zur Pandektenkritik (1875) S. 58 f.; Neustetel, Bemerkungen zum ädilizischen Edikt (Römisch-rechtliche Unter-

Der Kauf und Verkauf von Sklaven, die ja zu den res mancipi der Zwölftafeln gehören, gestaltete sich in der klassischen Zeit nicht mehr in der alten feierlichen Manzipationsform per aes et libram, bei welcher der Verkäufer das Eigentum an der verkauften Sache auf den Käufer übertrug und die auctoritas übernahm, das heißt die Pflicht zur Gewährleistung gegen Rechtsmängel, kraft deren er dem Käufer im Rechtsstreit mit einem Dritten um die Sache beistehen mußte und ihm, falls dies keinen Erfolg hatte oder überhaupt von ihm verweigert wurde, auf Ersatz des doppelten Kaufpreises haftete. Diese zivilrechtliche strenge Form kam beim Verkauf von Sklaven in Abgang, schon aus dem äußeren Grunde, weil die Sklavenhändler meistens Peregrinen waren, für welche ja die zivilrechtliche Manzipation verschlossen war. Bei den formlosen Kaufgeschäften des jus gentium, die den Übergang des zivilrechtlichen Eigentums auf den Käufer nicht vermitteln konnten — hier half die Ersitzung — und die als solche nicht die strenge Haftung des Verkäufers für den Fall eines Rechtsmangels enthielten, sicherte der Käufer sich durch Abschluß einer besonderen neben dem Kauf hergehenden Stipulation, die den Verkäufer herkömmlich für den Eviktionsfall auf das Doppelte des Kaufpreises verhaftete. Das ist die am Eingang von l 16 § 2 D 21,2 erwähnte Duplae stipulatio.[1])

---

suchungen von Neustetel und Zimmern I, 1821) S. 236f.; Kritz, Das Pandektenrecht aus den Rechtsbüchern Justinians I 3 (1841) S. 113f.; K. O. Müller, Die Lehre des römischen Rechts von der Eviktion I (1851) S. 109f., 113f.; Fr. Mommsen, Beiträge zum Obligationenrecht II (1855) S. 206f.; Cohnfeldt, Die Lehre vom Interesse nach römischem Recht (1865) S. 162f.; Hanausek, Die Haftung des Verkäufers für die Beschaffenheit der Ware nach römischem und gemeinem Recht I (1883) S. 37f., 176f.; Eck, Beitrag zur Lehre von den ädilizischen Klagen (Berliner Festgabe für Beseler, 1885) S. 191f.; Appleton, La propriété prétorienne I (1889) S. 236 Anm. 19; Rabel, Die Haftung des Verkäufers wegen Rechtsmangels I (1902) S. 137; Bechmann, Der Kauf nach gemeinem Recht III 2 (1908) S. 47, 168f. — Glück, Ausführliche Erläuterungen zu den Pandekten XX, 1819 (woselbst S. 169f. über Buch 21), sowie die gebräuchlichen Pandektenlehrbücher enthalten nichts über l 16 § 2 D. 21, 2.

1) Bechmann, Der Kauf a. a. O. I (1876) S. 102f., 109f., 374f.,

Die Haftung für Sachmängel dagegen war dem ursprünglichen Zivilrecht fremd und entstammte erst dem Marktpolizeirecht der Kurulischen Ädilen, wieder hervorgerufen durch den Umstand, daß die Sklavenhändler fremdes und fahrendes Volk waren, dem man nicht ohne weiteres trauen konnte.[1]) Neben der im ädilizischen Edikt aufgestellten Verpflichtung des Verkäufers zur Sachmängelgewährleistung ließ auch hier der Käufer sich die Abwesenheit von Mängeln noch besonders vom Verkäufer stipulieren und kam dadurch in die Lage, anstatt die ädilizischen Ansprüche auf Wandelung oder Minderung geltend zu machen auch aus der Stipulation gegen den Verkäufer vorzugehen.[2])

Um eine solche besondere Garantiestipulation wegen

---

398 Anm. 3, 673 f., III 2 S. 63 f.; Eck, Die Verpflichtung des Verkäufers zur Gewährung des Eigentums nach römischem und gemeinem deutschen Recht (1874) S. 2 f., 14 f.; Rabel a. a. O. I S. 1 f.; Lenel, Das Edictum perpetuum, 2. Aufl. (1907) S. 517 f.; Girard, Nouvelle revue historique VII (1883) S. 537 f., 568 f.; Bekker, Jahrbuch des gemeinen Rechts VI (1863) S. 229 f. Bei gewöhnlichen wertlosen Kaufobjekten wurde nur auf das Simplum stipuliert (Rabel I S. 142). Der vorzüglichste Zweck der Stipulatio duplae, die sich bis ins Justinianische Recht und weit darüber hinaus erhalten hat (vgl. Rabel I S. 131), war die Selbstschätzung des Interesses, durch welche die Aufhältlichkeit und Willkürlichkeit seiner späteren Ermittlung ausgeschlossen wurde (vgl. Müller, Eviktion a. a. O. S. 273).

1) l 44 § 1 D 21, 1: .... nam id genus hominum ad lucrum potius vel turpiter faciendum pronius est; ähnlich l, 37 D eod. Vgl. Bechmann III 2 S. 111 f.

2) Bechmann I S. 391, III 2 S. 108 f., 155 f.; Hanausek a. a. O. I S. 35 f., 42 f.; Windscheid-Kipp, Lehrbuch des Pandektenrechts II, 9. Aufl. (1906) S. 697 f., § 395. Vgl. l 19 § 2 D 21, 1, ferner Varro, De re rustica II 10 § 5 (Bruns-Gradenwitz, Fontes juris Romani antiqui II, 7. Aufl., 1909, S. 64): in horum (sc. servorum) emptione solet .... stipulatio intercedere sanum esse furtis noxisque solutum, aut si mancipio non datur dulpa promitti .... Die actio ex stipulatu unterlag dem Zivilrecht und war eine actio perpetua, war daher nicht an die kurzen Fristen der Wandelungsklage gebunden (vgl. Bechmann III 2 S. 165 f.). An sich hätten die ädilizischen Garantiestipulationen für Sachmängel, weil sie ja auf etwas Unmögliches gerichtet waren, ungültig sein müssen, so l 31 D 21, 2; aber um ihres materiellen Inhalts willen wurden sie aufrecht erhalten (vgl. Hanausek I S. 50).

Sachmängel neben der für den Fall der Eviktion abgeschlossenen Stipulatio duplae handelt es sich im vorliegenden Fall und es fragt sich, ob der Käufer die Ansprüche aus dieser Sachmängelstipulation auch geltend machen darf, wenn ihm der Sklave evinziert worden ist und er also aus der Stipulatio duplae wegen der Entwehrung des Sklaven das Doppelte des Kaufpreises als Entschädigung erlangen kann.

Pomponius zitiert dabei eine Stelle des Proculus, in welcher dieser für die Frage nach der Sachmängelhaftung unterscheidet, ob die Eviktion geschehen sei, nachdem der Sklave für den Käufer „meus factus esset" oder vorher, als er „meus factus non esset"; im ersten Fall habe der Käufer sogleich ein Interesse daran, ob der Sklave Mängel hat und darum von geringerem Wert ist oder nicht, und den daraus einmal begründeten Anspruch könne der Käufer auch durch keine nachfolgenden Ereignisse (wie Eviktion oder Tod oder Flucht des Sklaven) wieder verlieren; im zweiten Falle dagegen sei der Käufer durch die Mangelhaftigkeit des Sklaven [1]) um nichts ärmer, „utpote cum in bonis meis non sit".

Was heißt nun das „cum meus factus esset" bezw. das später gebrauchte gleichlautende „si in bonis meis factus sit?" Da in l 16 § 2 D 21,2 wohl sicher von der Eigentumseviktion auszugehen ist, nicht von der ungewöhnlichen Nießbrauchs- oder Pfandeviktion [2]), kann das meum facere nicht Eigentumsverschaffung bedeuten. [3]) Es liegt am nächsten, an die Besitzerlangung zu denken; wenn der Käufer den Besitz und damit die Nutzung des gekauften Sklaven bekommen hat, dann ist die Beschaffenheit des Sklaven für ihn sogleich von großer Bedeutung; umgekehrt, wenn der Käufer den Sklaven noch nicht besitzt und ihn darum auch noch nicht nutzen kann, dann kann ihm zunächst dessen

1) Hierüber siehe unten S. 153 f.

2) Vgl. Huschke a. a. O. S. 58 f. Der einfachste Fall eines Rechtsmangels (und damit Eviktionsgrund) ist der Kauf einer fremden Sache (Rabel I S. 4).

3) Huschke S. 58 f., Bechmann III 2 S. 47, 168 f.

größere oder geringere Arbeitskraft gleichgültig sein, dann ist für den Käufer die Mangelhaftigkeit des Sklaven noch nicht hervorgetreten und folglich auch die Garantiestipulation, das bedingte Einstehen des Verkäufers für den möglicherweise dadurch eintretenden Schaden,[1]) noch nicht verfallen.[2])

Aber dann kommt gleich das Bedenken: kann für den Käufer der Eviktionsfall eintreten, bevor ihm der gekaufte Sklave übergeben worden ist, also ehe er den gekauften Sklaven in Besitz hat, denn Proculus unterscheidet ja, ob der Sklave evinziert sei „tum cum meus factus non esset" oder „cum meus factus esset."

Huschke[3]) kommt auf Grund dieser Stelle zu dem Ergebnis, daß in der klassischen Zeit eine Eviktion ohne vorherige Besitzübertragung möglich gewesen sei. Aber seine Auslegung, auf welche er nur unter Zuhilfenahme starker Interpolierung kommen kann, geht von dem Postulat des nudum jus Quiritium aus und bewegt sich in grauer Theorie. Huschke rekonstruiert den Text folgendermaßen: Proculus habe unterschieden „utrum tum evictus sit, cum in bonis vel ex utroque jure meus factus non esset, an tum cum ex nudo jure Quiritium (oder mancipatione tantum) meus factus esset", und nachher „in eo enim casu quo in bonis vel ex utroque jure meus factus est"; die hervorgehobenen Worte seien von den Kompilatoren ausgemerzt worden. Neben dieser willkürlichen Veränderung seien noch Schreibfehler zu konstatieren, statt sim müsse „sum" gelesen werden, zwischen tametsi und in obscuro sei ein „id" ausgefallen und in der Parenthese müsse es statt cuive vielmehr „cuique" heißen. Und namentlich im letzten Satz (summam autem) seien mehrere größere Fehler; statt ex ea müsse „et ex" gelesen werden, die Schlußworte „eum servum fugitivum non esse" gehörten gleich hinter stipulatione; anstatt post stipulationem, das gar keinen Sinn gäbe, weil ja ein Interesse immer erst

1) Bechmann I S. 376.

2) Vgl. l 44 § 2 D 21, 1: interfuit emptoris (servum) sanum possedisse propter operas.

3) Pandektenkritik S. 58f.

nach der Stipulation eintreten könne, müsse es richtig heißen, „post ex stipulatu actionem". Der Sinn der so rekonstruierten Stelle sei folgender: Proculus unterscheide, ob der Käufer volles Eigentum an dem Sklaven erhalten haben würde (aus Manzipation und Tradition) oder ob der Sklave ihm bloß manzipiert worden sei, also zwar zu quiritischem Eigentum übertragen, das aber ohne gleichzeitige Tradition jetzt wertlos war, denn im letzten Fall habe der Verkäufer ja den Besitz und das bonitarische Eigentum behalten, sodaß er zum Nachteil des Käufers über den Sklaven habe verfügen können, indem er ihn beispielsweise bonitarisch an einen Dritten veräußerte und diesem den Besitz übertrug, was dann zur Folge haben würde, daß der ursprüngliche Käufer diesem Dritten Besitzenden gegenüber bei einer Eviktion unterliegen mußte (indem seine Klage auf Herausgabe abgewiesen wurde), denn sein quiritisches Eigentum ohne Besitz sei ja inhaltsleer. In diesem Fall wäre dann trotz der Manzipation der Sklave für den ersten Käufer nicht „meus factus," nicht „in bonis meis". Der Fall sei eine Umkehrung des gewöhnlichen, wonach eine res mancipi nur tradiert, nicht mehr manzipiert wird; in beiden Fällen entstehe geteiltes Eigentum, wobei aber das dem einen Teil verbleibende bezw. gewährte nudum jus Quiritium wertlos war. Daraus ziehe Proculus die Schlußfolgerung: Wenn der Käufer bloß quiritisches Eigentum an dem Sklaven hatte, ohne Besitz, dann konnte es ihm gleichgültig sein, ob der Sklave krank oder fugitiv war, das Eigentum am Sklaven war für ihn materiell ja völlig wirkungslos, und er war nihil ob ea, quod fugitivus sit, pauperior; daher hatte er auch kein Interesse, das er aus der Sachmängelstipulation gegen den Verkäufer hätte einklagen können. Wenn der Käufer aber durch sein Rechtsgeschäft mit dem Verkäufer das volle Eigentum an dem Sklaven erlangt haben würde (d. h. also bei Tradition, oder bei Manzipation mit hinzutretender Tradition), dann habe er ohne Rücksicht auf eine spätere Eviktion aus der Fehlerhaftigkeit des Sklaven stets und sofort ein Interesse, und dieses Interesse, mithin auch die darauf gehende actio ex stipulatu, werde auch durch eine spätere Eviktion des Sklaven oder ein sonstiges Verlustiggehen nicht berührt. — Dieses Interesse sei aber verschieden je nachdem, ob wegen Fugitivität oder wegen Krankheit bezw. Herumstreiferei stipuliert worden sei. Im letzten Falle (si sanum esse erronem non esse) betrage das Interesse des Käufers immer mindestens soviel, als der Sklave bis zur Erhebung der actio ex stipulatu durch sein Kranksein oder herumläuferisches Wesen weniger geleistet habe, außerdem aber auch noch ein ungewisses Mehr für die Folgezeit, in welcher der Käufer den Sklaven doch noch, wenn die Eviktion nicht gekommen wäre, weiter hätte besitzen wollen, oder ihn doch möglicherweise mit derselben Stipulation wegen Mängelfreiheit an einen Dritten hätte verkaufen wollen. Bei der anderen Stipulation (servum fugitivum non esse) könne ebenfalls auf das Interesse geklagt werden, gleichgültig ob Eviktion eingetreten sei oder nicht, denn nach Huschke heißt der Schlußsatz ja: „im Ganzen meine ich, daß ich soviel auch aus der anderen Stipulation (et ex stipulatione), welche auf die Fugitivität des Sklaven gerichtet ist, erlangen werde“. Während aber bei Krankheit des Sklaven stets ein Minderwert vorhanden ist und darum in jedem Falle ein Interesse eingeklagt werden kann, komme es für die Klage aus der Stipulation wegen Fugitivität darauf an, ob der Sklave tatsächlich schon einmal fortgelaufen war; in diesem Falle werde das gegenwärtige Interesse eingeklagt (quanti mea intersit). Lag dieser Fall noch nicht vor, dann habe in Form einer Judizialstipulation auf das zukünftige Interesse geklagt werden können, nämlich für den Fall, daß der Sklave demnächst einmal fliehen sollte, sei es beim Kläger selbst oder bei dem, an den er ihn mit der Verpflichtung für Flucht einzustehen, etwa veräußern würde [1]).

1) Huschke's Erörterungen bieten keine Erklärung zu der von ihm eingangs vorgeschlagenen Textkonjektur; er schlägt eingangs die Alternative vor, wenn weder Manzipation noch Tradition vorgenommen ist oder wenn nur Manzipation vorgenommen worden ist, erörtert aber dann die beiden Fälle, ob Manzipation und Tradition erfolgt sei oder blos Manzipation.

Huschke's Auslegung des „cum meus factus non esset" entspricht nicht den Bedürfnissen des Verkehrs. Im klassischen Rom wird sich schwerlich ein Käufer, wenn er sein gutes Geld bezahlt hatte, mit dem nudum jus Quiritium an dem gekauften Sklaven beschieden haben, er verlangte auch den Besitz, um dadurch das Eigentum zu erwerben [1]). Weil von unsicheren Grundlagen ausgehend, ist Huschke's Auslegung auch nicht geeignet, die Frage, ob eine Eviktion ohne vorherige Besitzübertragung möglich sei, eindeutig zu lösen.

Diese Frage wird von Vielen verneint. Für diejenigen alle, die in der Tradition eine Grundbedingung für die Eviktion und die erste Voraussetzung der Eviktionshaftung, ein unentbehrliches Requisit zur Geltendmachung eines Entwehrungsanspruches sehen [2]), kann das cum meus factus non esset in l 16 § 2 natürlich nicht mit „wenn ich noch nicht den Besitz am Sklaven erlangt habe" übersetzt werden, sie müssen zu einer anderen Erklärung kommen. Lenel will in seiner Palingenesie hinter dem „cum" noch die Worte „si anno eum possedissem" einfügen; diese an das Publizianische Klageformular erinnernden Spuren seien von den Kompilatoren gestrichen worden [3]). Ihm folgt Bechmann [4]), der demnach bei dem cum meus factus esset und cum meus factus non esset an den bonae und den malae fidei possessor denkt und die Stelle in der Weise deutet, daß Proculus den Verkäufer bei erfolgter Eviktion einem gutgläubigen

1) Vgl. Bechmann a. a. O. III 1 (1905) S. 6f. Bechmann weist I S. 549 Anm. 2 darauf hin, daß bei Gajus IV § 117 der Fall behandelt ist, daß auf Grund des Kaufes blos manzipiert, nicht auch tradiert ist (wie das in der klassischen Zeit ja auch verlangt werden konnte); dabei wird aber ausdrücklich hervorgehoben, daß der Käufer sciens a non possidente gekauft habe.

2) So Appleton a. a. O. S. 236 Anm. 19; Bechmann III 2 S. 87 Anm. 4; Casper, Der Verkauf einer fremden Sache (Diss. Berlin 1895) S. 44f.; Schwamborn, Die Lehre des bürgerlichen Gesetzbuches von der Eviktion beim Kauf (Diss. Erlangen 1897) S. 23; Crasemann, Die Eviktion nach gemeinem Recht und nach BGB. (Diss. Leipzig 1902) S. 27f. und andere.

3) A. a. O. II Sp. 112 Anm. 4.

4) A. a. O. III 2 S. 47 und S. 168f.

Besitzer gegenüber auch noch aus jeder Stipulation wegen Sachmängel haften lasse, daß er aber bei dem bösgläubigen Besitzer unterscheide, ob wegen Fugitivität oder wegen anderer Mängel stipuliert worden sei, und dann zunächst die Meinung äußere, der bösgläubige Besitzer des fremden Sklaven könne den Verkäufer wegen Fugitivität des Sklaven nicht haftbar machen (at si in bonis meis factus non sit, nihil ob ea quod fugitivus sit pauperior sim, utpote cum in bonis meis non sit). Diese Meinung des Proculus stützt Bechmann mit der Erwägung, daß es für den bösgläubigen Besitzer, der ja anders als der gutgläubige kein petitorisches Recht zum Besitz des Sklaven habe, im Falle des Besitzverlustes nur heißen könne „wie gewonnen so zerronnen", einem bösgläubigen Besitzer gegenüber sei die Fugitivität des Sklaven kein vom Verkäufer zu vertretender Mangel. Bei den anderen Mängeln (Krankheit, Herumstreiferei), die nur den Ertragswert der Arbeit des Sklaven, nicht aber den Besitz des Käufers am Sklaven beeinträchtigen, komme nach der Meinung des Proculus diese Erwägung des Mangels petitorischer Rechte und damit der Unterschied, ob gutgläubiger oder bösgläubiger Besitz, nicht in Frage, hier müsse der Verkäufer in jedem Fall aus einer darüber abgeschlossenen Stipulation haften (quod si sanum esse, erronem non esse stipulatus essem, tantum mea interesse, quantum ad praesentem usum pertineret). Allein diese Unterscheidung des Umfanges der Haftung des Verkäufers dem bösgläubigen Käufer gegenüber je nach den einzelnen Mängeln sei nicht durchschlagend, darum weise Proculus am Schluß die anfangs geäußerte Meinung zurück (summam autem opinionis suae hanc esse, ut tantum ex ea stipulatione consequar, quanti mea intersit .... eum servum fugitivum non esse) und lasse die actio ex stipulatu in gleicher Weise für den bonae und malae fidei emptor zu[1]).

Diese Deutung Bechmann's ist zu kompliziert, um befriedigen zu können.

---

1) Bechmann äußert sich an zwei verschiedenen Stellen, III 2 S. 47 und S. 168 f., zu l 16 § 2; seine Erklärungen decken sich nicht vollständig.

Friedrich Mommsen[1]) legt die Stelle folgendermaßen aus: es werde von Proculus unterschieden, ob der Sklave zur Zeit der Eviktion bereits in das Eigentum des Käufers übergegangen war oder nicht, wobei dieser Eigentumserwerb auf einer sich erst nach der Litiskontestation des Eviktionsprozesses vollendenden Usukapion beruhe. Sobald der Käufer das Eigentum am Sklaven erworben habe, sei für ihn ein Interesse an der Beschaffenheit des Sklaven vorhanden, das jedenfalls soviel betrage, als der Wert des Sklaven durch dessen Fehler vermindert sei; und diesen aus der Mängelstipulation des Verkäufers entsprungenen Schadenersatzanspruch verliere der Käufer auch nicht, obwohl die nachher erfolgte Eviktion ja zeige, daß er den Sklaven, auch wenn er fehlerfrei gewesen wäre, keinesfalls hätte behalten können. Im anderen Falle, wenn der Sklave nicht in das Eigentum des Käufers übergegangen war, sei der Käufer durch die Fugitivität des Sklaven nicht ärmer geworden, und dann sei auch die actio ex stipulatu wegen der Mängel nicht gegeben, weil zu ihrer Begründung ja hätte dargetan werden müssen, daß die Mangelhaftigkeit des Sklaven, wegen der stipuliert worden war, auch einen nachteiligen Einfluß auf das Vermögen des Käufers gehabt habe.

Auch diese Erklärung der Proculustelle befriedigt nicht restlos; Mommsen weist selbst darauf hin, daß auch im zweiten Fall für den Käufer möglicherweise ein Interesse entstanden war, indem die Dienste des Sklaven, die dem Käufer bis zur Eviktion zukamen, infolge der Mängel einen geringeren Wert hatten. Die Mommsen'sche Auslegung ist deshalb von Cohnfeldt und Hanausek mit Recht zurückgewiesen worden[2]). Ein möglicherweise während des Eviktionsprozesses geschehener Eigentumserwerb ist für die Frage nach dem Interesse des Käufers an den vor der Eviktion geleisteten Diensten des Sklaven ganz gleichgültig.

Auch die Erklärung, die Appleton von dem cum meus factus non esset gibt, kann nicht helfen[3]). Nach ihm denkt Pro-

1) A. a. O. S. 206 f.
2) Cohnfeldt a. a. O. S. 164; Hanausek a. a. O. I S. 37 Anm. 7.
3) Propriété prétorienne a. a. O. I S. 236 Anm. 19.

culus hier an die Möglichkeit, daß der Käufer auch bei einjährigem Besitz des Sklaven dem Verkäufer gegenüber noch nicht in bonis sei, weil er den Kaufpreis noch nicht bezahlt habe[1]). Nun ist ja Voraussetzung der Geltendmachung des Eviktionsanspruches auf Seiten des Käufers die Zahlung des Kaufpreises; aber auch wenn der Kaufpreis noch nicht gezahlt ist, war doch, gleichgültig, ob der Verkäufer für Eviktion einstehen mußte oder nicht, der größere oder geringere Wert des Sklaven für den besitzenden Käufer von Interesse.

Mit diesen Deutungen ist also nicht weiter zu kommen und es muß ein anderer Ausweg gefunden werden. Sollte nicht die Annahme, daß der Eviktionsfall nur nach vorheriger Besitzübertragung eintreten könne, auf Irrwege geführt haben? Ergeben nicht die Quellen Belege für das Gegenteil dieser Annahme? Zu ihrer Stütze wird gewöhnlich eine Stelle aus Ulpians Ediktskommentar herangezogen (l 11 § 2 D 19, 1): et inprimis ipsam rem praestare venditorem oportet id est tradere; quae res, si quidem dominus fuit venditor, facit et emptorem dominum, si non fuit, tantum evictionis nomine venditorem obligat. Aus dieser Stelle folgt aber m. E. nur, daß der Verkäufer, wenn er eine fremde Sache verkauft und übergeben hat, dem Käufer für den Fall der Eviktion verhaftet ist; daß der Fall der Eviktionshaftung einzig nach vorheriger Besitzverschaffung eintritt, ist in der Stelle nicht gesagt[2]). Derselbe Ulpian erörtert vielmehr in seinem Sabinuskommentar einen Fall, aus dem sich klar und deutlich ergibt, daß die Eviktionsstipulation des Verkäufers verfallen kann, ohne daß der gekaufte Sklave dem Käufer übergeben worden ist; der Sklave war inzwischen, noch ehe die Übergabe an den Käufer hatte stattfinden können, dem Verkäufer selbst von dritter Seite ent-

1) Bechmann III 1 S. 61, III 2 S. 51; Rabel a. a. O. I S. 65; Carlowa, Römische Rechtsgeschichte II 1 (1901) S. 418; vgl. l 11 § 2 D 19, 1.

2) Auch aus den von Müller (Eviktion a. a. O. I S. 107) angeführten Beispielen, l 11 § 9 D 19, 1, l 3 D eod., l 11 § 13 D eod., l 60 und 61 pr. D 21, 2, ergibt sich das nicht mit zwingender Notwendigkeit.

wehrt worden, l 33 D 21,2: si servum emero et eundem vendidero, deinde emptori ob hoc fuero condemnatus, quia tradere non potui evictum, committitur (duplae) stipulatio[1]). Das ist ein wichtiger Merkstein. Weiter führt die viel zitierte Pomponiusstelle l 16 § 1 D 21,2 aus dessen Sabinuskommentar: duplae stipulatio committi dicitur tunc, cum res restituta est petitori vel damnatus est litis aestimatione, vel possessor ab emptore conventus absolutus est; die Eviktion bezw. das ihre Voraussetzung bildende tatsächliche Hervortreten des fremden Rechtes kann danach in zweierlei Form geschehen, diese Eviktionsfälle sind erstens Entziehung der gekauften Sache auf Grund des Rechtes eines Dritten (bezw. Abwendung dieser Entziehung durch Zahlung der Litisaestimation), zweitens Abweisung des im Streit um die Sache als Kläger auftretenden Käufers, weil das Recht des Dritten stärker ist[2]).

In welchen Fällen tritt nun diese zweite sog. negative Eviktion ein? Eine Erläuterung bietet Pomponius in l 29 § 1 D. 21,2 (libro XI ad Sabinum); si duplae stipulator ex possessori petitor factus et victus sit, quam rem si possideret retinere potuerit, peti autem utiliter non poterit, vel ipso jure promissor duplae tutus erit vel certe doli mali exceptione se tueri poterit, sed ita, si culpa vel sponte duplae stipulatoris possessio amissa fuerit. Also durch argumentum e contrario: Wenn bei unfreiwilligem Besitzverlust die Klage des Käufers auf Rückerstattung des Besitzes abgewiesen wird, weil der Dritte ein besseres Recht auf die Sache hat, dann ist die Eviktionsstipulation verfallen. Daraufhin wird dann l 16 § 1 D 21,2 cum possessor ab emptore conventus absolutus est meist nur auf den Fall bezogen, daß dem

1) Vgl. über diese Stelle Rabel I S. 98 Anm. 4 gegen Bekker, Jahrbuch des gemeinen Rechts VI (1863) S. 234 f. Auf sie hat Kritz a. a. O S. 102, 113 f. die Lehre aufgebaut, daß Entwehrung auch dann vorliege, wenn die Übergabe an den Käufer infolge eines Rechtsspruchs unterbleibt; ihm schließt Ortloff, Die Voraussetzungen des Eviktionsanspruches (Diss. Erlangen 1898) S. 41 f., sich an.

1) Bekker, Jahrbuch des gemeinen Rechts VI (1863) S. 285 f.; Müller, Eviktion S. 107 f.; Bechmann III 2 S. 38, wo irrtümlich l 46 anstatt l 16 zitiert ist.

Käufer die Wiedererlangung des verlorenen Besitzes nicht möglich ist[1]). Aber diese Auslegung erscheint zu eng, ein solcher Fall wird im gewöhnlichen Leben nicht zu oft vorgekommen sein. Wenn ein Dritter ein besseres Recht an dem Sklaven zu haben vermeint, dann wird er doch normalerweise dieses sein Recht auf dem vorgeschriebenen Wege, d. h. durch Klage geltend machen und nicht auf eigene Faust sich den Sklaven von dem Käufer heimlich oder mit Gewalt wegholen. Daß der Käufer auf diese Weise häufiger in die Klägerrolle um die Wiedererlangung des Besitzes kommen soll, erscheint nicht recht glaubhaft. Also muß für das cum possessor eine andere Erklärung gefunden werden. Ich sehe in der Stelle einen weiteren Beleg dafür, daß eine Eviktion auch ohne vorherige Besitzverschaffung stattfinden kann bezw., daß der Käufer schon ehe er den Besitz der gekauften Sache erlangt hat, in die Lage kommen kann, die Eviktionsklage anzustellen[2]). Bechmann erklärt darum ganz mit Recht die Tradition auch nur für die Voraussetzung einer normalen Eviktion[3]).

Die Möglichkeit des Eviktionsfalles schon vor der Besitzübertragung entspricht der Tatsache, daß der Käufer nach römischem Recht auch schon vom Abschluß des Kaufvertrages an die Gefahr des zufälligen Unterganges und der zufälligen Verschlechterung der Kaufsache trägt, denn infolge der Entäußerungsnatur des Kaufes ist die Kaufsache im Verhältnis unter den Parteien nach römischer Auffassung auch ohne Tradition bereits als aus dem Vermögen des Verkäufers ausgeschieden und in das des Käufers übergegangen anzusehen, ganz gleichgültig ob die verkaufte Sache im Eigentum des Verkäufers steht oder nicht.[4])

Und von diesem Gesichtspunkt aus gewinnt das hier

---

1) So Kritz, Pandektenrecht I 3 S. 113f.; Casper S. 44f.; Crasemann S. 27f.; Schwamborn S. 20 und Andere.

2) So auch übereinstimmend Glück, Erläuterungen XX S. 172f.; Cohnfeldt a. a. O. S. 164f.; Hanausek a. a. O. I S. 37f.; Ortloff a. a. O. S. 7f., 17.

3) Bechmann III 2 S. 37 A. 2.

4) Windscheid-Kipp II, 9. Aufl., S. 660, 665.

fragliche Proculejische „utrum tum evictus sit, cum meus factus non esset“ in l 16 § 2 eine ganz andere Bedeutung: Ist eine Eviktion vor geschehener Besitzübertragung möglich, dann steht nichts im Wege, bei dem „cum meus factus esset“ an die Besitzerlangung zu denken. Wenn der Käufer noch nicht in den Besitz des gekauften Sklaven gekommen ist, dann ist er, wenn ihm der Sklave von dritter Seite evinziert wird, auf die Schadloshaltung aus der Eviktionshaftung des Verkäufers beschränkt und kann keine Ansprüche aus der Mangelhaftigkeit des Sklaven herleiten. Daß die Unterscheidung des Proculus in l 16 § 2 sich aber auf den erlangten Besitz bezieht, geht aus dem „in eo enim casu, quo meus factus est“ im zweiten Satz der Stelle unzweifelhaft hervor, das m. E. absichtlich gesetzt ist und nicht, wie Lenel meint, Interpolation für „esset“ ist[1]). Ebenso läßt das folgende „quantum ad praesentem usum pertineret“ entnehmen, daß Proculus auf den Besitz abstellt. Und dem entspricht auch die Zusammenfassung in dem Schlußsatz „summam autem opinionis suae hanc esse, ut tantum ex ea stipulatione consequar quanti mea intersit aut post stipulationem interfuerit eum servum fugitivum non esse“, denn, wie gesagt, solange der Käufer den Sklaven noch nicht in Besitz hatte, war er an seinem Gebrauchswert nicht interessiert und hatte darum auch vorerst noch keinen Anspruch gegen den Verkäufer, aus dessen Sachmängelgarantiestipulation, denn die actio ex stipulatu setzt immer einen infolge der Mangelhaftigkeit der Sache wirklich eingetretenen Schaden voraus[2]).

Diese Auffassung, daß das meum facere auf die Besitzerlangung zu beziehen ist, findet, worauf schon Müller[3]) hingewiesen hat, eine Stütze in der griechischen Übersetzung der Basiliken; dort ist es im Buch XIX Titel XI, 15 mit πο'τε δὲ κε'κτηται wiedergegeben[4]). Eine Analogie bietet l 44

1) Palingenesia II Sp. 112 A. 5.

2) l 4 pr. D 19, 1: quia ex stipulatu .... agere tecum non possum, antequam mihi quid abesset; vgl. Bechmann III 2 S. 214.

3) Eviktion a. a. O. I S. 113 Anm. 14.

4) Heimbach, Basilicorum libri LXII (1840) S. 319; κεκθῆσται =

§ 2 D 21,1; im zweiten Buch seines Ediktskommentars behandelt hier Paulus den gleichen Fall wie Proculus in l 16 § 2, nämlich die Frage nach der Konkurrenz von Eviktions- und Mängelhaftung. Die Stelle, deren Eingangsworte „In redhibitoria vel aestimatoria“ spätere Zutat sind[1]), lautet „in redhibitoria vel aestimatoria potest dubitari, an quia alienum servum vendidit, et ob evictionem et propter morbum forte vel fugam simul teneri potest; nam potest dici nihil interesse emptoris sanum esse, fugitivum non esse eum, qui evictus sit. Sed interfuit emptoris sanum possedisse propter operas, neque ex postfacto decrescat obligatio; statim enim, ut servus traditus est committitur stipulato quanti interest emptoris. „Also hier ist deutlich ausgesprochen, daß der Käufer nur beim Besitzen des Sklaven an dessen Mangelhaftigkeit interessiert ist und daß die Mängelgarantiestipulation des Verkäufers mit der Übergabe des Sklaven an den Käufer in Geltung tritt[2]).

So wird denn auch von Neustetel, Kritz, Müller, Confeldt, Hanausek, Huschke und Anderen das „cum meus factus esset“ als Besitzerlangung infolge einer Tradition gedeutet; sie alle lassen die Sachmängelgewähr des Verkäufers neben der Eviktionshaftung dann nicht wirksam werden, wenn der Käufer den Sklaven vor der Eviktion nicht in Besitz gehabt hat[3]).

Wie aber ist eine Eviktion ohne vorherige Besitzübergabe zu denken? Das Ulpian'sche Beispiel in l 33 D 21,2[4]), nach welchem die Übergabe an den Käufer nicht stattfinden konnte, weil der Sklave inzwischen dem Verkäufer, der ihn

---

besitzen. Die aus dem neunten Jahrhundert stammenden Basiliken beruhen auf Übersetzungen des sechsten Jahrhunderts.

1) Lenel, Palingenesia I Sp. 1097, Pauli fr. 845; ebenso Mommsen-Krüger, Corpus Juris Civilis, Editio stereotypica S. 312 Anm. 4 und Bechmann III 2 S. 170 Anm. 3.

2) Vgl. Cohnfeldt a. a. O. S. 164f.

3) Neustetel a. a. O. S. 155f., 240f.; Kritz, Pandektenrecht I 3 S. 113f.; Müller, Eviktion I S. 109f.; Cohnfeldt, Interesse S. 164; Hanausek, Mängelhaftung I S. 37f.; Huschke, Pandektenkritik S. 59f.

4) Oben S. 145.

selbst erst kurz vorher erworben hatte, von einem Dritten abgestritten worden war, betrifft einen im täglichen Verkehr doch verhältnismäßig seltenen Fall, so daß es nicht allein zur Erklärung von l 16 § 2 herangezogen werden kann. Huschke's Theorie von dem nudum jus Quiritium wurde bereits abgelehnt[1]). Besser steht es mit der Auslegung Karl Otto Müller's, der an den Kauf durch einen Prokurator oder an eine longa manu traditio denkt[2]). Der Sklave sei an den Prokurator tradiert worden, wobei die Absicht des Tradenten aber auf Übertragung nicht an den Prokurator, sondern an den Mandanten gegangen sei und der Prokurator auch nicht für sich, sondern für seinen Mandanten habe erwerben wollen, wobei dann weiter der dem Prokurator übergebene servus fugitivus diesem, bevor er ihn an seinen Mandanten abgeliefert hatte, weglaufe und von einem Dritten, der ein besseres Recht an dem Sklaven behauptet, in Besitz genommen werde. Dann sei der Sklave für den Käufer nicht „in bonis meis" gewesen und damit sei die Möglichkeit des nutzbaren Gebrauchs ausgeschlossen. Im anderen Fall, bei der Annahme einer longa manu traditio, komme man zu dem gleichen Ergebnis, wenn nämlich Verkäufer und Käufer über einen von mehreren in ihrer Nähe stehenden Sklaven handelseinig geworden sind und nun dieser Sklave, ehe der Käufer die körperliche Ergreifung vorgenommen hat, in den Besitz eines besser berechtigten Dritten gelangt und der Käufer dann mit seiner Klage auf Herausgabe abgewiesen werde. Mit diesen Auslegungen bewegt Müller sich auf rechtlich gesicherter Grundlage, sie trifft auch die Eigenart des vorliegenden Falles, aber auch seine Möglichkeiten sind für den täglichen Verkehr zu abgelegen, als daß anzunehmen ist, Proculus habe gerade sie im Auge gehabt, als er die fragliche Unterscheidung bezüglich des Zeitpunktes der Eviktion machte. Ich möchte deshalb auf eine andere Möglichkeit hinweisen.

Uns ist geläufig, daß die Verpflichtung des Verkäufers zur Eigentumsverschaffung (§ 433 Abs. 1 Satz 1 BGB), falls

1) S. oben S. 138f.
2) Eviktion I S. 109f., 113f.

der Verkäufer sich nicht im Besitz der verkauften Sache befindet, bei gegenseitiger Einigung dadurch erfüllt werden kann, daß der Verkäufer seinen Anspruch gegen den dritten Besitzer auf Herausgabe der Sache an den Käufer abtritt (§ 931 BGB). Entsprechend kannte auch das römische Recht die Cessio rei vindicationis durch den nicht besitzenden Eigentümer, zwar nicht mit dem dinglichen Erfolg des Eigentumsüberganges, sondern mit dem obligatorischen, daß der Zessionar fortan das Klagerecht des Zedenten ausüben konnte und erst mit der Erlangung des Besitzes auch das Eigentum an der erstrittenen Sache erwarb; sie diente also zur Vermittlung des Eigentumserwerbs [1]). In den Juristenschriften begegnet die Vindikationszession an verschiedenen Orten, aber immer als cessio legis, z. B. wenn die verkaufte Sache, ohne daß der Verkäufer dies zu vertreten hat, vor der Übergabe gestohlen wird [2]). Die freiwillige, rechtsgeschäftliche Zession der rei vindicatio wie überhaupt der actiones in rem findet sich erst in einer Konstitution Justinians von 531 allgemein ausgesprochen, aber so, daß darin nur eine schon lange bestehende Übung wiedergegeben ist (l 9 C 4,39 de hereditate vel actione vendita): Certi et indubitati juris

1) Vgl. Jhering, Übertragung der rei vindicatio (Jahrbücher für die Dogmatik des heutigen römischen und deutschen Privatrechts I. 1857) S. 101 f.; Bekker, Über die actiones in rem (Jahrbuch des gemeinen deutschen Rechts IV, 1860) S. 178 f.; Windscheid-Kipp a. a. O. II, 9. Aufl., S. 395 f. § 337; Dernburg-Sokolowski, System des römischen Rechts I, 8. Aufl. (1911), S. 385 A. 3; Dernburg, Das bürgerliche Recht des deutschen Reichs III, 4. Aufl. (1908), S. 303 § 102 I 3; Stampe, Die Lehre von der Abtretung der Vindikation (Archiv für die zivilistische Praxis LXXX, 1893) S. 305 f.; De Carvajal y Viana, Über die Zession der rei vindicatio (Diss. Göttingen 1889) S. 2 f.; Neuburger, Eigentumserwerb durch Anspruchsabtretung (Diss. Tübingen 1901) S. 7 f.

2) l 35 § 4 D 18, 1 (Gajus libro decimo ad edictum provinciale): ..... si res vendita per furtum perierit, prius animadvertendum erit, quid inter eos de custodia rei convenerat; si nihil appareat convenisse, talis custodia desideranda est a venditore, qualem bonus pater familias suis rebus adhibet; quam si praestiterit et tamen rem perdidit, securus esse debet, ut tamen scilicet vindicationem rei et condictionem exhibeat emptori; ebenso § 3 a J 3, 23. Vgl. im übrigen die Zusammenstellung bei Windscheid-Kipp II, 9. Aufl., § 337 A. 1.

est ad similitudinem ejus, qui personalem redemerit actionem et utiliter eam movere suo nomine conceditur, et eum, qui in rem actionem comparaverit, eadem uti posse facultate; also es ist sicheres unbezweifeltes Recht, daß auch dingliche Ansprüche gekauft, mithin freiwillig abgetreten werden können, ebenso wie Forderungen[1]). Die Zulässigkeit der vertraglichen Vindikationszession auch schon in älterer Zeit ist demnach nicht zu bezweifeln; fast immer folgen ja die Normen, die ein bestimmtes Rechtsverhältnis kraft Gesetzes eintreten lassen, der Praxis nach, indem sie die im täglichen Verkehr bei derartigen Tatbeständen gebräuchlichen Rechtsbehelfe zur Gesetzesregel erheben. Aus dem Schweigen der Quellen, in denen die Abtretung von Forderungen so eingehend erörtert wird, ist das Gegenteil nicht zu folgern; die Forderungsabtretung hatte eben ein viel weiteres Anwendungsgebiet und war, wie Justinian's Konstitution zeigt, das Vorbild für die Vindikationszession[2]). Die Abtretung der rei vindicatio kam nur da in Frage, wo eine Tradition selbst nicht vorgenommen werden konnte, weil der Eigentümer nicht im Besitz der Sache war, sie konnte namentlich beim Kauf praktisch werden[3]).

---

1) Vgl. Bekker, Jahrbuch des gemeinen deutschen Rechts IV (1860) S. 207; Stampe a. a. O. S. 314 f.; de Carvajal S. 1 f. Vgl. auch den Schluß von l 35 § 4 D 18, 1: si suam rem vendidisset, potuisset eas actiones ad emptorem transferre.

2) Vgl. Jhering a. a. O. S. 105 f.; Bekker a. a. O. S. 207; de Carvajal S. 3 f.

3) Vgl. Bekker S. 207 f.; Jhering S. 105 f.; de Carvajal S. 3 f., 25 f.; Bechmann a. a. O. II (1884) S. 568; Kohler, Recht und Prozeß (Grünhut's Zeitschrift für das Privat- und öffentliche Recht der Gegenwart XIV, 1887) S. 12 f., und Vertrag und Übergabe (Archiv für bürgerliches Recht XVIII, 1900) S. 86 f. — Callistratus sagt in l 50 pr. D 6, 1: „si ager ex emptionis causa ad aliquem pertineat, non recte hac actione (sc. rei vindicatione) agi poterit, antequam traditus sit ager tuncque possessio amissa sit. Daraus folgt aber nur, daß der Käufer mit der rei vindicatio nicht den Verkäufer zur Übergabe zwingen kann, hierfür diente die actio ex empto. Kohler bringt im Archiv für bürgerliches Recht a. a. O. S. 87 eine Stelle des Bartolus, aus der sich ergibt, wie häufig im vierzehnten Jahrhundert in Italien der Kauf durch Übertragung der Vindikation vollzogen wurde.

Wenn nun der Verkäufer, weil sich der zu verkaufende Sklave im Besitz eines Dritten befand, dem Käufer zur Vollziehung des Kaufes seinen Herausgabeanspruch gegen den dritten Besitzer abtrat, dann kam der Käufer in die Lage, gegen diesen Dritten als Kläger aufzutreten, und so lange er den fraglichen Sklaven noch nicht erstritten hatte, war für ihn das „meum facere", das „in bonis meis esse" noch nicht eingetreten. Wenn sich nun in diesem Prozeß herausstellte, daß der besitzende Dritte ein besseres Recht an dem Sklaven hatte als der Verkäufer, dessen Anspruch der klagende redliche Käufer ja geltend machte, z. B. wenn der Verkäufer einen fremden Sklaven, den er bona fide für den seinigen hielt, verkauft hatte, dann wurde der Käufer mit seiner Klage abgewiesen und der Dritte blieb im Besitz des Sklaven (nemo plus juris in alium transferre potest, quam ipse habet)[1], dann trat der Fall der negativen Eviktion ein, den Pomponius in l 16 § 1 D 21,2 erwähnte, cum possessor ab emptore conventus absolutus est, der Fall einer Entwehrung, ehe die Besitzübertragung erfolgt war, und dann war nach l 16 § 1 die Stipulatio duplae verfallen[2]. Es lag dann der Fall vor, den Proculus in l 16 § 2 bei dem „utrum tum evictus sit, cum meus factus non esset" im Auge hatte. So betrachtet bietet die Proculusstelle für Pomponius zugleich eine Erläuterung zu dem „cum possessor ab emptore conventus absolutus est" in der unmittelbar vorhergehenden l 16 § 1 D 21,2 und sie widerspricht auch nicht der „eleganten" Definition Julian's, die Ulpian in seinem Sabinuskommentar (l 21 § 1 D 21,2) wiedergibt: Duplae stipulationem tunc committi, quotiens res ita amittitur, ut eam emptori habere

1) Jetzt würde vermöge § 934 BGB der Käufer auch nach § 931 Eigentum erwerben können, falls der Verkäufer nicht Eigentümer war (Neuburger a. a. O. S. 58 f.)

2) Vgl. Glück, Erläuterungen XX S. 172; Ortloff a. a. O. S. 41 f. Der Verkauf einer fremden Sache ist als solcher gültig, beim Kaufabschluß braucht der Verkäufer noch nicht Eigentümer zu sein, Bechmann II S. 67 f., III 1 S. 46; Kohler, Kauf einer fremden Sache (Gesammelte Abhandlungen aus dem gemeinen und französischen Zivilrecht, 1883) S. 224 f.; Casper a. a. O. S. 44 f.

non liceat propter ipsam evictionem; denn daß gerade der Käufer den Besitz verlieren muß, setzt Julian nicht voraus.

Ist das richtig, bezieht sich das „cum meus factus non esset“ auf die Nichterlangung des Besitzes, dann dürfte auch der in der Proculusstelle begegnenden Unterscheidung der einzelnen Mängel (anfangs fugitivus und non sanus, dann fugitivus, dann sanus und non erro, endlich wieder fugitivus) keine Bedeutung zukommen. Es kommt dann nur auf irgend eine Mangelhaftigkeit des Sklaven an, denn jede (sei es Krankheit, Flüchtigkeit, Herumstreiferei) setzt ja mehr oder weniger dessen Gebrauchswert herab und beeinträchtigt damit das Interesse des Käufers am Besitz des Sklaven. Deshalb ist die scheinbare Inkonsequenz in der Aufzählung der Mängel unbeachtlich, Proculus hat wahllos einige häufig vorkommende Mängel genannt, anstatt von Mangelhaftigkeit an sich zu sprechen. Möglich auch, daß das „quod fugitivus sit“ in der Mitte und die letzten Worte „eum servum fugitivum non esse“, wie Lenel und bezüglich des ersten auch Mommsen-Krüger vermuten[1]), spätere Konjekturen sind; dann wäre der Text sprachlich glatter und entspräche noch mehr obiger Auffassung[2]). Die von Huschke und Bechmann aus der Gegenüberstellung der verschiedenen Mängel abgeleiteten Folgerungen[3]) erscheinen nicht geeignet, das Verständnis der Stelle zu fördern; Bechmann selbst muß ja zugeben, daß

---

1) Lenel, Palingenesia II Sp. 112 Anm. 6 und 7; Mommsen-Krüger, Corpus Juris Civilis, Ed. ster. S. 314 Anm. 8.

2) Das bloße „ad ea“ in dem ursprünglichen Text entspräche dann dem „ob id“ im vorhergehenden quanto ob id deterior est und beides bezöge sich auf das „ob id, quod fugitivus vel sanus non fuerit“ am Anfang der Pomponiusstelle; die letzten Worte „eum servum fugitivum non esse“ sind dem Schlußsatz ganz unorganisch angefügt, weshalb Huschke sie schon hinter dem „stipulatione“ einschalten wollte. Die Einfügungen ließen sich dadurch erklären, daß die späteren Bearbeiter in dem fugitivus und non sanus des Anfanges und dem sanus und non erro in der Mitte eine beabsichtigte Unterscheidung erblickt und den sich nun ergebenden scheinbaren Widerspruch durch die Einfügungen hätten beheben wollen.

3) S. oben S. 138f., 141f.

die Entscheidung des Proculus, so wie er sie versteht, nicht durchschlagend sei. Daß es sich bei Proculus um irgend einen Mangel handelt und nicht mit Absicht zwischen Krankheit und Fugitivität unterschieden werden soll, ergibt sich vielleicht auch aus der Analogie in der den gleichen Gegenstand behandelnden l 44 § 2 D 21,1 [1]), wo neben der Eviktionshaftung von der Haftung „propter morbum forte vel fugam", also von der Mängelhaftung schlechthin die Rede ist [2]).

Diese Annahme wird bei l 16 § 2 auch durch den Satzbau gestützt. Die Worte „at si in bonis meis factus non sit" bilden den natürlichen Gegensatz zu dem vorherigen „in eo enim casu, quo meus factus est", nicht soll das „ob ea quod fugitivus sit" in der erstgenannten Stelle einen Gegensatz zu dem folgenden „quod si sanum esse erronem non esse stipulatus essem" ausdrücken. Der mit „quod si sanum" anhebende selbständige Satz enthält eine nähere Ausgestaltung des in der vorhergehenden Alternative (Besitzen oder Nichtbesitzen des Sklaven) ausgesprochenen „statim mea interest": das Interesse des Käufers an der Mängelfreiheit des Sklaven entsteht sofort mit der Inbesitznahme und es dauert solange, als der Käufer oder dessen Rechtsnachfolger den Sklaven unabgestritten in Besitz haben, wenn diese Dauer auch jetzt (bei Abschluß der Stipulation bezw. bei Inbesitznahme des Sklaven) natürlich noch ungewiß ist; aber es dauert auch nur so lange. Anderseits geht der einmal daraus entstandene Anspruch des Käufers oder seines Rechtsnachfolgers auch nicht durch einen nachher eintretenden dauernden Besitzverlust, sei es rechtlicher oder tatsächlicher Art (wie Eviktion, Tod des Sklaven, Entlassung aus der Sklaverei, oder andererseits Flucht der Sklaven), wieder verloren [3]). Huschke's Meinung, daß die Schlußklammer

1) S. oben S. 147 f.

2) Auch Kritz, Pandektenrecht I 3 S. 113 f., faßt l 16 § 2 so auf, daß es sich bei Proculus nur um irgend einen Mangel schlechthin handele, etwa aus der Stipulation sanum esse erronem non esse.

3) Vgl. hierzu Cohnfeldt a. a. O. S. 160; Brinz, Lehrbuch der Pandekten II 1, 2. Aufl. (1879), S. 359 f.

der Paranthese schon hinter nobis zu setzen sei[1]), erscheint nicht recht begründet; die Paranthese gibt auch so, wie sie da steht, einen Sinn. Daß Proculus nun nach dem mit „quod si sanum“ anhebenden Erläuterungssatz noch einmal in dem zusammenfassenden Schlußsatz „summam autem“ seine Meinung kurz darlegt, daß nämlich der Käufer soviel aus der Sachmängelgarantiestipulation des Verkäufers erlangen kann, als sein Interesse an der Mangelfreiheit des Sklaven beträgt (also nach dem vorigen nur für die Zeit, in welcher er oder sein Rechtsnachfolger den Sklaven in Besitz hatte) — das „aut post stipulationem interfuerit“ ist eine Selbstverständlichkeit und will nur besagen, daß die Garantiestipulation ja ihrem Wesen nach bedingt ist und immer erst durch ein späteres nach ihrem Abschluß in die Erscheinung tretendes Ereignis verfällt und dann der Inhalt der actio ex stipulatu sich nicht nach den Verhältnissen zur Zeit des Kaufabschlusses sondern mit Rücksicht auf die später dem Käufer erwachsenen Nachteile bestimmt[2]) — diese Zusammenfassung in dem Schlußsatz könnte als überflüssige Breite erscheinen; sie findet aber leicht ihre Erklärung, wenn man beachtet, daß Pomponius nur einen Teil der Erörterungen des Proculus zur Haftungslehre aufgenommen hat; aus den Eingangsworten „Proculus videndum ait, ne hoc quoque intersit“ ergibt sich, worauf Lenel in seiner Palingenesie[3]) hingewiesen hat, daß Proculus außer den in l 16 § 2 übernommenen auch noch weitere Gedanken zu dieser Frage geäußert hat; das summam autem“ enthält das Ergebnis aus den von Pomponius verwerteten und aus vorhergehenden anderweiten jetzt nicht mehr bekannten Ausführungen des Proculus zu der Frage der Konkurrenz zwischen Eviktions- und Sachmängelhaftung oder wahrscheinlicher zur Frage der Haftung aus einer Sachmängelgarantiestipulation (ex ea stipulatione). So betrachtet gewährt das „summam autem“ einen Sinn und die

1) Pandektenkritik S. 58 f.

2) Fr. Mommsen a. a. O. II S. 207 f.; Bechmann I S. 367; Hanausek I S. 37 f.; Eck, Festgabe für Beseler a. a. O. S. 191.

3) A. a. O. II Sp. 112 Anm. 3.

Veränderungen, die Huschke für den Text dieses Satzes vorschlägt[1]), sind nicht erforderlich, vielmehr erscheint Lenel's Annahme richtig, daß die letzten Worte „eum servum fugitivum non esse" spätere verständnislose Zutat seien.

Die Antwort auf die von Pomponius zum Ausgangspunkt genommene Frage nach der Konkurrenz der beiden Haftungen des Verkäufers lautet also nach Proculus folgendermaßen: Hat der Käufer den gekauften aber nachher von dritter Seite evinzierten Sklaven, für dessen Mängelfreiheit der Verkäufer durch Stipulation die Gewähr übernommen hatte, vor der Eviktion bereits in Besitz gehabt und hat sich in dieser Zeit herausgestellt, daß der Sklave der Abrede zuwider mit Mängeln behaftet war, dann kann der Käufer neben seinem unbezweifelten Anspruch auf Erstattung des doppelten Kaufpreises (als Entschädigung für die Eviktion aus der Stipulatio duplae) auch noch aus der Garantiestipulation des Verkäufers den Schaden ersetzt verlangen, der ihm daraus entstanden ist, daß der Sklave, solange er ihn in Besitz hatte, wegen Mangelhaftigkeit weniger geleistet hat, als nach dem Kaufvertrag vorausgesetzt war. Hatte der Käufer den Sklaven aber bis zur Eviktion noch nicht in Besitz gehabt, dann ist ihm aus der Mangelhaftigkeit des Sklaven kein Schaden entstanden und ist er deshalb auf den Anspruch aus der Stipulatio duplae auf Schadloshaltung wegen der Eviktion beschränkt[2]).

Führte aber das Nebeneinander der beiden Ansprüche im ersten Fall nicht zu einer ungerechtfertigten Bereicherung des Käufers zum Nachteil des Verkäufers? Aus der Stipulatio duplae bekam der Käufer eine Entschädigung in Höhe des doppelten Kaufpreises, aus der Sachmängelgarantiestipulation entsprang ihm ein Anspruch auf das Interesse, das er an der Mängelfreiheit des Sklaven hatte[3]). Cassius

---

1) S. oben S. 138.

2) So auch Hanausek I S. 37 f., 177 Anm. 2; Neustetel S. 240 f.; Rabel I S. 137 f.

3) Der Anspruch aus der Sachmängelgarantiestipulation ging nur auf das einfache Interesse des Käufers, auf id quod interest emptoris (Eck, Beseler-Festschrift S. 192 f.; Bechmann III 2 S. 168 f.), nicht

meint l 11 § 14 D 19,1: eum qui ex duplae stipulatione litis aestimationem consecutus est, aliarum rerum nomine, de quibus in venditionibus caveri solet, nihil consequi posse, und Neustetel hat daraufhin entschieden, daß die infolge der actio de evictione geschehene Erstattung des doppelten Kaufpreises jede Nachforderung des Käufers aus früher verfallenen Mängelstipulationen zerstöre [1]. Aber dieser Schluß erscheint unbegründet. Hatte der Käufer den Sklaven zu niedrigem Preise erworben (der vielleicht der tatsächlichen Mangelhaftigkeit des Sklaven entsprach), hatte er aber den Sklaven, weil er ihn nach den Zusicherungen des Verkäufers für vollwertig halten mußte, zu schwierigen Werken bestimmt und hatte er nun, weil der Sklave diese Arbeiten ganz mangelhaft ausführte einen erheblichen Schaden, dann würde dieser Schaden durch das doppelte des Kaufpreises, dessen Erstattung der Kaufer infolge der Eviktion beanspruchen konnte, vermutlich in keiner Weise gedeckt sein. Der Käufer würde in einem solchen Falle, ganz abgesehen von der (ihm unter den obwaltenden Umständen vielleicht nicht unerwünscht kommenden) Eviktion, zunächst den Verkäufer aus dessen Mängelgarantiestipulation auf den vollen Schaden haftbar machen, der ihm in der Zeit von der Inbesitznahme bis zur Eviktion durch die Mangelhaftigkeit des Sklaven entstanden ist (natürlich unter Anrechnung des aus den wirklich geleisteten Diensten des Sklaven für den Käufer

auf das Doppelte, obwohl auch die Mängelstipulation häufiger als Stipulatio duplae bezeichnet wird, was aber seinen Grund lediglich darin hat, daß sie mit der Eviktionsstipulation herkömmlich in ein Formular gebracht wurde (Lenel, Edictum perpetuum a. a. O. S. 536f.; Eck, Beseler-Festschrift S. 192f.; Rabel I S. 2f.; Bechmann III 2 S. 117f.; vgl. die oben S. 136 Anm. 2 ziterte Stelle aus Varro). Rabel I S. 131 f. sucht den Nachweis zu bringen, daß der Anspruch des Käufers aus der Mängelstipulation nicht auf das Interesse schlechthin gehe, sondern in ein festes Verhältnis zum Kaufpreis gebracht werde (vgl. l 33 D 21, 2: quanti minoris empturus esset, si fugitivum esse scisset emptor), so auch schon Neustetel a. a. O S. 237 f.; aus l 16 § 2 D 21, 2, der hier fraglichen Poculusstelle, folgt aber, daß auf id quod interest gehaftet wird (vgl. hierzu Rabel S. 137; Eck a. a. O. S. 192 f.; Cohnfeldt S. 163 f.).

1) Römisch-rechtliche Untersuchungen a. a. O. I S. 242 f.

entstandenen Nutzens), und darauf würde er noch, gleichsam zur Strafe für den Verkäufer, der ja einen fremden Sklaven verkauft und damit den Käufer der Gefahr und Unbequemlichkeit einer Eviktion ausgesetzt hatte, seine Ansprüche aus der Stipulatio duplae geltend machen. Die Klagen schließen einander keineswegs aus, denn die mit ihnen verfochtenen Ansprüche entspringen ganz verschiedener Wurzel. Mit der Eviktion hörte die Wirkung des Kaufes auf und als Genugtuung für den Käufer mußte das Doppelte des Kaufpreises erstattet werden[1]), mit der actio ex stipulatu wurde Ersatz für die Mangelhaftigkeit des Sklaven gesucht. Beide Klagen sind nebeneinander zulässig, das folgt aus der hier behandelten l 16 § 2 D 21,2 und aus der Parallelstelle l 44 § 2 D 21,1 [2]); neben dem Eviktionsanspruch des Käufers ist die Klage aus einer Garantiestipulation wegen Sachmängel insoweit begründet, als der Käufer ein Interesse daran hatte, daß die zugesagten Eigenschaften des Sklaven bis zur Eviktion vorhanden waren, also insoweit, als ihm durch die mangelhaften Leistungen des Sklaven ein Nachteil erwachsen ist[3]).

1) Rabel I S. 131 f.

2) Oben S. 147 f.

3) Vgl. Cohnfeldt S. 164 f., Hanausek I S. 38 f., 176 f.; Bechmann III 2 S. 168 f.

„Ursprüngliche Herrschergewalt" und der Staatsbegriff.

Ein Beitrag zur Frage des Reichseinheitsstaates und eine Kritik der Theorie Redslobs.

Von Max Wenzel.

I.

Wir leben in einer Zeit der Staatenvernichtung und Staatenentstehung. An die Staatsrechtswissenschaft wird jetzt oft die Frage gerichtet: Ist das und dies neue Gebilde ein Staat? Wie sind z. B. die Geschehnisse und Zustände im schwergeprüften Baltenland, wo die Wiege unseres Meisters stand, staatstheoretisch zu werten? Fragen, die zu dem Grundbegriff unserer Wissenschaft hinaufführen. Über ihn offenbart sich hier aber eine peinliche Zwiespältigkeit der Ansichten. Einig ist man sich nur darüber, daß ein mit souveräner Herrschergewalt ausgerüsteter Gebietsverband stets Staat ist und daher überall, wo ein Gebilde dieses Merkmal trägt, gleichviel auf welchem Wege, ob auf legitimen oder illegitimen, es dieses erworben hat, ein Staat vorhanden ist. Fragt man jedoch weiter, wie es sich mit den Gebietsverbänden verhält, die wohl mit Herrschergewalt, aber nicht mit der Selbstherrlichkeit ausgestattet sind, so antworten bedeutende Staatsrechtsgelehrte, daß sie Staaten in keinem Falle sind. Sie leugnen nicht, daß der allgemeine Sprachgebrauch viele von diesen Verbänden „Staaten" bezeichnet, aber sie bestreiten, daß sich diese Staaten von den zweifellosen Nichtstaaten abgrenzen lassen. Sie vermögen in dem weiten Felde zwischen dem souveränen Staat und der Gemeinde keine festen Grenzmarken zu entdecken und ziehen es vor, den Staatsbegriff auf einen engeren, aber durch ein leicht erkennbares Merkmal sicher abzugrenzenden Kreis von Gebietsverbänden zu beschränken, als ihn durch ein vages Merkmal zerflattern zu lassen. Die Mehrzahl der Gelehrten vermag diesen Standpunkt nicht zu teilen. Sie meinen, es müßte sich der Begriff nach den realen Erscheinungen richten, und suchen eifrig nach den Grenzmarken. Aber fast jeder weiß ein anderes Merkmal zu nennen. Den meisten Anklang hat noch die „ursprüngliche Herrschergewalt“ gefunden.

Manche meinen, der ganze so lebhaft geführte Streit habe keinen praktischen Wert, er sei reine Theorie; ob die Wissenschaft oder die kommende Reichsverfassung die Glieder des Reiches „Staaten“ oder „Länder“ nenne, sie würden dadurch kein einziges Recht verlieren oder gewinnen, durch keine einzige Pflicht mehr oder weniger belastet werden.

Hierzu muß schon der Jurist ein Fragezeichen machen. Wo im Recht für Staaten schlechthin, also im Sinne des allgemeinen Begriffes Rechte und Pflichten begründet sind, muß in zweifelhaften Fällen doch auch der Praktiker sich zuerst über die Vorfrage schlüssig machen, was Staat ist, worin seine spezifische Differenz besteht. Wie vermöchte er anders zur Klarheit gelangen, ob in diesen Fällen die Berechtigungen und Verpflichtungen vorliegen?

Aber weit größer ist die praktische Bedeutung nach einer anderen Richtung.

Die Grundbegriffe des Staatsrechts stehen mitten im politischen Leben. Es gibt kein Staatsrecht ohne Politik, aber auch keine Politik ohne Staatsrecht. Die Kennzeichnung eines Gebildes als Staat ist von gewaltigster Tragweite für das Denken und Fühlen seines Volkes. Mag bei „Grenzfällen“ der juristische Unterschied eines gerade noch staatlichen Verbandes von dem nächsten nicht mehr staatlichen Gebilde noch so geringfügig sein, für das Denken und Fühlen der Masse des Volkes besteht die juristische Geringfügigkeit des Unterschiedes nicht, besteht der Verband nicht als ein geradenoch-Staat, als ein Grenzfall-Staat, sondern als ein Staat von der eindrucksvollen Größe und Machtfülle, wie es die

Regelerscheinung des Staates ist. In den Augen der Masse ist zwischen Staat und Nichtstaat stets ein himmelweiter Unterschied, ist auch der Grenzfall-Staat gegenüber dem nächsten Grenzfall-Nichtstaat nicht ein Plus, sondern ein Anderes. Für sie existiert eben nur die Regelerscheinung Staat, nicht der juristische Grenzfall. Solches Denken gibt der Kennzeichnung Staat im politischen Leben eine mächtig werbende Kraft. Sie geht beim Grenzfall-Staat weit über das hinaus, was durch seine juristische Bedeutung gerechtfertigt ist. Die Kennzeichnung gleicht hier einem Schlagwort, das eine über den inneren Wahrheitskern gewaltig hinauswirkende Stoßkraft hat. Das Volk eines einem Oberstaate unterstehenden Grenzfall-Staates fühlt als Volk eines Regel-Staates. Die Kräfte in ihm streben nach dem Regel-Staat, vielleicht uneingestanden und unbewußt, durchaus nichts Schlimmes gegen den Oberstaat wollend, aber doch immer in mindestens latentem Gegensatz zu ihm stehend. In schweren Stunden des Oberstaates können sie, weil eben immer vorhanden und wachgehalten, hervorbrechen, oft unwiderstehlich und das Leben des Oberstaates bedrohend.

Beim Grenzfall-Nichtstaat gilt Entsprechendes umgekehrt. Auch hier sieht das Volk nicht den geringen juristischen Unterschied vom Grenzfall-Staat. Es fühlt im Verhältnis zu dem den Nichtstaat umspannenden Staat grundsätzlich als Volk dieses Staates. Der Grenzfall-Nichtstaat ist ihm ein Nichtstaat wie jeder andere, vom Staate so fern wie die Regelerscheinung eines Nichtstaates, z. B. ein Kommunalverband, vom Regel-Staat. Es fehlen hier darum trotz der Grenzfalleigenschaft die gegen den umspannenden Staat strebenden Kräfte, die bei dem Grenzfall-Staat aus der Staatseigenschaft hervorquellen. Falls nicht besondere Gründe, z. B. nationale Verschiedenheit der Bevölkerung, einen Nährboden für zentrifugale Kräfte darbieten, wird daher in Stunden der Not des umspannenden Staates das Volk der eingegliederten Grenzfall-Nichtstaaten nicht auseinander-, sondern zueinanderstreben. Bestehen aber innerhalb eines Staates Grenzfall-Staaten und Grenzfall-Nichtstaaten nebeneinander, so wird wegen der Überschätzung der Staatseigenschaft bei jenen und der Unterschätzung der Nichtstaatseigenschaft bei diesen die Distanz zwischen beiden Arten vom Volke erheblich größer gesehen, als sie juristisch ist, und können hieraus auch in den Grenzfall-Nichtstaaten zentrifugale Kräfte entstehen. Denken wir nur an Elsaß-Lothringen. Es war vom Reich durch das Gesetz vom 31. März 1911 mit so weitgehender Autonomie ausgestattet, daß es sich juristisch nur in geringem Maße von den Einzelstaaten unterschied. Aber es war nach richtiger und allgemein herrschender Ansicht noch kein Staat, es war ein typischer Grenzfall-Nichtstaat. Das Volk Elsaß-Lothringens sah aber nicht den geringen juristischen Unterschied von den Einzelstaaten, es sah nur das Fehlen der Staatseigenschaft, es fühlte sich in weiter Distanz von den Einzelstaaten. Und so hatten die Einflüsterungen falscher Freunde leichteres Spiel. Das Geschenk des Reiches wurde nicht richtig gewürdigt, es hat die Reichsverdrossenheit nicht gemindert, eher gefördert.

Es ist nach dem Gesagten deutlich, daß auch in einem national einheitlichen Bundesstaate stets zentrifugale Kräfte bestehen; sie haben ihre Quelle in der Staatseigenschaft seiner Glieder. Das Vorhandensein dieser Kräfte ist also eine in der Natur des Bundesstaates begründete psychologische Tatsache. Sie fehlen dagegen im nationalen Einheitsstaate, auch wenn er ganz in Grenzfall-Nichtstaaten gegliedert ist. Indem letzteren die Staatseigenschaft abgeht, erscheinen die zentripetalen Kräfte des sie umspannenden Staates gestärkt.

Um sich gegen diese zentrifugalen Kräfte zu wehren, ist der Bundesstaat genötigt, Gegengewichte zu schaffen, soll er in den Zeiten der Not bestehen. Sie müssen um so stärker sein, je fundierter die zentrifugalen Kräfte und je gefährlicher seine internationale Lage und die aus ihr fließende Stärkung der zentrifugalen Kräfte sind. Daß bei unserem deutschen Bundesstaat, gelegen im Herzen von Europa und umgeben von einem Kranz feindlich gesinnter Mächte, die internationale Lage die denkbar ungünstigste wie bei keinem anderen Staate der Welt ist und darum die zentrifugalen Kräfte in ihm weit gefährlicher als in jedem anderen Staate sind, bedarf keiner Hervorhebung. Haben die Gegengewichte, die die Staatskunst Bismarcks eingerichtet hat, auch bis zur Novemberrevolution ausgereicht, so sind sie durch diese Revolution und ihre Folgen zum Teil schon zerstört worden. Die Friedensbedingungen haben weiteres dazu beigetragen. Daher muß es den auf die politische Einheit des deutschen Volkes Bedachten mit besonderer Besorgnis erfüllen, daß man dahin strebt, einen Grundpfeiler der deutschen Einheit, die Großmacht Preußen zu zerstören, ohne für gleichwertigen Ersatz des schon Zerstörten und noch zu Zerstörenden zu sorgen. Soll die politische Einheit des deutschen Volkes nicht über kurz oder lang den Weg seiner Größe gehen, soll der von Schranken befreite Staatenpartikularismus nicht zerstören, was der zügellose Klassenpartikularismus noch übrig läßt, und damit die Grundlage zu neuem Aufstieg endgültig zertrümmert werden, so müssen die zentrifugalen Kräfte gebändigt, vernichtet werden.

Nicht, daß jeder Partikularismus zu beseitigen ist! Solche geistlose, undeutsche Nivellierung ist durchaus abzulehnen. Der Partikularismus hat aber Existenzberechtigung nur innerhalb der politischen Einheit des deutschen Volkes und, soweit er sie nicht gefährdet. Gefährlich ist er ihr aber in der politischen Auswirkung und Gestaltung von partikularen Staaten. Die Staatseigenschaft der partikularen Glieder ist die Quelle zentrifugaler Kräfte. In ihr liegt eine über die juristische Grundlage weit hinausgehende, der Zentralgewalt gegensätzliche Stoß- und Werbekraft. Diese Quelle muß verstopft werden. Es müssen nicht die Glieder, aber die Staatseigenschaft der Glieder beseitigt, eine capitis deminutio vorgenommen werden; und zwar bei allen Gliedern, nicht etwa bloß bei Preußen; sonst würden die zentrifugalen Kräfte selbst in den neuen Grenzfall-Nichtstaaten nicht beseitigt. Wir sehen keinen anderen Weg, die zerstörten und noch zerstört werdenden Bismarck'schen Grundpfeiler der Reichseinheit gleichwertig zu ersetzen. Die Losung für die Gliederung unseres Reiches muß sein: nicht Grenzfall-Staaten, sondern Grenzfall-Nicht-

Staaten. Der Staatscharakter darf allein der politischen Einheit des ganzen deutschen Volkes, dem Reiche gehören. Wir Deutsche müssen uns als Volk nur eines Staates fühlen und denken. Den Gliedern sollen so weite Befugnisse verbleiben, daß sie an der Grenze der Nichtstaaten stehen; aber sie sollen nicht diese Grenze überschreiten, nicht Staaten sein. Damit werden dem politischen Partikularismus die gefährlichen Eckzähne ausgebrochen. Die nationale Erziehung, die bei keinem Staate fehlen darf und vor allem auch den übertriebenen Klassenpartikularismus zu bekämpfen hat, muß hiermit natürlich Hand in Hand gehen; wichtige Hindernisse für sie werden durch die capitis deminutio beseitigt.

Ein verheißungsvoller Anfang auf dem bezeichneten Wege ist gemacht. Der Verfassungsausschuß der Nationalversammlung hat am 6. März dieses Jahres beschlossen, in der neuen Reichsverfassung die Glieder des Reiches nicht „Staaten", sondern „Länder" zu nennen und das Plenum hat diesem Beschluß zugestimmt (jetzt Art. 2 RV). Es ist nur ein Anfang in der Terminologie, aber, wer die Abhängigkeit des Denkens von der Sprache kennt, wird ihn zu würdigen wissen. Soll jedoch der Umtaufung ein voller Erfolg in unserem Sinne beschieden sein, so muß einmal auch den Gliedern jede Verwendung des Wortes Staat für ihre Tätigkeit untersagt werden und muß vor allem dem Worte der Begriff entsprechen. Die bloße Umtaufung ändert noch nicht den begrifflichen Inhalt der realen Erscheinung, zwingt die Wissenschaft noch nicht zur Nachfolge. „Hinsichtlich der wissenschaftlichen Sprache bleibt eben das Caesar non supra grammaticos! nach wie vor in Geltung"[1]. Solange diese die „Länder" noch als Staaten bezeichnet, wird die volle Wirkung des Wortes auf das Denken und Fühlen des Volkes hintenangehalten werden. Es muß daher vom Reich die Verfassung der Glieder so gestaltet werden, daß sie auch keine Staaten im Sinne des allgemeinen Staats-

1) Bergbohm Jurisprudenz und Rechtsphilosophie 1892 S. 55; über die Bedeutung der Terminologie für die Wissenschaft siehe seine eindringlichen Ausführungen S. 37 ff.

begriffes sind. Damit ist eine Grundfrage unseres politischen Lebens verknüpft mit der Grundfrage der Staatstheorie: Wo hört der Staat auf und beginnt der Nichtstaat?

Die Lehre, die die Souveränität als Merkmal des Staatsbegriffes aufstellt, wird sagen, daß die Einzelstaaten des Bundesstaates in Wahrheit keine Staaten seien; die Umtaufung genüge, sie bringe nur die gesetzliche Terminologie in Einklang mit der wissenschaftlichen. Klar und einfach ist ihr Merkmal allerdings. Aber ihr Begriff umfaßt nicht die Gesamtheit der realen Erscheinungen, die allgemein als Staaten bezeichnet werden. Das Begreifen muß sich nach dem Sein richten. Dieses ist der objektiv giltige Maßstab, an dem die Richtigkeit einer Begriffsbildung zu messen ist[1]). Nur dann wäre die Wissenschaft an den Sprachgebrauch nicht gebunden, wenn sich die von ihm als Staaten bezeichneten nichtsouveränen Gebilde von den zweifellosen Nichtstaaten nicht unterscheiden ließen. Daß es keine Unterschiede gäbe, kann jener Lehre mit der herrschenden Ansicht nicht zugestanden werden.

Freilich, was bisher als die spezifische Differenz des Staates behauptet worden ist, befriedigt alles nicht restlos. Das Merkmal ist entweder zu eng gefaßt, indem es nicht alle Staaten umschließt, oder zu weit, indem es auch auf zweifellose Nichtstaaten zutrifft, oder zu unbestimmt, so daß es keine klare Vorstellung vermittelt.

Auch das Merkmal der „ursprünglichen Herrschergewalt" macht keine Ausnahme. So häufig man es auch verwendet, so finden wir es doch bei keinem Schriftsteller näher erklärt. Einzig Redslob macht einen großangelegten Versuch. Man behandelt den Ausdruck, als habe er nur einerlei, allgemein anerkannte Bedeutung. Prüfen wir aber seine Verwendung bei den einzelnen Schriftstellern, so lassen sich drei verschiedene Bedeutungen feststellen, die vielfach nicht erkannt und auseinandergehalten werden, so daß die um den Staatsbegriff Streitenden aneinander vorbeireden. Einmal wird der Ausdruck „ursprüngliche Herrschergewalt" im Sinne

1) Vgl. über die Begriffsbildung Bergbohm a. a. O. S. 79 ff. 83 ff.

von souveräner Herrschergewalt gebraucht; ihr Gegensatz, die „abgeleitete“ Herrschaft, bezeichnet dann die Herrschaft jedes nichtsouveränen Gebildes [1]). Andere bedienen sich dieser Ausdrücke, um die Art der geschichtlichen Herkunft der Herrschaftsverfassung zu bezeichnen. Abgeleitet ist die Herrschaft, die durch Akte ihrer Vorbesitzer begründet worden ist, und ursprünglich jede auf ungesetzlichem oder außergesetzlichem Wege entstandene Herrschaft. Endlich wird ohne Rücksicht auf die geschichtliche Herkunft ursprüngliche Herrschaft diejenige benannt, die in ihrer Geltung auf dem eigenen Willen des herrschenden Verbandes beruht, und als abgeleitete diejenige, die sich auf den Willen einer übergeordneten Macht gründet. Diese dritte Bedeutung meinen die Meisten, wenn sie von der ursprünglichen Herrschaft als der spezifischen Differenz des Staates sprechen. Dieses Merkmal ist dort gegeben, wo dem herrschaftlichen Verband die Macht zukommt, seine (materielle) Grundverfassung durch eigene Normen zu regeln, kurz ausgedrückt, wo ihm die Verfassungsautonomie zusteht. Dieses Merkmal finden wir bei allen nichtsouveränen Verbänden, die allgemein als Staaten bezeichnet werden. Beim souveränen Staat ist es schon in der Eigenschaft seiner Souveränität mitenthalten. Verfassungsautonomie, ursprüngliche Herrschaft in diesem Sinne, muß daher als ein wesentliches Merkmal des den souveränen und den nichtsouveränen Staat umfassenden Staatsbegriffes angesehen werden.

Aber es ist für sich allein noch nicht ausreichend. Es läßt noch manchen zweifellosen Nichtstaat hindurchschlüpfen. Damit auch dieser Rest eingefangen wird, muß zur Verfassungsautonomie noch ein gewisser Umfang, eine gewisse Quantität von Herrschergewalt hinzukommen. Beide Merkmale, Verfassungsautonomie und Fülle von Herrschaftsfunktionen, müssen zusammentreffen, damit ein Gebietsverband als Staat erscheint. Der mit der souveränen Herrschergewalt ausgestattete Gebietsverband ist stets

2) So Zorn Neue Beiträge zur Lehre vom Bundesstaat in Annalen des deutschen Reiches 1884 S. 469; Staatsrecht 2. Aufl. I S. 80.

Staat, er ist Staat in der höchsten Vollendung. Der nicht-souveräne Gebietsverband ist nur Staat, wenn er in seinem Gesamteindruck dem Gesamtgepräge des souveränen Staates entspricht. Dieses Gesamtgepräge wird aber charakterisiert durch das Zusammentreffen von Verfassungsautonomie und Fülle von Herrschergewalt. Dieses Zusammentreffen und dadurch charakterisierte Gesamtgepräge finden wir bei keinem zweifellosen Nichtstaat. Aus dem souveränen Staat, der schon durch die Souveränität seiner Herrschergewalt stets als Staat gekennzeichnet wird, entnehmen wir den objektiven Maßstab für die nähere Bestimmung des sonst schwer abgrenzbaren Merkmals der Fülle von Herrschergewalt beim nichtsouveränen Gebietsverband. Dieser muß ein solches Maß von Herrschergewalt haben, wie es im allgemeinen der souveräne Staat besitzt.

Vorstehende Andeutungen über den Staatsbegriff, genauer über die spezifische Differenz des Staates modernen Gepräges müssen hier genügen. Die nähere Darlegung und Begründung haben wir an einer anderen Stelle gegeben und dort auch zu den abweichenden Ansichten Stellung genommen[1]). Hierauf müssen wir verweisen.

Sollen hiernach die Glieder des Reiches keine Staaten sein, so ist nur erforderlich, daß es ihnen eines der beiden Merkmale nimmt: Die Verfassungsautonomie oder soviel an Herrschergewalt, daß die verbleibende Herrschaft an Umfang hinter dem dem souveränen Staat im allgemeinen zukommenden Umfange zurücksteht.

Man könnte nun fragen, ob nicht schon der Artikel 16 des Regierungsentwurfes, jetzt Art. 17 der neuen Reichsverfassung dieser Forderung genüge. Er lautet: „Jedes Land muß eine freistaatliche Verfassung haben. Die Volksvertretung muß in allgemeiner, gleicher, unmittelbarer und geheimer Wahl von allen reichsdeutschen Männern und Frauen nach den Grundsätzen der Verhältniswahl gewählt werden. Die Landesregierung bedarf des Vertrauens der Volksvertretung.“ Er macht

1) Meine demnächst erscheinende Abhandlung Der Gesetzesbegriff nach preußischem Staatsrecht. Zugleich ein Beitrag zum Begriff des Staates und Problem des Völkerrechts. Vierter Abschnitt.

den Gliedern grundlegende Vorschriften über ihre Staatsform. Aber diese Bestimmungen bedeuten nur eine Beschränkung und keine Aufhebung der Verfassungsautonomie. Derartige Beschränkungen finden wir auch in der Bundesverfassung der Vereinigten Staaten von Amerika, in der schweizerischen Verfassung und selbst in der bisherigen Reichsverfassung; durch Artikel 11 war hier Preußen verpflichtet, dem Reich in seinem König jederzeit den Kaiser zu stellen, also seine monarchische Verfassung beizubehalten[1]). In allen diesen Fällen ist es noch immer der Wille des Gliedstaates, der die Verfassung errichtet und im einzelnen bestimmt. Sie ist und bleibt *sein* Gesetz; die durch die Verfassungsnormen geregelte Herrschaft hat ihren Geltungsgrund in *seinem* Willen.

Soll von einer Verfassungsautonomie nicht mehr gesprochen werden, so muß noch ein Schritt weiter gegangen werden. Die Verfassung des Gliedes muß den Charakter eines Reichsgesetzes haben. Ein Beispiel solchen Grenzfall-Nichtstaates, dem von jenen beiden Merkmalen nur eines und zwar die Verfassungsautonomie fehlte, bildete Elsaß-Lothringen in seinem letzten Entwickelungsstadium. Es besaß eine Fülle von Herrschergewalt, die hinter der eines Einzelstaates in keiner Weise zurückstand. Aber diese Herrschergewalt beruhte nicht auf eigenem Willen, sondern auf dem des Reiches, seine Verfassung war nicht eigenes, elsaß-lothringisches Landesgesetz, sondern Reichsgesetz, es konnte nur durch Reichsgesetz geändert und aufgehoben werden. Um den deutschen Einzelstaaten ihre Staatseigenschaft zu entziehen, ist es nicht notwendig, daß das Reich durch Reichsgesetz jedem eine neue Verfassung gibt, es genügt eine Reichsgesetzesbestimmung, daß ihre vorhandenen Verfassungen künftighin als Reichsgesetz anzusehen sind und nur in Form eines Reichsgesetzes geändert werden dürfen. Hierbei kann ihnen auf solche Änderungen ein weitgehender Einfluß eingeräumt werden, so z. B. das Recht,

---

1) R. *Smend* Ungeschriebenes Verfassungsrecht im monarchischen Bundesstaat in der Festgabe f. O. *Mayer* 1916 S. 256.

sie vorzuschlagen und vorzuberaten; es kann bestimmt werden, daß eine Änderung nur auf Verlangen des Gliedverbandes vorzunehmen oder gebunden ist an das Einverständnis seiner Bevölkerung in Form eines Referendums, u. a. m. Solange noch die Form des Reichsgesetzes erforderlich ist, bleibt die Verfassung Reichsgesetz, fehlt also den Gliedern des Reiches die Verfassungsautonomie, sind sie keine Staaten, sondern Grenzfall-Nichtstaaten. Hand in Hand damit muß natürlich bestimmt werden, daß die Glieder den Namen Staat in keiner Beziehung mehr gebrauchen, nur „Land" sich nennen dürfen. Dann stimmen gesetzliche Ausdrucksweise und wissenschaftlicher Begriff überein.

Daß die Herrschaftsverteilung zwischen Reich und Gliedern nicht die gleiche wie bisher bleiben kann, daß insbesondere die Machtmittel: Heer und Eisenbahnen ausschließlich Reichssache sein müssen, bedarf heute keiner Hervorhebung und Begründung mehr[1]) und wird allseitig eingesehen. Aber die Minderung der Herrschaft wird nach dem gegenwärtigen Stande der Verfassungsfrage[2]) nicht so weit gehen, daß das Merkmal der Fülle der Herschergewalt und damit schon die Staatseigenschaft wegfällt. Die „Länder" sind vielmehr heute durchaus noch Staaten im Sinne des allgemeinen Begriffes. Jedoch ist die Entwickelung im Sinne einer weiteren Minderung der Herrschaft noch in vollem Fluß.

Der auf dem Gebiete der Politik sich fortsetzende Kampf geht um die Seele der deutschen Stämme. Sie muß dem Reich gehören. Da bildet die Staatseigenschaft der Glieder ein wahres Bleigewicht. Dieses muß abgeworfen werden, das heißt die Verfassungsautonomie muß beseitigt oder die Fülle der Herrschergewalt unter das dem Staate eigene Maß gemindert werden.

Ein solches Gebilde steht hart an der Grenze des Nichtstaatsbegriffes zum Staatsbegriff hin. Mit staatsrechtlicher Lupe muß der Unterschied gesucht werden. Das ist bei

---

1) Vgl. E. Kaufmann Zur neuen Reichsverfassung im roten Tag 1919 Nr. 43.

2) Unten S. 174 Note 1.

allen juristischen Grenzfällen so. Groß ist aber die psychologisch-politische Bedeutung. Nicht der feine Unterschied, das hart an der Grenze stehen, sondern der Regelfall des Begriffes regiert das Denken und Fühlen der Masse. Und das ist ausschlaggebend.

Die große Bedeutung, die der richtigen Bestimmung der „ursprünglichen Herrschergewalt“ für den Staatsbegriff und das politische Leben zukommt, liegt klar vor Augen. Wer noch im Zweifel sein sollte, den mögen die Ergebnisse und Folgerungen einer Auffassung dieses Begriffes lehren, zu der wir nunmehr Stellung nehmen wollen als dem einzigen in die Tiefe gehenden Versuch, ihn zu erklären, zu der Theorie Redslobs in seinem Buche: Abhängige Länder. (Eine Analyse des Begriffs von der ursprünglichen Herrschergewalt. Zugleich eine staatsrechtliche und politische Studie über Elsaß-Lothringen, die österreichischen Königreiche und Länder, Kroatien-Slavonien, Bosnien-Herzegowina, Finnland, Island, die Territorien der nordamerikanischen Union, Kanada, Australien, Südafrika. Leipzig 1914.)

Redslob sucht mit diesem Begriff gewisse Grenzfall-Nichtstaaten zu erfassen, die er „abhängige Länder“ nennt. „Es gibt“, sagt er, „über die Welt verstreut, eine Reihe von politischen Gebilden, die mehr oder minder vollkommen die äußere Form von Staaten besitzen, die aber keine Staaten sind, weil sie keine eigne Herrschaft haben, sondern einer fremden Herrschaft unterstehen“. Es haftet an diesen „abhängigen Ländern ein aktuell diplomatisches und ein doktrinär staatstheoretisches Interesse. Ein aktuell diplomatisches Interesse — Elsaß-Lothringen ist heute der Angelpunkt der Weltpolitik. . . . . . . Ein doktrinär staatstheoretisches Interesse. — Wer die Natur des abhängigen Landes erfaßt, der tut auch einen Blick in die Seele des Staates. . . . . Das abhängige Land wird ihm einen wertvollen Prüfstein bedeuten für die richtige Erfassung staatlichen Seins. Er wird erkennen, daß der Staat an einer Grundtatsache haftet und an keiner anderen: an der ursprünglichen Gewalt. . . . Und vielleicht wird diese Betrachtung auch einiges Licht hineinwerfen in das diplomatische Problem, dessen Würdigung und Lösung die Grenzen der staatstheoretischen Wissenschaft überschreitet" [1]). Diese Grundtatsache sucht er „durch eine psychologisch-politische Studie zu analysieren". [2])

Bevor wir in seine Analyse eindringen, seien hier einige Ergebnisse und Folgerungen seiner Theorie vorweggenommen, die ihre politische Tragweite so recht deutlich hervortreten lassen. „Abhängige Länder sind unfreie Länder. Denn was ist Freiheit? Es gibt kaum einen Namen, so edel und so oft mißverstanden und mißbraucht." „Die Freiheit besteht darin, daß man eigenen Gesetzen gehorcht, Gesetzen, die man selber will, ins Leben ruft, stärkt und beschirmt. Unfrei ist, wer den Zwang fremden Gesetzes erleidet. . . . Unfrei sind die Völker widerstreitender Provinzen. . . . Unfrei sind auch die Völker abhängiger Länder, nur in einer anderen Form, indem sie nicht zermalmt werden wie jene im gewaltigen Prozeß der Bildung selber, durch die Gewalt im Entstehen, sondern durch die in sich fertige, fremde Gewalt. Unfrei ist Elsaß-Lothringen". [3]) Die Reichsgewalt ist in Elsaß-Lothringen eine „fremde Gewalt"; sie gebietet über ein „fremdes Volk" [4]). „Sie lastet auf diesem Volke und baut sich doch auf diesem Volke nicht auf". „Elsaß-Lothringen wird nur beherrscht, das Volk im Staat aber herrscht zugleich" [5]). „Das abhängige Land liegt außerhalb des Staates" [6]). Elsaß-Lothringen ist „nicht integrierender Bestandteil des Reiches" [7]). „Dem abhängigen Land wird eine Herrschaft aufgezwungen; und das muß sich in der psychologischen Verfassung der Untertanen widerspiegeln. Wenn auch nicht gerade das Streben vorhanden ist, sich von dem herrschenden Staate loszureißen, so ist doch immer das Bewußtsein wach, daß man einer fremden Gewalt gehorcht, daß man ein minderes Recht besitzt. In jedem abhängigen Land liegt eine zentrifugale Kraft" [8]).

Wer fühlt nicht die psychologisch-politische Wirkung einer solchen staatstheoretischen Kennzeichnung! „Unfreies",

1) S. 1 f.
2) S. 349.
3) S. 350 f. 4) S. 123. 5) S. 124. 6) S. 125. 7) S. 126. 8) S. 141.

„fremdes“, „nur beherrschtes Volk“, dem „eine Herrschaft aufgezwungen wird,“ das ein „minderes Recht“ besitzt! Wie müssen solche Worte, von hoher staatsrechtlicher Warte gesprochen, auf die breite Masse eines solchen Volkes wirken, zumal auf ein Volk, das so im Mittelpunkt der Weltpolitik steht und so von unseren Feinden umworben war, wie unser elsaß-lothringischer Volksteil! Welche Seelenverfassung müssen sie erzeugen, wenn sie richtig wären und das Volk von ihnen durchdrungen würde! „Unfreies Volk“ mit „aufgezwungener Herrschaft“ und geknechtetes Volk, wie nahe liegt beides beieinander! Die Masse des Volkes wird keinen Unterschied machen. Wäre die Theorie Redlobs für Elsaß-Lothringen richtig, so wäre es höchste Pflicht unserer verantwortlichen Staatsleiter gewesen, den staatsrechtlichen Zustand dieses Landes abzuändern und diesem Teil unseres Volkes eine staatsrechtliche Stellung zu geben, die es als Volk von unserem Volke beanspruchen durfte und mußte. Staatstheoretische Kennzeichnung und Seelenverfassung des Volkes stehen in engster Wechselbeziehung. Redslob hat schöne und treffende Worte dafür gefunden und es an manchem Beispiel gezeigt. Staatsmänner haben diese Zusammenhänge wohl zu beachten. Es ist ihre hohe Aufgabe, die Seele des Volkes zu studieren und zu leiten. Sie müssen die volkspsychologischen Wirkungen staats- und völkerrechtlicher Begriffe, Institute und Kennzeichnungen einzuschätzen wissen. Sie müssen wissen, daß das Denken und Fühlen der breiten Masse sich nach dem Regelfall orientiert, auch bei Grenzfällen, und es verstehen, wenn die Politik es erfordert, durch Grenzfälle die werbende Kraft des Regelfalles nutzbar zu machen.

Die Theorie Redslobs heischt dringend einer Nachprüfung, schon um der Auslegung vorzubeugen, als könnten die des Staatscharakters zu entkleidenden „Länder“ des Reichs „abhängige Länder“ im Sinne dieser Theorie sein. Es ist Redslob zuzugeben, daß es „abhängige Länder“ in seinem Sinne gibt; wir denken nur an manche koloniale Gebilde. Aber er hat die Grenzen des Begriffs nicht scharf und richtig gezogen. Es ist, wie wir sehen werden, nicht richtig, daß Elsaß-Lothringen zu ihnen gehört. Damit ist auch gesagt, daß die deutschen „Länder“ nach Verlust ihrer Staatseigenschaft nicht zu ihnen gehören würden.

Redslob wirft auch einen Blick in die Zukunft Elsaß-Lothringens. „Es bleibt übrig, das Problem zu betrachten, wie Elsaß-Lothringen zu einem Gliedstaat im Reiche umgestaltet werden kann“ [1]). „Bald wird man in Elsaß-Lothringen vor einer solchen Aufgabe stehen“ [2]). Aus seinem Prinzip der ursprünglichen Gewalt folgert er auch „die Formen, in denen ein abhängiges Land in einen Staat verwandelt werden kann.“ Stellen wir sein Ergebnis schon hierher: Die Gründung des elsaß-lothringischen Staates kann nicht geschehen durch das Reich, sondern nur „unabhängig vom Reichsgesetz, durch die Tat des elsaß-lothringischen Volkes“ in korrekter Weise durch Volksbeschluß [3]).

Die weittragende politische Bedeutung auch dieser Folgerung springt in die Augen. Zusammenhänge mit dem politischen, so oft als rechtlich ausgegebenen Prinzip der Selbstbestimmung der Völker werden offenbar. Ist Redslobs Folgerung staatstheoretisch richtig? Sind mit ihr nicht schon die „heiligen Schranken“, wo die Wissenschaft vom Staat ihr Ende hat und das Reich der politischen Kunst beginnt [4]), überschritten worden? Politisch wird der von ihm gewiesene Weg in zahlreichen Fällen angebracht sein. Bei demokratischen Staatswesen ist er eine notwendige Folgerung des hier herrschenden „demokratischen Prinzips.“ Wer hätte nicht gewünscht, daß die großen westlichen Demokratien dieses ihr Prinzip, den Redslobschen Weg, in den Friedensbedingungen, die sie uns und anderen aufgezwungen haben, bei den vielen sich darbietenden Fällen angewendet hätten!

Das Schicksal hat es mit Elsaß-Lothringen anders gewollt. Sein Volk ist nunmehr ein fremdes Volk in fremdem Staat. Redslob ist der Sohn dieses alten deutschen Stammes [5]). Er ist nach dem Einrücken unserer Feinde vom Rostocker

---

1) S. 142. 2) S. 313.
3) S. 316; siehe unten S. 200 f. 4) S. 318. 5) S. 65.

Lehramt hinweg nach Straßburg geeilt. Geben wir uns der Hoffnung hin, daß er die Idee des elsaß-lothringischen Staates, gegründet durch Volksbeschluß, dort weiterhin vertrete und mit der ihm eigenen zwingenden Beredsamkeit verkünde, daß diese Idee sich ausbreite und die ganze Welt erobere, daß sie Tat werde und das freigewordene elsaß-lothringische Volk frei über seine Zugehörigkeit zum angestammten deutschen Volk beschließe! Dann wird die elsaß-lothringische Frage, der Angelpunkt der Weltpolitik, verschwinden.

Wenden wir uns nun seiner Analyse zu [1]).

II.

Redslob sucht durch eine psychologisch-politische Analyse die Frage zu lösen, „welche Kräfte das Gemeinwesen zusammenhalten" [2]), und von dieser Seite aus den Begriff der ursprünglichen Herrschaft in seiner Bedeutung für den Staatsbegriff zu erfassen. Sehen wir zu, ob seine Deutung des Begriffs es ermöglicht, die Staaten von den Nichtstaaten zu unterscheiden.

Er beginnt: „Zu einem Staat gehört vor allem ein Volk und ein Land. Notwendig ist weiter eine Herrschaft über das Volk in den Grenzen des Landes" [3]). Der Begriff der Herrschaft wird näher auseinandergelegt: „Die Herrschaft ist ein psychologisches Phänomen. Die Herrschaft ist Autorität, geistige Macht. Sie wird unter anderen regelmäßig dazu verwendet, um physischen Zwang zu erwirken" [4]). „Der psychische Zwang schöpft seine Kraft in der Einsicht der Genossen, daß der Gehorsam Vorteil bringt und daß der Mangel einer Herrschaft unnützes Mühen, Verschwendung der Kraft und stete Gefahr des Unterganges

1) Die Ausführungen zu I sind Ende Juni 1919, die zu II 1½ Jahre vorher niedergeschrieben. Letztere waren gedacht als Exkurs zum Abschnitt Staatsbegriff meiner schon erwähnten, seit einem Jahre abgeschlossenen Abhandluug. Die in ihnen vertretenen Auffassungen über den Staat und die Normennatur des Gesetzes und Rechts haben dort ihre nähere Begründung gefunden.

2) S. 49. 3) S. 2 f. 4) S. 6 f.

bedeutet" [1]). „Die Herrschaft, obwohl ihrem Wesen nach Autorität, geistige Kraft, ist auch als solche nur lebensfähig, wenn sie die nötige Intensität, den nötigen Umfang besitzt, um über eine physische Macht zu gebieten, groß genug, um die Gegner niederzuhalten" [2]). „Der Herrscher bedarf der physischen Macht, um sich zu behaupten. Ohne sie vermag er seinen Willen nicht durchzusetzen. Daraus folgt, daß eine Herrschaft nur solange aufrecht bleiben kann, als sie die stärkere Partei auf ihrer Seite hat" [3]). „Diejenige Herrschaft wird bestehen, die den stärkeren Anhang gewinnt" [4]). „Wenn wir sagen, daß die Herrschaft der Unterstützung durch den stärkeren Teil des Volkes bedarf, so sagen wir damit, daß dies Verhältnis nicht nur in den großen Linien, sondern in jedem einzelnen Punkt staatlicher Tätigkeit nötig ist" [5]). „Eine Herrschaft, die sich in einer gegebenen Zeit in einem Land behauptet, so können wir zusammenfassen, hat darin ihren Grund, daß die Bewohner des Landes in ihrer stärkeren Mehrheit zu ihr halten, weil sie für die gemeinsamen Interessen größeren Vorteil von ihr erwarten, als von einer Änderung der gegebenen Zustände" [6]). „Die Wahrheit, daß die Menschen sich im Staate einer Herrschaft unterwerfen, ist gleichbedeutend mit dem Satz, daß sie einem System von Normen Gehorsam leisten" [7]). „Denn ohne Normen ist eine Herrschaft nicht möglich" [8]).

Lassen wir diese Sätze Redslobs einmal gelten. Hiernach ist Bedingung der Herrschaft über eine Vielheit von Menschen, daß der Normensetzer genügend Menschen für sich zu gewinnen weiß, auf die er sich stützen kann, um auch die etwa widerstrebenden Willen zu beugen, um „Herrscher" zu werden. Diese „stärkere Partei", „stärkere Mehrheit", „stärkere Anhang", „stärkere Teil des Volkes" oder, wie Ausdrücke Redslobs sonst lauten mögen, bildet also ein wesentliches Element der Herrschaft über eine Vielheit von Menschen. Indem es zu dem Element Normensetzer hinzutritt, erlangen dessen Normen Kraft, Autorität. Man darf

1) S. 11. 2) S. 14 f. 3) S. 15. 4) S. 12. 5) S. 16. 6) S. 18. 7) S. 26. 8) S. 19.

sich das nicht etwa so vorstellen, daß die „stärkere Partei" die Herrschaft geschaffen, dem Normensetzer die Herrschaft verliehen habe, gleichwie etwa der Gesetzgeber eine Körperschaft errichtet. Solche Vorstellung erhebt die „stärkere Partei" zu einem außerhalb und unabhängig vom Normensetzer bestehenden und einen einheitlichen Willen äußernden Gebilde. Das ist sie aber keineswegs. Die „stärkere Mehrheit" setzt vielmehr den Normensetzer notwendig voraus, sie ist ohne ihn gar nicht vorstellbar. Er schafft erst die Grundlage, gibt erst die Veranlassung zu ihrer Bildung, er sammelt seinen „Anhang" um sich und wird, sobald dieser stark genug ist, damit zum Herrscher nnd grenzt sich das „Volk" ab. Ein schaffender einheitlicher Willensakt dieses Anhangs läßt sich gar nicht nachweisen. Die „stärkere Mehrheit" bezeichnet nur einen sozialpsychologischen Zustand, der gegeben sein muß, damit der Normensetzer „Autorität" hat. In „dem verleihenden Willen der stärkeren Partei" wird dieser Zustand gedanklich von seiner Voraussetzung, dem Normensetzer, getrennt, verselbständigt und personifiziert. Der Ausdruck ist bestenfalls ein Bild, eine Metapher, aber keine Erklärung oder „Analyse" der Herrschaftserscheinung. Die „stärkere Mehrheit" erfüllt nicht nur die Verfassungsnormen, sondern auch die sonstigen Normen des Normensetzers und der ihm untergeordneten Instanzen und Körperschaften, kurz die Totalität der dem herrschenden Willen unterstellten Normen mit Autorität. Das Verhältnis ist zu allen diesen Normen das gleiche.

Bei Redslob wandelt sich die „stärkere Mehrheit" oft in jenen errichtenden oder „verleihenden Willen der stärkeren Mehrheit" oder „schaffenden Willen der Gehorchenden". Er mag dies als Bild gemeint haben. Er ist aber der Macht des Bildes gerade an den entscheidenden Stellen erlegen, indem er aus ihm weittragende und bedenkliche Folgerungen zieht.

Er führt aus, zunächst den Begriff der Körperschaft bestimmend: „Es gehört nicht zu den Bedingungen staatlicher Herrschaft, daß die Individuen, welche die stärkere Mehrheit zusammensetzen, und die Individuen, welche die Träger der Herrschaft sind, ihre Identität bewahren. Es liegt in der Natur der Dinge, daß diese Individuen wechseln. .... Es ist nur eines notwendig: daß immer eine Zahl im Volk das Übergewicht bilde und eine bestimmte Reihe von Persönlichkeiten im Besitz der Macht beschirme".[1]) „Um mit einer einzigen Vorstellung verständlich zu machen, daß die Menschen wechseln, daß die Institution der Herrschaft aber bleibt, beschreibt man diese komplizierten Tatsachen einfacher in der Weise, daß man die Gewalt einem dauernden Subjekte zuspricht, dem Staate selber als einer Gesamtperson, dem Staat als einer Körperschaft. .... Die Gewalt gehört dem Staat als einer Körperschaft, das bedeutet: 1. Die Herrschaft gründet sich darauf, daß die stärkere Mehrheit des Volkes denjenigen die Gewalt verleiht, welche bestimmte Voraussetzungen erfüllen, die in einer dauernden Regel niedergelegt sind. 2. Die Träger der Herrschaft, die Repräsentanten der stärkeren Mehrheit, die Untertanen wechseln, dieser Wille einer stärkeren Mehrheit aber bleibt".[2]) „Die Eigentümlichkeit der staatlichen Körperschaft, daß die gebietende Gewalt in dem Willen der stärkeren Mehrheit ihren letzten Ursprung hat, kehrt bei keiner anderen Körperschaft wieder. Die staatliche Körperschaft selbst ist wohl zu unterscheiden von den Körperschaften, die durch den Staat gebildet werden! .... Die staatliche Gewalt kann sich in der Weise betätigen, das Recht kann in der Weise aufgebaut sein, daß Gewalt und Recht in andere Hände weiter übertragen werden. Es entsteht ein Gegensatz zwischen denjenigen, die ursprünglich durch den Willen der stärkeren Partei zu Herrschern eingesetzt sind, und denjenigen, welche delegierte Macht besitzen. Und hier sind wieder zwei Alternativen möglich. Der Gewalthaber sekundärer Natur ist entweder bloßes Werkzeug eines ursprünglichen Gewalthabers. Er hat seine Macht in der Weise auszuüben, wie der ursprüngliche Gewalthaber es ihm befiehlt. ... In diesem ersten Fall haben wir es nicht mit einer neuen Körperschaft zu tun. ... Oder

1) S. 34. 2) S. 35.

die zweite Alternative: Dem Gewalthaber sekundärer Natur ist ein selbständiger Wirkungskreis verliehen; er kann in bestimmten Grenzen seinen Willen frei entfalten. . . . Und weiter, die Macht wird ihm nicht in seiner ureignen Person übertragen, sondern nur als dem Träger einer dauernden Institution. Betrachten wir das neue Verhältnis, so erkennen wir gleich, daß der neue Gewalthaber in ähnlicher Weise wie der ursprüngliche über die Untertanen gebietet. . . . Erstens, jemand übt eine Gewalt dank einer Institution, die durch einen höheren Willen geschaffen ist. Zweitens, die Träger der Gewalt und die Untertanen wechseln, jedoch der höhere Wille bleibt, und mit ihm die Institution, die er trägt. Soweit gehen die Ähnlichkeiten. Aber zugleich erkennen wir den fundamentalen Unterschied, der zwischen beiden Systemen der Gewaltübung besteht. Der höhere Wille, aus welchem sich die neu geschaffene Gewalt herleitet, ist ein völlig anderer als derjenige, der die ursprüngliche Gewalt ins Leben ruft. Die Gewalt in der staatlichen Körperschaft ruht auf dem Willen der stärkeren Mehrheit des Volks; die Gewalt in der neu gebildeten Körperschaft hingegen ruht auf der ihr vorausgehenden und bereits organisierten staatlichen Gewalt. . . . Der neue Begriff der Körperschaft weist auf den bereits organisierten staatlichen Willen als den Ursprung der Gewalt". [1]) Kurz gesagt: Die ursprüngliche Herrschergewalt der Körperschaft ist durch den „Willen der stärkeren Partei des Volkes", die abgeleitete durch den Willen der ursprünglichen Herrschergewalt errichtet.

Im ersten Falle gebraucht Redslob ein Bild. Das wird besonders deutlich an dem Beispiel der deutschen Reichsgewalt. Sie ist auch nach Redslob [2]) ursprüngliche Gewalt. Sie ist aber durch Akte der deutschen Einzelstaaten geschaffen worden. Ein Errichtungsakt des „stärkeren Teils des Volkes" läßt sich hier gar nicht nachweisen. Redslob will durch das Bild ausdrücken, daß die ursprüngliche Vereinigung „ihre Macht aus sich selbst schöpft" [3]), „ihre Kraft in sich selbst

1) S. 42 ff., 134. 2) S. 122 f. 3) S. 50.

trägt" [1]). Im zweiten Falle wird dagegen ein wirklicher schaffender Willensakt beschrieben. Die dargestellte „abgeleitete" Körperschaft verdankt ihre Entstehung einem Normensetzungs- oder Willensakt der „ursprünglichen" Körperschaft, sie beruht auf Normen dieser. Sie ist mit deren Autorität erfüllt, weil sie ihr untergeordnet ist, ihre Normen somit der Gesamtheit der Normen, die dem Willen des ursprünglichen Gewalthabers unterstehen, eingefügt sind. Das bedeutet notwendig, daß dieselben Kräfte oder mit einem Ausdruck Redslobs dieselbe „stärkere Partei", die die ursprüngliche Körperschaft zusammenhält, zugleich auch die abgeleitete aufrecht erhält. Wir ersehen jedenfalls, daß die hier gegenübergestellten Begriffe nicht auf derselben Betrachtungsweise beruhen. Durch solche Gegenüberstellung werden die Begriffe ursprüngliche und abgeleitete Gewalt nicht verdeutlicht, erklärt, bewiesen. Sie bleiben bloße Behauptungen. Der „Wille der stärkeren Mehrheit des Volkes" ist kein faßbares Gebilde. Redslob selbst muß gestehen, daß „die stärkere Mehrheit ein sehr unbestimmtes Gebilde ist" [2]). Er sagt uns nicht, woran wir (z. B. beim Deutschen Reich) erkennen sollen, daß eine Körperschaft „durch den Willen der stärkeren Mehrheit des Volkes eingesetzt ist" oder „ihre Macht aus sich selber schöpft". Man könnte hierbei an ein Gemeinwesen denken, das keinem anderen ein- und untergeordnet, also souverän ist.

Letzteres wird jedoch von Redslob weit abgelehnt. Zwar können nach ihm nicht mehrere ursprüngliche Herrscherwillen mit verschiedener sachlicher Kompetenz in einem Volk nebeneinander bestehen [3]), wohl aber können sie „in der Weise zusammenbestehen, daß die eine der anderen übergeordnet ist" [4]). Hierbei sind zwei Kombinationen möglich: 1. Zwei vorhandene gleichgeordnete Gemeinwesen gelangen aus dem Verhältnis der Gleichordnung in das Verhältnis der Über- und Unterordnung. „Wenn eine Herrschaft einer höheren unterworfen ist, so kann sie nur solange aufrecht bleiben, als die höhere Gewalt sie nicht zerstört. Sie ist in ihrer Existenz abhängig von der anderen. Und

1) S. 63. 2) S. 58. 3) S. 51 ff. 4) S. 54, 60 ff.

doch bleibt sie eine ursprüngliche Gewalt. Sie ruht nach wie vor auf dem Willen der stärkeren Mehrheit des Volkes. Verliert sie diese Stütze, so fällt sie zusammen. Die höhere Gewalt erhält sie nicht am Leben, wie sie eine abgeleitete Gewalt am Leben erhalten würde. Die höhere Gewalt ist nur ein beschränkendes, ein zerstörendes, kein belebendes Prinzip. Noch ein anderes ist offenbar: Die obere Gewalt muß eine hinreichende Grundlage finden allein bei der herrschenden Nation. . . . . Die obere Gewalt ergreift die Untertanen (des unterworfenen Staates) selbst". [1]) 2. Der andere Fall ist, „daß sich zwei oder mehrere Staaten einem neuen Staat unterwerfen, den sie selber über sich bilden. Man unterscheide hier die einzelnen Völker und das Gesamtvolk, das sich aus ihnen zusammensetzt. Jedes einzelne Volk hat seine ursprüngliche Herrschergewalt. Sie wird von der stärkeren Mehrheit getragen. Aber auch das gesamte Volk hat seine ursprüngliche Herrschergewalt. Sie gründet sich auf die stärkere Mehrheit innerhalb der Totalität. Die Herrschaft über das gesamte Volk wird immer mächtiger sein als die Herrschaft über das einzelne. Sie ist als die stärkere gedacht und als die stärkere gewollt. Hier bestehen zwei ursprüngliche Herrschergewalten übereinander. Sie sind beide ursprünglich vom Standpunkt des gleichen Untertanen. Er ist zweimal einem Volk eingegliedert. . . . . Wenn die eine Macht der anderen überlegen ist, so hindert das nicht, daß auch die schwächere Macht originären Charakter besitzt. Allerdings muß sie der höheren Macht weichen. Sie kann von ihr eingeschränkt, sie kann von ihr zerstört werden. Aber solange sie besteht, liegt ihr Ursprung nicht in der übergeordneten Gewalt, sondern in dem Willen ihrer Untertanen". [2]) „Im ersten Fall ist die obere Gewalt eine fremde, sie hat für das beherrschte Volk keinen ursprünglichen Charakter. Anders im zweiten Fall. Hier sind beide Gewalten eigne, in jedem Sinn ursprüngliche Gewalten". [3])

In diesen Ansführungen tritt der Fehler der Redslob-

1) S. 60 f. 2) S. 62 f. 3. S. 63.

schen Konstruktion offen zu Tage. Die zwei „übereinandergebauten“ ursprünglichen Herrschergewalten beruhen nach ihm auf zwei verschiedenen „stärkeren Parteien“, werden durch zwei verschiedene Kräftekomplexe zusammengehalten. Daraus folgt zwingend, daß sie mit von einander verschiedener Autorität erfüllt sind, ihre Imperative mit verschiedener Kraft gelten. Ihre Autorität ist so verschieden wie die Autorität zweier gleichgeordneten Staaten. Hieraus ergibt sich aber, die Normen der einen („übergeordneten“) ursprünglichen Gewalt vermögen die der anderen nicht aufzuheben. Denn das setzt notwendig voraus, daß die Normen beider Gewalten denselben Autoritätscharakter haben. Die ursprünglichen Gewalten Redslobs können also keine übergeordnete Gewalt vertragen, zueinander nicht im Verhältnis der Über- und Unterordnung stehen. Sie sind notwendig souverän.

An diesem Ergebnis ändert nichts, daß die Herrschaft der „übergeordneten“ ursprünglichen Gewalt mächtiger ist als die der „untergeordneten“. Auch die Herrschaft eines Großstaates ist mächtiger als die eines Kleinstaates und erst recht als die zahlloser kleiner und großer Kreise und Gemeinschaften, die neben ihm in seinem Lande bestehen. Trotzdem vermag er die Normen des Kleinstaates und dieser Kreise nicht einseitig in der ihnen eigenen Geltung aufzuheben. Er kann sie mit mehr oder weniger Erfolg verbieten, bekämpfen. Wir haben dann eine Kollision der Verpflichtungsgründe, ein Ringen mehrerer Mächte um die Obmacht im gemeinsamen Adressaten. Davon ist aber bei einem Über- und Unterordnungsverhältnis mehrerer Mächte keine Rede. Ein juristisch unaufhebbarer Widerstreit zweier geltenden Normen ist hier unmöglich. Das Kennzeichen der „höheren“ normensetzenden Macht ist gerade, daß sie einseitig die Normen der untergeordneten außer Geltung setzen kann. Das setzt voraus, daß die „Quelle“ der Autorität, diesen Ausdruck im Sinne Redslobs [1]) gebraucht, bei der über- und untergeordneten Macht nicht verschieden ist. Die Autorität muß für

1) S. 7.

beide aus ein und derselben „Quelle“ fließen. Ist dem Staat Ursprünglichkeit in dem Sinne eigentümlich, daß die „Quelle“ seiner Autorität nur ihm allein eignet, ist also die Ausschließlichkeit der „Quelle“ ein Merkmal der Ursprünglichkeit, so kann es kein Über- und Unterordnungsverhältnis von Staaten, keine nichtsouveräne Staaten, sondern nur souveräne Staaten geben. So führt die Redslobsche Konstruktion der ursprünglichen Gewalt gerade zur Verneinung der Erscheinung, die sie erklären soll, zur Verneinung des nichtsouveränen Staates.

Jene Ausführungen lassen noch ein Weiteres ungeklärt: den Begriff des „Volkes“, dessen „stärkere Mehrheit“ die ursprüngliche Herrschaft zusammenhält. Warum umfaßt er im ersten Fall nur das Volk der „herrschenden Nation“, nicht auch das Volk des unterworfenen Staates, das der ursprünglichen Herrschaft doch ebenfalls unmittelbar untertan ist, im zweiten Fall dagegen die Gesamtheit der Völker der Unterstaaten? Warum hat die Herrschaft des Oberstaates im ersten Fall für das unterworfene Volk keinen ursprünglichen Charakter, während sie ihn wohl hätte, wenn bei der Unterwerfung der besiegte Staat beseitigt worden wäre?[1] Der Umstand, daß im ersten Fall der Oberstaat sich dem Unterstaat unterworfen hat, im zweiten Fall dagegen die Unterstaaten den Oberstaat errichtet haben, kann diese Verschiedenheit in der Abgrenzung des „Volkes“ nicht rechtfertigen, da es sich doch um die Frage handelt, welche Kräfte die Herrschaft des Staates zusammenhalten. Nicht blos im zweiten, auch im ersten Fall kann das Unterstaatsvolk der Herrschaft des Oberstaates zugeneigt sein. Wonach bestimmt sich überhaupt der Kreis der Herrschaftsuntertanen, die das „Volk“, dessen „stärkere Mehrheit“ die „Quelle“ der ursprünglichen Gewalt ist, bilden? Welche Untertanen stehen außerhalb dieses Volkes?

Diese Fragen sind auch für den Begriff des „abhängigen Landes“, das Hauptthema der Redslobschen Abhandlung, wichtig. Denn das entscheidende Merkmal des „ab-

1) Vgl. Beispiel Redslobs S. 60.

hängigen Landes" ist, daß es „außerhalb des Staates" liegt. Hier gibt Redslob folgende Begründung: Ein Staat entsteht in der Weise, daß „ein Volk in einem Gebiet eine Gewalt errichtet. Es schafft die Gewalt in dem einen Gebiet. Die Organisation schließt das eine Gebiet zusammen. Es handelt sich immer um ein psychologisches Phänomen und um seine Natur. — Wird nun ein neues Land erworben, so kann es dem bisherigen Staate eingegliedert werden. Dann wird die bestehende Organisation auf das neue Land ausgedehnt. Das Fundament des Staates wird ein anderes. Es ist ein neues Volk vorhanden, ein größeres Volk, in dessen Totalität die Herrschaft nunmehr ihre Stütze finden muß. Der Staat ändert sich in seinem Wesen. Und trennt sich das neue Land wieder von ihm ab, so ändert sich sein Wesen noch einmal. Anders, wenn das erworbene Land nicht eingegliedert, sondern kraft der schon bestehenden Gewalt als Vasallenstaat oder als Territorium beherrscht wird. Dann ändert sich die ursprüngliche Organisation nicht. Das psychologische Phänomen bleibt in seiner Integrität erhalten. Der Staat bleibt der gleiche Staat wie zuvor. Er nutzt seine Macht zu einem neuen Zweck. Aber die Macht hat die gleiche Lebensquelle. Sie behält ihre Seele. — Jetzt sind wir in der Lage, den Begriff des abhängigen Landes zu formulieren: Das abhängige Land ist ein Gebiet ohne ursprüngliche Gewalt und deshalb ohne Staatscharakter. Es wird von einem Staat beherrscht. Es bildet nicht in ihm einen integrierenden Bestandteil, eine Provinz. Denn es wird von seiner Lebensorganisation nicht umschlossen".[1]) „Klassische Beispiele" von abhängigen Ländern sind Elsaß-Lothringen, Bosnien-Herzegowina, die Territorien der amerikanischen Union; auch die freien Kolonien des britischen Reiches, Kanada, Australien und Südafrika, gehören hierhin.[2])

Diese Ausführungen befriedigen nicht. Sie bewegen sich im Kreise. Ob ein der Herrschaft unterworfenes Volk sich innerhalb oder außerhalb des Staates befindet, soll davon abhängen, ob es der „ursprünglichen" oder „Lebens-

1) S. 125 f; vgl. auch S. 257. 2) S. 350.

organisation“ des Staates eingegliedert ist oder nicht. Die „ursprüngliche“ Organisation wiederum soll die Organisation der „von einem Volke in einem Gebiet errichteten Gewalt“ sein! Um die Bestimmung, Abgrenzung dieses „Volkes“ handelt es sich aber gerade. Diesen Zirkelschluß vermag auch Redslobs glänzende Dialektik nicht zu beseitigen. Die Methode seiner Betrachtung, die, um den Bereich der „Quelle“ der ursprünglichen Gewalt abzugrenzen, zunächst auf die Entstehung der staatlichen Herrschaft und ihrer Organisation in einem Gebiete zurückgeht und dann nach dem Gesichtspunkt der Eingliederung oder Nichteingliederung neuerworbener Herrschaftsgebiete in die bestehende Organisation entscheidet, ob die neuen Untertanen zu dem die Herrschaft stützenden „Volk“ gehören, diese Betrachtungsweise also steht nicht im Einklang mit der dem Staatsbegriff Redslobs zugrunde liegenden Fragestellung, welche sozialpsychologische Kräfte die staatliche Herrschaft zusammenhalten. Diese Fragestellung erfordert, von der Totalität der Herrschaft und ihrer Untertanen auszugehen und nicht einen Teil derselben herauszugreifen. Das schlechthinnige Unterworfensein der Gesetzesuntertanen unter einen zentralen Willen, den autoritativen Willen des Gesetzgebers, läßt dem menschlichen Denken die Totalität als eine „geschlossene Einheit“ erscheinen.

An einer anderen Stelle, bei Betrachtung des staatstheoretischen Charakters Finnlands, bezeichnet Redslob als den Kernpunkt des Problems: „Geschieht der Zusammenschluß zum Staat, geschieht die Errichtung, die Belebung der Herrschaft durch die Kraft des Volkes auch nach der Eroberung nur für die Grenzen der russischen Länder, oder vollzieht sich das Phänomen fortan für einen größeren Wirkungskreis, in den auch Finnland eingeschlossen ist?“ [1]) Hierauf kann u. E. nur die Antwort gegeben werden: Ist für das Dasein einer ursprünglichen Herrschaft, der Staatsgewalt, das Gewicht der politischen Kräfte im Volke für und gegen sie entscheidend, so kann als dieses

1) S. 257.

Volk ernstlich nur die Gesamtheit der Herrschaftsuntertanen in Betracht kommen. Die ganze Herrschaftserscheinung, die Staatsgewalt, bildet eine geschlossene Einheit und schließt notwendig auch die Gesamtheit der Gesetzesuntertanen zu einer Einheit zusammen. Beide Einheiten gehören notwendig zusammen; der Gesamtheit der Herrschaft entspricht die Gesamtheit der Untertanen. Wer einmal die Stütze der Herrschaft in den Energien der Untertanen erblickt, muß, wenn er die Stütze der ganzen Herrschaft sucht, auch von der Gesamtheit der Untertanen ausgehen. Nach Redslob dagegen hat man nach Erscheinungen zu suchen, die uns veranlassen können, der ursprünglichen Gewalt nur in den Grenzen eines Teiles der Totalität des Herrschaftsgebietes „Geschlossenheit und Individualität" zuzuerkennen.[1]) Wo sich eine solche „Geschlossenheit" findet, da bildet nach ihm nur das Volk dieses Teiles die Stütze der ganzen Herrschaft, da „ist eine Naturverschiedenheit der Herrschaft gegeben im Haupt- und im Nebenland".[2]) Nun lassen sich zweifellos innerhalb der Geschlossenheit der Totalität der Herrschaft weitere Einheiten oder „Geschlossenheiten" unterscheiden z. B. nach der Verschiedenheit in der Ausgestaltung der Organisation. Redslob gründet sogar alle seine Geschlossenheiten auf Verschiedenheiten dieser Art. Was aber berechtigt, gerade das Volk einer innerhalb der Totalität befindlichen partikulären Geschlossenheit und nicht das Volk der Totalität selbst als Grundlage der Herrschaft anzusehen? Was gibt der die engere Volksgemeinschaft abgrenzenden Organisationsverschiedenheit die Bedeutung, die „Quelle" der Kraft der Herrschaft abzugrenzen? Warum begründet sie eine Naturverschiedenheit der Herrschaft innerhalb und außerhalb dieser Gemeinschaft? Warum wird die Untertanenschaft eines neuerworbenen Gebietes erst bei Ausdehnung der „bestehenden" Organisation zur Stütze der Herrschaft? Wir vermögen bei Redslob auf diese Fragen keine befriedigende Antwort zu finden. Jene Naturverschiedenheit der Herrschaft, sofern damit die Beschaffen-

1) S. 258f. 2) S. 259.

heit gemeint ist, besteht nicht, kann kraft der Einheitlichkeit der Staatsgewalt nicht bestehen. Auch Redslob kann nicht bestreiten, daß der Staat seine bestehende Organisation auch umgestalten oder ausbauen kann, natürlich auch bei Gelegenheit der Erwerbung neuer Gebiete. Woran erkennen wir nun, ob bei Einrichtung der Herrschaft im neuen Land nicht ein Ausbau der „bestehenden" Organisation vorliegt?

Gerade die Redslobsche Formulierung der ursprünglichen Gewalt als der auf der stärkeren Mehrheit des Volkes beruhenden Gewalt gestattet es nicht, innerhalb der Totalität der Herrschaftsuntertanen eine engere Gemeinschaft als Grundlage der Staatsherrschaft anzusehen und eine gewisse unleugbar vorhandene Erscheinung im Staatsleben zu erklären. Jedenfalls gewährt sie in der Abgrenzung der engeren Gemeinschaft dem Subjektivismus weiten Spielraum. Redslob selbst muß zugeben, daß der Einwand: „es ist Geschmack oder Willkür, wenn man die ursprüngliche Gewalt in die eine Grenze bannt oder in die andere", dort „vollkommen berechtigt" ist, wo das trennende Element der Verschiedenheit der Organisation nicht besteht, wie regelmäßig in den autokratisch regierten Ländern, z. B. in Rußland-Finnland unter dem Zaren[1]). Er vermag daher das Herrschaftsphänomen in Finnland nicht abzusondern von dem Herrschaftsphänomen in den übrigen Teilen des russischen Reiches. Er kommt hier notgedrungen zum Schluß, daß Finnland eine Provinz des russischen Reiches ist.[2]) Und das wäre nach ihm auch für den Fall anzunehmen, daß 1808 in Rußland eine konstitutionelle Monarchie bestanden hätte, sogar selbst dann, wenn Finnland kein Recht erhalten hätte, das russische Parlament zu beschicken; „denn der Ausschluß von der gesetzgebenden Körperschaft ist wohl ein Symptom des abhängigen Landes, nichts anderes".[3]) Zu solchem Ergebnis muß man von seinem Standpunkt auch bei den absolut regierten Staaten mit Kolonialbesitz, in denen keine grundlegende Verschiedenheit der Herrschaftsorganisation in Mutterland und Kolonie besteht, gelangen. Hier müssen

1) S. 258. 2) S. 258f. 3) S. 259 Note.

die Kolonien innerhalb des Staates liegen. Wie verhält es sich aber, wenn dann im Mutterland die konstitutionelle Verfassungsform eingeführt wird? Werden nun damit die Kolonien aus dem Staate ausgeschieden? Jedenfalls bilden später erworbene Kolonien, die in die mutterländische Verfassungsorganisation nicht einbezogen werden, keinen Bestandteil des Staates. So haben wir denn Kolonien, die innerhalb des Staates, und solche, die außerhalb liegen! Ja, selbst die Zentrale des Staates, der Sitz der Regierung, braucht nach dieser Theorie nicht unbedingt Bestandteil des Staates zu sein, ihre Einwohnerschaft nicht zum herrschaftserhaltenden „Volk" zu gehören. Nach Redslob hat der Distrikt von Kolumbien in den Vereinigten Staaten, in welchem sich die Stadt Washington, der Sitz der Bundesregierung, befindet, die Stellung eines „abhängigen Landes". [1]) Er bildet also keinen integrierenden Teil des Staates der Vereinigten Staaten, ist ein „Fremdkörper" in ihm, ein „unfreies Land", seine Einwohnerschaft ein „fremdes Volk". „Wenn in ihr auch nicht gerade das Streben vorhanden ist, sich von dem herrschenden Staate loszureißen, so ist doch immer das Bewußtsein wach, daß man einer fremden Gewalt gehorcht, daß man ein minderes Recht besitzt" [2]). Solche Ergebnisse sind unannehmbar. Sie stehen mit den Tatsachen in Widerspruch, sie beweisen, daß in der Redslobschen Theorie der ursprünglichen Gewalt ein Fehler steckt.

Die Erscheinung, die Redslob mit seiner Theorie hier vergeblich zu erfassen sucht, und ihre Deutung ist diese:

Bei einer Reihe von Staaten, insbesondere solchen mit Kolonialbesitz ist es offenbar, daß man sich unter dem normierenden und handelnden Subjekt Staat, wenn man nach der in ihm personifizierten Gemeinschaft fragt, nicht die ganze Gesetzesgemeinschaft, die alle seine Herrschaftsuntertanen umfaßt, sondern nur einen engeren Kreis, einen

1) S. 304 Note 3.

2) Vgl. das von Redslob S. 123 ff., 141 und 350 f. über die Stellung Elsaß-Lothringens Gesagte; dieses muß auch für Kolumbien gelten wenngleich Redslob es hier nicht wiederholt.

Ausschnitt aus ihr vorzustellen hat. So gehören zu der in der Staatsperson des Deutschen Reiches, der französischen Republik oder Großbritanniens personifizierten Gemeinschaft nicht die Kolonien. Diese sind wohl Herrschaftsgebiet des Staates, Bestandteil der von der Gesamtheit der Herrschaftsuntertanen gebildeten Gemeinschaft (Staatsgemeinschaft im weiteren Sinne), aber kein Bestandteil der „herrschenden Gemeinschaft“ (Staatsgemeinschaft im engeren und eigentlichen Sinne). Fragen wir, warum wir uns die engere und nicht die weitere Staatsgemeinschaft als das Subjekt der staatlich qualifizierten Herrschaftsakte zu denken haben, so ist der Grund notwendig derselbe, der uns veranlaßt, überhaupt die Staatsperson als die Personifikation einer Gemeinschaft aufzufassen, nämlich das Gesetz. Das Gesetz bestimmt die Grenzen und den Namen der engeren Staatsgemeinschaft X, dasselbe Gesetz qualifiziert gewisse Normen und Handlungen als solche des Staates des gleichen Namens X. Das kann nur dahin gedeutet werden, daß das Gesetz diese Normen und Handlungen der Staatsgemeinschaft X als Subjekt zurechnet. Die gesetzlichen Zurechnungsnormen sind Urteilsnormen. Sie fordern vom menschlichen Denken, die Vorstellungen des Gesetzgebers ebenfalls zu vollziehen, in unserem Falle also die engere Staatsgemeinschaft, nicht etwa die weitere als das Subjekt der staatlichen Normen und Handlungen anzusehen. Kraft dieser Urteilsnormen erscheint die engere Gemeinschaft als das Subjekt der staatlichen Herrschergewalt. Der im Mutterland und in den Kolonien waltende Herrscherwille ist gesetzlich Wille dieser Gemeinschaft. Diese Personifikation ist eine Konstruktion des Gesetzes, und daran ändert auch nichts, daß der Gesetzgeber sich selbst in sie hineingestellt hat. Als Konstruktion des Gesetzes muß ihr wie jeder gesetzlichen Konstruktion und überhaupt jeder gesetzlichen Urteilsnorm eine positive Beziehung zu gesetzlichen Pflichten innewohnen, und nur in dieser Beziehung hat sie gesetzliche Bedeutung.[1])

1) Näheres über die Urteilsnormen des Rechts und den Begriff der Staatsperson in meiner oben genannten Abhandlung.

Die Verknüpfung der Staatsperson mit der engeren Staatsgemeinschaft ist für zahllose Gesetzesimperative von Bedeutung. Ja, man darf daraus den Satz ableiten, daß Gesetze, die für Untertanen gelten wollen, ohne daß in ihnen selbst ihr Geltungskreis näher bestimmt ist, nur im Bereich der engeren Staatsgemeinschaft gelten. Denn wenn die engere Gemeinschaft gesetzlich als Subjekt des staatlichen Willens hingestellt wird, so können, wenn diese Gemeinschaft sich an Gemeinschaftsangehörige, ohne sie näher zu bezeichnen, wendet, damit nur ihre engeren Angehörigen gemeint sein. In der gesetzlichen Verknüpfung der normensetzenden Gesamtperson mit der engeren Gemeinschaft liegt eben die nähere Bestimmung ausgesprochen. Sie tritt allen staatlichen Normen, aus denen sich nichts über den Geltungsbereich ergibt, sie in diesem Punkte ergänzend, hinzu. Sie tritt nur dort zurück, wo der Wille des Normensetzenden erkennbar ist, daß seine Normen noch über engere Gemeinschaft hinaus (z. B. auch für seine Kolonien), also für Staatsuntertanen überhaupt gelten sollen. Für diese Normen wird der Geltungskreis durch die Abgrenzungsmerkmale der weiteren Gemeinschaft näher bestimmt.

Wir haben die Erklärung der Erscheinung, die Redslob mit seiner Theorie zu erfassen sucht, im Gesetz gefunden. Man könnte in dem Forschen nach dem Grunde der Erscheinung noch weiter zurückgehen und danach fragen, was den einen Gesetzgeber bewogen hat, die ganze Herrschaftsgemeinschaft, den anderen Gesetzgeber, eine engere Gemeinschaft innerhalb der Totalität als Staatsperson zu personifizieren, was die fons remota dieses Rechtsgebildes ist. Aber das wäre keine Erklärung der Erscheinung mehr! Auch werden die Gründe bei den einzelnen Gesetzgebern verschieden sein, und es können bei ein und demselben mehrere Gründe mitwirken. So können für die Personifizierung der engeren von zwei ineinandergestellten Gemeinschaften maßgebend sein: Gründe der geschichtlichen Entwicklung des Landes oder der Verschiedenheit der Rasse, Lebensbedingungen, Kultur in der engeren Gemeinschaft und der übrigen Untertanenschaft — Gründe, die auch bei autokratisch regierten Ländern bestehen und die gesetzliche Personifikation einer engeren Gemeinschaft veranlassen können — oder der Verschiedenheit in der Ausgestaltung der Organisation. Ebenso kann natürlich der Umstand, daß die staatliche Herrschaft ihren „Ursprung in dem Willen der stärkeren Mehrheit des Volkes“ oder ihre „Stütze in dieser Mehrheit“ hat, für den Gesetzgeber ein Beweggrund sein, in der Figur der Staatsperson dieses „Volk“ zu personifizieren — vorausgesetzt, daß das von Redslob behauptete psychologische Phänomen, das Beruhen auf der stärkeren Mehrheit des Volkes wirklich besteht; durch die gesetzliche Personifikation der Gemeinschaft wird dies noch nicht bewiesen. Keinenfalls ist aber das „Phänomen“ das notwendige Motiv der gesetzlichen Personifikation; letztere ist nicht notwendig mit jener Tatsache gegeben. Wäre das der Fall, so wäre die Personifikation gar keine Schöpfung des Gesetzes mehr[1]). Es läßt sich also aus solcher rechtlichen Personifikation noch garnichts über die „Quelle“ der Autorität der Staatsherrschaft und über die Kräfte, die diese Herrschaft zusammenhalten, ableiten! die gesetzliche Personifikation besagt insbesondere nicht, daß, wo das Gesetz innerhalb der ganzen Herrschaftsgemeinschaft eine engere Gemeinschaft abgrenzt und personifiziert. die staatliche Herrschaft notwendig auf der „stärkeren Mehrheit des Volkes“ der engeren Gemeinschaft beruhe. Die Personifikation der (ganzen oder engeren) Gemeinschaft ist lediglich ein vom Gesetzgeber zu bestimmten Zwecken gebrauchtes, mit bestimmten Rechtsfolgen ausgestattetes Bild.

Anders die Personifikation bei Redslob. Wie seine oben[2]) wiedergegebenen Ausführungen zeigen, ist die „Gesamtperson“ oder „Körperschaft Staat“ nur eine abgekürzte Formel dafür, daß eine Vielheit von Menschen unter einer Herrschaft zusammenlebt und diese Herrschaft sich auf die stärkere Partei gründet. „Die Personifikation dient der

1) Über die Bedeutung der „Notwendigkeit“, auf das Recht bezogen vgl. Bergbohm Jurisprudenz und Rechtphilosophie I 1892 S. 426 ff.

2) S. 176 ff.

Anschaulichkeit. Es ist ein natürliches Bestreben der Menschen, die Bildungen der Gedankenwelt sinnlich vorstellbar zu machen." [1]) „Die Personifikation des Staates ist daher keine Fiktion" und „auch keine Abstraktion." „Wenn man den Staat als eine Person betrachtet und dieser Person die Herrschaft zuschreibt, so wird durchaus nicht davon abstrahiert, daß eine Mehrheit von Personen im Staat zusammen lebt und die Herrschaft aufrecht hält. Im Gegenteil, all die wirklichen Erscheinungen des Staatslebens werden in einer kurzen und handlichen Formel verkörpert, . . . zu einer lebendigen Vorstellung verdichtet. Die Personifikation des Staats ist eine vereinfachte Ausdrucksweise. Nichts anderes." [2])

Die Redslobsche Gesamtperson Staat ist also von unserer, der gesetzlichen, grundverschieden. Wohl ist die Gemeinschaft, die hier wie dort personifiziert wird, regelmäßig dieselbe; aber, was mit der Personifikation anschaulich gemacht wird, ihr Inhalt, ist in beiden Fällen sehr verschieden. Die Redslobsche Personifikation hat etwa den Begriffsinhalt unserer „Staatsgemeinschaft" (wobei nach Redslob die diese zusammenhaltenden Kräfte in der stärkeren Mehrheit des Volkes zu suchen sind). Sie begreift somit die Erscheinung des Gesetzes (oder des Rechts) in sich, was Redslob auch ausdrücklich hervorhebt [3]). Die Verwendung von anschaulichen Ausdrücken, Bildern zur kurzen Bezeichnung eines Komplexes von Erscheinungen ist nun durchaus zulässig, ja unentbehrlich. Nur muß man sich der Verwendung des Bildes bewußt bleiben und davor hüten, Folgerungen zu ziehen, die sich bloß aus dem Inhalt des im Ausdruck gebrauchten Bildes und nicht aus den unter dem Ausdruck begriffenen Erscheinungen ergeben. Es würde demnach an sich nichts dagegen einzuwenden sein, daß Redslob den von ihm umschriebenen Komplex von Erscheinungen „Gesamtperson" oder „Körperschaft" tauft. Man könnte lediglich darüber streiten, ob dieser Ausdruck gut gewählt und nicht besser dem von uns so benannten Begriff, nämlich der

---

1) Redslob a. a. O. S. 35. 2) S. 35ff. 3) S. 37.

Gesamtheit der vom Gesetz als „staatlich" qualifizierten menschlichen Akte vorzubehalten sei. Aus jenen Erscheinungen der Redslobschen Körperschaft ergibt sich nichts darüber, welche Akte als solche des Staates zu gelten haben, woran wir die Staatsakte von den Akten nichtstaatlichen Charakters unterscheiden können. Die Antwort hierauf gibt uns nur unser Begriff der staatlichen Gesamtperson. Dieser setzt jene voraus und ist von ihr wohl zu scheiden. Redslob bleibt aber nicht dabei stehen, der Personifikation die Bedeutung einer kurzen Formel für die Erscheinung der Staatsgemeinschaft zu geben. Seine Personifikation ist zugleich auch „Rechtspersönlichkeit", [1]) d. h. eine Schöpfung des Rechts, eine Gesamtperson in unserem Sinne. Beide Begriffe werden bei Redslob zu einem einzigen verschmolzen. Ein solcher einheitlicher Begriff ist, wie wir an anderer Stelle dargelegt haben [2]), unbrauchbar, unmöglich. In ihm werden zwei Personifikationen, die auf ganz verschiedener Grundlage beruhen, also zwei Dinge, die sich nicht vereinigen lassen, vereinigt. Die vom Gesetz geschaffene Personifikation ist keineswegs eine notwendige Anknüpfung an jene von Redslob als bequemes, technisches Hilfsmittel gebrauchte Personifikation. Sie bedeutet etwas ganz anderes, hat einen anderen Begriffsinhalt als jene. Das Zusammenwerfen beider Begriffe zu einem einzigen bringt keine Klärung, sondern Verwirrung. Das zeigt auch die Redslobsche Gegenüberstellung von „ursprünglicher" und „abgeleiteter" Körperschaft [3]). Die erstere enthält beide Personifikationen zusammengefasst, die letztere bedeutet nur die gesetzliche Personifikation. Diese unzulässige Vermengung beider Personifikationen finden wir nicht allein bei Redslob, sie ist in der Literatur sehr verbreitet.

Daß die Redslobsche Theorie der ursprünglichen Gewalt und des abhängigen Landes nicht befriedigt, vielmehr dem Subjektivismus weiten Spielraum läßt, zeigt seine

1) Vgl. S. 37 ff. und sonst.
2) In meiner erwähnten Abhandlung.
3) S. o. S. 177 ff.

Darstellung des staatstheoretischen Charakters **Elsaß-Lothringens**, den er besonders eingehend betrachtet[1]).

Er führt aus: Elsaß-Lothringen ist kein Staat, aber auch kein „integrierender Bestandteil des Deutschen Reiches". In dem Land besteht eine „fremde Gewalt", die „ihren Ursprung in den gesamten Völkern der deutschen Einzelstaaten hat" [2]). Warum? „Die Frage, ob ein Gebiet sich als Staat, als Provinz, als abhängiges Land darstellt, ist nicht eine Frage des Rechts, sondern eine Frage der Völkerpsychologie. Ein rechtlich-logischer Beweis für den staatstheoretischen Charakter von Elsaß-Lothringen ist daher nicht zu führen. Der Beweis kann nur ein historisch-psychologischer sein. . . . Das Reich hat sich in voller Abgeschlossenheit von Elsaß-Lothringen konstituiert. Es hat seine Lebensorganisation unabhängig von Elsaß-Lothringen geschaffen. Es hat Elsaß-Lothringen in den Bereich seiner Gewalt einbezogen, als diese Gewalt schon bestand, schon innerlich gefestigt war. Nun ist das noch kein hinreichender Grund. Denn das Reich und jeder Staat kann seine Lebensorganisation ausdehnen und ein neues Gebiet, ein neues Volk in sie beschließen. Das ist aber im gegebenen Falle unmöglich. Denn die Lebensorganisation des Reiches ist zu dem Zweck gedacht und verwirklicht, um Völker, die schon als Staaten konstituiert sind, miteinander zu verbinden. Elsaß-Lothringen ist kein Staat. Elsaß-Lothringen paßt deshalb nicht in dieses Gefüge. Es kann unmöglich an diesem Zusammenschluß beteiligt werden. Es muß seinem Wesen nach in dieser Institution ein Fremdkörper bleiben. Das sind die inneren, und man möchte sagen die seelischen Gründe, die uns dazu geführt haben, Elsaß-Lothringen als abhängiges Land zu betrachten" [3]).

Redslob entscheidet somit die Frage der Zugehörigkeit des elsaß-lothringischen Volkes zum Volke des Deutschen Reiches durch eine Betrachtung des Zweckes der Reichsorganisation. Nun ist der Zweck im Rahmen der Redslobschen Theorie ein sehr unsicheres und dehnungsfähiges

1) S. 65 ff. 2) S. 123 f. 3) S. 126 f und 258.

Beweismittel. Mit der Erweiterung der Staatsherrschaft und damit der Herrschaftsorganisation kann und muß sich notwendig auch der Zweck dieser Organisation erweitern. In jedem Falle wohnt der Gesamtheit der Organisation unleugbar der Zweck inne, all die Menschen, über die sich die Staatsherrschaft erstreckt, zu einer Geschlossenheit zu verbinden. Wenn nun innerhalb der Gesamtorganisation sich wieder Teile mit besonderen Zwecken unterscheiden und zu Untereinheiten zusammenfassen lassen, so ist doch gerade vom Standpunkt der Redslobschen Theorie, daß die Staatsherrschaft durch die „Kräfte der stärkeren Mehrheit des Volkes“ zusammengehalten werden, nicht ersichtlich, warum für die Abgrenzung dieses Volkes der Zweck eines Teiles und nicht der der ganzen Gesamtorganisation maßgebend sein soll. Man kann den Satz zugeben, daß die Lebensorganisation des Reiches zu dem Zweck gedacht und verwirklicht worden ist, um Völker, die schon als Staaten konstituiert sind, miteinander zu verbinden. Aber was hindert das Reich, diesen Zweck und damit seine „Lebensorganisation“ zu ändern, zu erweitern und auch „Völker“, die nicht schon als Staaten konstituiert sind, mit den schon als Staaten konstituierten Völkern zu verbinden, d. h. sich „einzugliedern“? Nichts! insbesondere nicht der „Wille der Mehrheit des Volkes“. Die Herrschaft des Reiches wird in solchen Gebieten umfangreicher, seine Organisation ausgebildeter sein. Das berechtigt aber nicht von einer „Naturverschiedenheit der Herrschaft“ hier und dort, von „feindlichen Substanzen, die unfähig sind eine Verbindung einzugehen“, zu sprechen [1]). Redslob hätte, wenn er einmal den Zweck entscheiden ließ, zunächst die Frage stellen müssen, ob das Reich inbezug auf Elsaß-Lothringen seinen Zweck und seine „Lebensorganisation“ erweitert hat oder nicht. Diese Frage wäre vor allem aus den Verfassungsgesetzen zu beantworten.

Redslob stellt nun diese Frage nicht, aber er untersucht das Geltungsgebiet der Reichsverfassung. „Lebens-

1) Redslob S. 259.

organisation" und Verfassung des Staates stehen, sagt er, in engem Zusammenhange, die Verfassung „spiegelt die Seele der Herrschaft getreu wieder". Soll das „abhängige Land" nicht von der „Lebensorganisation" des Staates umschlossen werden, so darf dessen Verfassung sich nicht auf dieses Land erstrecken. „Der herrschende Staat hat seine Verfassung für sich allein" [1]). Er stellt nun die, wie er selbst sagt, „auf den ersten Blick befremdende" Behauptung auf, daß „die Verfassung des Deutschen Reiches in Elsaß-Lothringen nicht gilt" [2]). „Ist nicht durch das Reichsgesetz vom 25. Juni 1873 die Verfassung des Deutschen Reiches in Elsaß-Lothringen eingeführt? Gewiß, aber nicht mit dem Charakter als Verfassung"..... Das Gesetz von 1873 ändert die Reichsverfassung nicht, dehnt sie nicht aus. Es schafft eine besondere Organisation für Elsaß-Lothringen und ahmt hier die Reichsverfassung nach. Die gleichen Sätze gelten zweimal auf verschiedenem Gebiet. Und sie gelten jedesmal auf Grund eines anderen Titels, das eine Mal auf Grund der Reichsverfassung, das andere Mal auf Grund des Gesetzes von 1873. Es bestehen zwei Systeme von übereinstimmenden Inhalt nebeneinander" [3]). Zum Beweis führt er aus: „Wäre das Gesetz von 1873 ein konstitutioneller Akt, so wäre die allgemeine Demarkationslinie zwischen zentraler und partikulärer Gesetzgebung auch in Elsaß-Lothringen mit konstitutioneller Kraft festgelegt. In dem Augenblick, wo eine formelle Landesgesetzgebung eingerichtet ist, könnte die Grenze, die allgemein zwischen Reichs- und Landesgesetzgebung besteht, auch in Elsaß-Lothringen nicht mehr ohne Verfassungsänderung überschritten werden. Nun geben aber die Gesetze von 1879 und 1911 dem Territorium fundamentale Institutionen. Sie bewegen sich auf dem Gebiet, das sonst der konstitutionellen Gesetzgebung der Staaten vorbehalten ist. Die zwei Gesetze gehen also über die Grenze hinweg. Will man behaupten, daß sie als verfassungsändernde Akte zu betrachten sind? Das läge sicher nicht in ihrem Gedanken und wird schlüssiger Weise

1) S. 127 f. 2) S. 129. 3) S. 129 f.

dadurch widerlegt, daß das Gesetz von 1911 mit aller Deutlichkeit nur seinen ersten Artikel, der die neuen Bundesratsstimmen einrichtet, als eine Änderung der Reichsverfassung ausgibt, nicht aber seinen zweiten Artikel, der die innere Organisation von Elsaß-Lothringen behandelt. Diese Argumentation ist beweiskräftig und genügt“ [1]. „Das Gesetz von 1873 ist ein Spezialgesetz für Elsaß-Lothringen. Es greift nicht ein in die Organisation des Reiches. Es schafft die Institutionen des Reiches nicht um“ [2].

Diese Beweisführung ist nicht überzeugend. Sie steht in offensichtlichem Widerspruch mit dem klaren von Redslob nicht berücksichtigten Wortlaut des Reichsgesetzes „betreffend die Vereinigung von Elsaß und Lothringen mit dem Deutschen Reiche“ vom 9. Juni 1871 und des Reichsgesetzes „betreffend die Einführung der Verfassung des Deutschen Reichs in Elsaß-Lothringen“ vom 25. Juni 1873. Das Gesetz von 1871 bestimmt in § 2: „Die Verfassung des Deutschen Reichs tritt in Elsaß und Lothringen am 1. Januar 1873 in Wirksamkeit“ und das Gesetz von 1873 in § 1: „Die durch Gesetz vom 16. April 1871 verkündete Verfassung des Deutschen Reichs tritt in der durch die Gesetze vom 24. Februar 1873 und 3. März 1873 abgeänderten, aus der Anlage I sich ergebenden Fassung in Elsaß-Lothringen vom 1. Januar 1874 ab, unbeschadet der Geltung der bereits eingeführten Bestimmungen, mit den in den nachfolgenden §§ 2—5 enthaltenen Maßgaben in Wirksamkeit“ und in § 2: „Dem in Art. 1 der Verfassung bezeichneten Bundesgebiete tritt das Gebiet des Reichslandes Elsaß-Lothringen hinzu“. Diese Einführung der Reichsverfassung kann gar nicht anders als Erweiterung ihres Geltungsgebietes gedeutet werden. Der Reichsgesetzgeber führt in sein elsaß-lothringisches Herrschaftsgebiet nicht reichsfremdes, etwa französisches Recht, sondern eigenes, in seinem übrigen Herrschaftsgebiet schon geltendes Recht ein; die gleichen Sätze gelten in Elsaß-Lothringen und im übrigen Reich mit ein und derselben, nämlich der Reichsgesetzeskraft. Das schließt

1) S. 130. 2) S. 131.

schlechthin aus, daß zwei verschiedene Gesetzessysteme bestehen. Die Sätze gehören ein und demselben System an. Darum kann man nicht von „Nachahmung", sondern nur von einer Ausdehnung der Reichsverfassung auf Elsaß-Lothringen sprechen.

Daran ändert nichts, daß die Einführung durch ein besonderes Reichsgesetz erfolgt ist. Wie wäre die Ausdehnung eines bestehenden Reichsgesetzes anders möglich? Auch die Einführung der Reichsverfassung in Helgoland ist durch ein Reichsgesetz (vom 15. Dezember 1890) geschehen. Gilt sie hier deshalb nicht mit dem Charakter der Verfassung, sondern nur als Nachahmung, als einem andern Gesetzessystem angehörend? Die Frage aufwerfen heißt sie verneinen. Die Gesetze von 1871 und 1873 sind, soweit sie die Einführung der Reichsverfassung betreffen, verfassungsändernde und -erweiternde Gesetze.

Wenn noch ein leisester Zweifel bestände, so würde er durch den klaren Wortlaut des §2 des Gesetzes von 1873 zerstreut. Er fügt Elsaß-Lothringen ausdrücklich „dem in Artikel 1 der Verfassung bezeichneten Bundesgebiete" als „Reichsland" hinzu. Und der § 3 bestimmt, daß das elsaß-lothringische Volk teilhabe an der Willensbildung des Reiches, indem es 15 Abgeordnete zum Deutschen Reichstag zu wählen habe. Der Reichsgesetzgeber spricht hier aufs unzweideutigste aus, daß er das elsaß-lothringische Volk einbeziehe in die Verfassungsgemeinschaft des Reichsvolkes. Gegenüber diesem klaren Willen des Gesetzgebers, die Verfassung auszudehnen, kann man sich nicht darauf berufen, daß das Gesetz von 1873 die allgemeine Demarkationslinie zwischen zentraler und partikulärer Gesetzgebung in Elsaß-Lothringen nicht, wie Redslob zuzustimmen ist, mit „konstitutioneller Kraft" festgelegt habe.

Mit der Ausdehnung der Verfassung auf Elsaß-Lothringen mußten im neuen „Bundesgebiet" der „einfachen" Reichsgesetzgebung notwendig auch diejenigen Angelegenheiten, die im übrigen Reichsgebiete den Gliedstaaten zustanden, („Landesangelegenheiten") zufallen, weil die Voraussetzung für die Einschränkung der Kompetenz der einfachen Reichsgesetzgebung: das Vorhandensein eines Unterstaates hier nicht bestand. Der Katalog des Art. 4 R. V. über die der einfachen Reichsgesetzgebung unterliegenden Angelegenheiten, wurde also infolge dieses Nichtvorhandenseins der Voraussetzung erweitert. Der „einfache" Reichsgesetzgeber hat von dieser Erweiterung Gebrauch gemacht. Er hat in § 3 Abs. 4 des Gesetzes vom 9. Juni 1871 „bis zu anderweitiger Regelung durch Reichsgesetz" die Landesangelegenheiten zunächst sich allein vorbehalten, dann im Gesetz vom 2. Mai 1877 eine besondere mit ihm konkurrierende „Landesgesetzgebung" geschaffen und endlich im Gesetz über die Verfassung Elsaß-Lothringens vom 31. Mai 1911 auf die Normierung der Landesangelegenheiten zugunsten des besonderen Landesgesetzgebers verzichtet, jedoch nicht mit der Kraft einer Reichsverfassungsnorm, und sich nur als ausschließliches Recht vorbehalten, die gegebene Verfassung von Elsaß-Lothringen und damit den Verzicht aufzuheben und zu ändern. Die Erstreckung der Zuständigkeit der einfachen Reichsgesetzgebung auf elsaß-lothringische Einrichtungen und sonstige Angelegenheiten ist kein Argument gegen die Ausdehnung der Reichsverfassung auf Elsaß-Lothringen. Sie bedeutet einfach die mit der Ausdehnung notwendig gewordene Erweiterung und Ergänzung der Reichsverfassung, Änderung und Ausbau der „Lebensorganisation" des Reiches. Jede andere Auffassung ist mit dem klaren Inhalt der Einführungsgesetze von 1871 und 1873 unvereinbar.

So führt die richtige Betrachtung der Reichsverfassung nicht zu einer Bestätigung, sondern zur Verneinung der Auffassung Redslobs über den staatstheoretischen Charakter Elsaß-Lothringens. Dieses steht nicht außerhalb des Deutschen Reiches, ist kein „unfreies", „den Zwang fremden Gesetzes erleidendes Land", kein „abhängiges Land" im Sinne Redslobs, sondern wird von der „Lebensorganisation" des Reiches umschlossen.

Zu diesem Ergebnis gelangen wir auch vom Standpunkt unserer Auffassung der Personifikation des Staates. Hiernach ist maßgebend dafür, welche Gemeinschaft in dem normierenden und handelnden Staat personifiziert ist, der Wille des Gesetzgebers. Er ist beim Deutschen Reich in der Verfassungsurkunde, den sie abändernden Reichsgesetzen und sonstigen Reichsgesetzen klar ausgesprochen. Sie grenzen den Bereich der von ihnen als Deutsches Reich im eigentlichen Sinn bezeichneten Gemeinschaft, das „Bundesgebiet“ und darüber hinaus den „Reichsangehörigen“, ab. Sie schließen in sie, wie wir eben gesehen haben, auch Elsaß-Lothringen ein. Es ist ein Bestandteil der eigentlichen Reichsgemeinschaft. Nennen wir das Gebiet der personifizierten Gemeinschaft Hauptland und das außerhalb dieses liegende staatliche Herrschaftsgebiet Nebenland, so bildet Elsaß-Lothringen einen Teil des Hauptlandes. Nebenländer sind die deutschen Kolonien, aber nicht Elsaß-Lothringen. Mit der Personifikation ist aber noch nichts über die Kräfte, die die Autorität des staatlichen Gesetzgebers aufrecht halten, gesagt; es ist nur gesagt, daß in Form der Zurechnung zur Gemeinschaft des Deutschen Reiches gewisse Handlungen und Normen einheitlich qualifiziert werden. Sie ist eine Rechtskonstruktion, ein Hilfsmittel des Gesetzgebers zur Verdeutlichung seines Willens und als solches in manchen Beziehungen bedeutungsvoll. So gelten Reichsgesetze im Zweifel, d. h. sofern in ihnen nicht ein anderer Wille ausgedrückt ist, nur innerhalb der personifizierten Reichsgemeinschaft, nicht auch außerhalb dieser, also auch nicht in den Kolonien. Sie gelten in Elsaß-Lothringen, weil es ein Teil dieser Gemeinschaft bilden. Sie würden aber nicht in ihm gelten, wenn es außerhalb ihr stände, ein „Nebenland“ wäre, es müßte denn besonders ausgesprochen sein, daß sie sich auch auf dieses Gebiet erstrecken sollen.

Wie der staatstheoretischen Charakterisierung, so müssen wir auch den Ausführungen Redslobs über die Umbildung Elsaß-Lothringens in einen Staat widersprechen. Er behauptet, daß das Deutsche Reich dem Land Elsaß-Lothringen staatlichen Charakter nicht zu geben vermöge. „Ein Staat Elsaß-Lothringen durch Gesetz des Reiches, das wäre ein Widerspruch in sich. Das Reich kann einen Staat Elsaß-Lothringen nicht schaffen; das kann nur das Volk von Elsaß-Lothringen selbst. Das Reich kann wohl dem Land eine Organisation verleihen; eine Verfassung nicht. Das Reich kann wohl das Land in solche Formen bannen, daß es die äußere Gestalt besitzt, daß es handelt wie ein Staat; den Körper kann es ihm geben, aber nicht die Seele. Vom Reich zum Staat gebildet, bleibt Elsaß-Lothringen der künstliche Mensch, der homunculus. . . Die Gründung eines Staates ist kein Akt im Rahmen des Rechts. Sie ist ein Naturereignis, mit dem die Rechtsordnung selbst entsteht. . . Ein Gesetz kann wohl Schranken aufrichten für den staatlichen Zwang; es kann wohl Freiheiten gewähren, Selbstregierung und Autonomie verleihen; es kann in einem Lande eine Sondergewalt errichten; aber, was ein Gesetz gegeben hat, das kann ein Gesetz wieder nehmen. Ein Land, das eine Herrschaft durch Gesetz erwirbt, hat seine Herrschaft von einer höheren Macht zu Lehen. Es lebt durch fremdes Leben. Man denke sich ein Reichsgesetz, das Elsaß-Lothringen zu einem Staat erklärt. Man gebe dem Gesetz einen Inhalt, welchen man will; . . . man wird doch nie darüber hinwegkommen, daß ein neues Gesetz die Einrichtungen wieder aufheben kann, die das erste geschaffen; die Position von Elsaß-Lothringen bleibt eine pekräre; sie ist nicht durch eigne, sie ist durch fremde Satzung geregelt; das Land hat eine anvertraute Gewalt; eine Herrschaft nimmermehr. Man setze sogar den Fall, daß die Reichsverfassung zu Gunsten Elsaß-Lothringens geändert wird, daß sie fortan bestimmt, Elsaß-Lothringen sei ein Staat, gleichberechtigtes Glied des Bundes und habe eine feste Verfassung, die ihm nur mit seiner eigenen Zustimmung entzogen werden könne. Das ist die größte gesetzliche Garantie, welche das Reich zu geben vermag. Aber selbst diese Garantie hilft uns nicht über die fundamentale Tatsache hinweg, daß Elsaß-Lothringen, solange sein Schicksal von den Organen des Reiches geregelt wird, auch weiterhin zur Verfüguug dieser Organe steht. Die Garantie, welche durch eine Änderung der Reichsverfassung hingegeben wird, kann durch eine neue Änderung zurückgezogen werden. Elsaß-Lothringen bleibt ein Staat von Reiches Gnaden"[1]).

1) S. 313 f.

„Soll Elsaß-Lothringen Staat im Reiche werden, so gilt es, das Land in eben eine solche Stellung zu bringen, in der ihm nur durch einen Staatsstreich und nicht auf gesetzlichem Wege der staatliche Charakter genommen werden kann. . . . Das Reich muß seine Gesetze zurückziehen aus der Sphäre, die den Gliedstaaten im Bunde freigegeben ist. Das Reich muß es tun, damit die Gründung des neuen Staates ohne Verletzung des Reichsrechtes stattfinden kann. Indessen die Gründung des neuen Staates selbst kann nur geschehen, unabhängig vom Reichsgesetz, durch die Tat des Volkes. . . In welchen Formen kann sich diese Tat vollziehen? Hier liegt die große Schwierigkeit. Hier ist ein Punkt, wo die staatstheoretische Betrachtung endet und die Politik des Tages beginnt. Wir vermögen nur noch die verschiedenen Wege zu weisen, auf denen der Prozeß in korrekter Weise sich entwickeln und zur Bildung eines Staates führen kann. Zwei Methoden sind möglich: . . . Der Staat von Elsaß-Lothringen kann durch einmaligen Willensakt entstehen. . . Das Emporwachsen einer Herrschaft aus dem Willen eines Volkes tritt sichtbar in Erscheinung durch einen Volksbeschluß. Nicht die Erklärung bringt den Staat hervor, aber das Willensphänomen, welchem der Volksbeschluß zum Ausdrucke dient. Der Staat entspringt aus einer Willenstat des Volkes. Und die natürliche Form, in welcher die Willenstat äußerlich hervortritt, ist die feierliche Proklamation durch einen Kongreß und ein Referendum. Notwendig ist immer ein ermächtigendes Gesetz des Reiches. . . Der Staat von Elsaß-Lothringen kann aber auch entstehen durch unmerkliche Verschiebung politischer Kräfte. . . . Eine solche Entwicklung wird von vielen Zweifeln begleitet sein. . . . Die Entscheidung ist zum großen Teil eine Frage des Taktes. Aber darin zeigt sich gerade die Unsicherheit, welche diesem Werdegang anhaftet. Dem Zweifel ist Tür und Tor geöffnet.“[1])

Die ganze Darlegung Redslobs ist nichts anderes als ein Argumentieren aus den Fesseln seines Prinzips. Rufen wir uns die prinzipiellen Sätze seiner Theorie nochmals ins Gedächtnis. Seine Fragestellung ist: Welche Kräfte halten

1) S. 316 ff.

das Gemeinwesen zusammen? Herrschaft liegt vor, wenn ein Normensetzer die stärkere Mehrheit des Volkes auf seiner Seite hat und solange er sie auf seiner Seite hat. Ursprüngliche Herrschaft (= Staatsherrschaft) ist diejenige, die unmittelbar auf der stärkeren Mehrheit des Volkes ruht, sich darauf gründet, daß der Wille der stärkeren Mehrheit des Volkes dem Normensetzer die Herrschaft verleiht. Letzteres könnte man mit Rücksicht auf die Fragestellung als eine bildliche Ausdrucksweise, als Personifikation der die Herrschaft zusammenhaltenden Kraft auffassen, wodurch das zum mindesten unklare „Ruhen auf der stärkeren Mehrheit des Volkes" allerdings noch nicht verdeutlicht oder „analysiert" würde. Nun sehen wir hier, daß Redslob den Inhalt des Ausdruckes nicht als Bild, sondern als Wirklichkeit meint: Nur das elsaß-lothringische Volk kann den elsaß-lothringischen Staat schaffen; bei der Entstehung durch einmaligen Willensakt tritt das Emporwachsen der Herrschaft aus dem Volke sichtbar in die Erscheinung durch einen Volksbeschluß, dessen natürliche Form die feierliche Proklamation durch einen Kongreß und ein Referendum ist! Redslob faßt also das „Volk" in seinem Herrschaftsbegriff auf als ein außerhalb und unabhängig von dem Normensetzer und seinen Normen bestehendes, mit einem einheitlichen Willen begabtes, Taten vollbringendes Gebilde, das den Herrscher einsetzt. Aus dieser Vorstellung heraus werden praktische Folgerungen von größter politischer Tragweite gezogen: Wo mit einem Male ein Staat entstehen soll, kann es nur durch einen Volksbeschluß (Kongreß und Referendum) geschehen; nur durch den Beschluß des elsaß-lothringischen Volkes kann Elsaß-Lothringen Staat werden; das Reich kann es niemals zum Staate machen. Wir haben schon oben dargetan, daß eine solche Vorstellung von dem Merkmal „Volk" im Herrschaftsbegriff unrichtig ist. Das ergibt sich nunmehr auch daraus, daß die Folgerungen, die Redslob hier zieht, den Erscheinungen der Wirklichkeit nicht gerecht werden. Daß eine Mitwirkung des Volkes, sei es in der Form eines Volksbeschlusses, sei es in den Formen „unmerklicher Verschiebung politischer Kräfte", zur Entstehung des

Staates nicht erforderlich ist, beweist zur Evidenz die Entstehungsgeschichte der deutschen Monarchien. Nach der Theorie Redslobs hätte man wohl den meisten von ihnen für lange Zeit, vielleicht gar bis zur Einführung des Konstitutionalismus, die Staatsnatur absprechen müssen oder doch bezweifeln können.

Nicht stichhaltig ist seine Einwendung gegen die Möglichkeit der Errichtung des elsaß-lothringischen Staates durch das Reich, daß das Reich diesem Staat die Gewalt im Wege Rechtens wieder nehmen kann. Freilich, die folgerichtige Durchführung der Redslobschen Theorie würde, wie gezeigt[1]), zu dem Satze führen, daß ein Staat durch seine einseitigen Willensakte die Normen, also auch die ganze Existenz eines andern Staates nicht aufheben kann, m. a. W., daß es nur souveräne Staaten gibt. Dann würde die Einwendung berechtigt sein, dann würde es aber überhaupt keine Gliedstaaten mehr geben. Aber diese Konsequenz wird von Redslob nicht gezogen. Er will durch seine Theorie gerade den einem anderen Staat untergeordneten, den nichtsouveränen Staat erklären. Das Wesen der Unterordnung besteht aber darin, daß der Oberstaat die Normen und damit auch die staatliche Eigenschaft des Unterstaates aufheben kann. Redslob selbst führt an einer anderen Stelle aus: „Sobald das Land, (sei es föderativer Gliedstaat, Vasallenstaat oder „abhängiges Land") einer anderen Gewalt untertan ist als seiner eigenen, steht es zur Verfügung dieser Gewalt. Wohl kann sein Machtkreis durch die Gesetze, durch die Verfassung des herrschenden Staates geschützt sein. Aber diese Akte können durch den herrschenden Staat wieder geändert werden. Der Bundesstaat kann die Grenzen der unteren Staatsgewalt sprengen. . . Das nichtsouveräne Land kann niemals einen Machtkreis besitzen, der unentziehbar ist" [2]). Der Umstand, daß das Reich den Staat Elsaß-Lothringen wieder zerstören kann, beweist sonach nichts gegen die Möglichkeit der Schaffung eines elsaß-lothringischen Staates durch das Reich. Denn auch allen Gliedstaaten gegenüber kann das Reich seine Macht ausdehnen.

---

1) Oben S. 180f. 1) S. 274.

Redslob wendet nun hiergegen ein: „Ein solches Argument würde den Kern der Frage nicht treffen. Die Gliedstaaten haben ihre Herrschaft nicht vom Reiche zu Lehen. Sie haben ihre Herrschaft nicht durch den Willen des Reichs. Sie waren Staaten durch eigene Gewalt, noch bevor das Reich über ihnen erstand. Wohl hat das Reich die höhere Macht, wohl kann es daher die Staaten vernichten. Aber doch nur alle Staaten zugleich. Denn es ist Bundesstaat. Und es ist deshalb gegründet auf das Prinzip der Gleichheit. Darauf kommt es an“ 1). Wenn es auf dieses Prinzip der Gleichheit ankommt, das doch nur ein aus der Natur des Bundesstaates gefolgerter Rechtssatz und kein allgemein dem Verhältnis des Oberstaates zum Unterstaat immanentes Merkmal ist, so steht es der Errichtung des elsaß-lothringischen Staates durch das Reich ebenfalls nicht entgegen. Denn sobald das Reich Elsaß-Lothringen mit der Macht eines Staates ausstattet, ihm damit die Stellung eines Gliedstaates einräumt, stellt es diesen neuen Gliedstaat hiermit notwendig auch unter diesen Rechtssatz der Gleichheit, falls er wirklich gilt. Und es kann ihm die staatliche Gewalt nur wieder entziehen, wenn es sie auch zugleich allen übrigen Gliedstaaten entzieht. Aus dem Umstand, daß die gegenwärtigen Gliedstaaten ihre staatliche Herrschaft nicht durch den Willen des Reiches haben, da sie ja als Staaten schon vor dem Reich bestanden, kann natürlich noch nicht gefolgert werden, daß das Reich in seinem Reichslande keinen Staat errichten kann. Will Redslob aber hiermit sowie mit dem Satze: „sie waren Staaten durch eigene Gewalt“ sagen, daß die staatliche Herrschaft geschichtlich ihnen nicht durch den Willen eines anderen Staates begründet worden sei, ihre Entstehung außerhalb des Rechts sich vollzogen habe und hierin sich das spezifisch Staatliche zeige — und er spricht dies u. a. klar und deutlich in den Worten aus: „Die Gründung eines anderen Staates ist kein Akt im Rahmen des Rechts“ — dann hat seine „ursprüngliche Gewalt“ die Bedeutung, die wir oben bei Aufzählung der Bedeutungen der

1) S. 315.

„Ursprünglichkeit“ an zweiter Stelle genannt haben [1]). Dann sind Staaten nur diejenigen Länder, deren Herrschaftsverfassungen auf außergesetzlichem oder ungesetzlichem Wege entstanden sind. Dann müssen wir viele zweifellose Staaten, auch von den deutschen Gliedstaaten, und vor allem das Deutsche Reich selbst aus der Liste der Staaten streichen; ebenso alle Gliedstaaten der Vereinigten Staaten von Amerika, die aus den „Territorien“ hervorgegangen sind.

In der bei diesen „Territorien“ angewendeten Methode der Staatengründung glaubt Redslob eine Durchführung und Bestätigung seiner Lehre von der ursprünglichen Gewalt zu erblicken und ist voll Bewunderung für den „feinen, selten irrenden politischen Takt der angelsächsischen Rasse“ [2]). Mit Nichten!

Die Umwandlung der Territorien in Staaten hat sich hier keineswegs außerhalb des Rechts der nordamerikanischen Union, unabhängig von seinem Staatswillen vollzogen, sondern jedesmal auf Grund und im Rahmen eines Spezialgesetzes der Union, des sogen. „Enabling Aktes“! Der Umstand, daß dieses gemäß dem die Union beherrschenden demokratischen Prinzip dem „Volke“ des Territoriums ein sehr weitgehendes Mitwirkungsrecht in der Feststellung der Verfassung des neuen Staates einräumt, berechtigt durchaus nicht, die Gründungsvorgänge außerhalb des Gesetzes der Union zu stellen. Man mag wegen der Mitwirkung des Volkes die neuen Staaten der Union politisch als aus dem Willen des Volkes selbst hervorgewachsen werten, rechtlich aber erfolgten die Staatengründungen auf Grund und in Gemäßheit eines Gesetzes, eines Willens der Union. Es ist eine Verkennung der Bedeutung der Enabling Akte, wenn Redslob diese darauf beschränkt: „Sie mindern die Herrschaftsübung der Union über die Gebiete, indem sie eine Reihe von autoritativen Akten zurückziehen, all diejenigen Akte nämlich, welche dem Kreis angehören, der nunmehr der partikulären Gewalt als Spielraum bleiben

1) S. 165f. Nähere Erörterung dieser Bedeutung in meiner Abhandlung.

2) S. 310f., 313.

soll. Die ermächtigenden oder genehmigenden Akte des Kongresses enthalten also keine Aktivität zur Schöpfung der neuen Staaten. Sie legen nur eine Schranke nieder, welche diese Schöpfung hindert“ [1]). Er widerlegt diese Einschränkung selbst, indem er im einzelnen darlegt, wie der Enabling Akt das Wahlrecht zu der die Verfassung feststellenden Konvention, die Zusammensetzung und Befugnisse dieser regelt, wie die Konvention „in Übereinstimmung mit dem ermächtigenden Akt des Kongresses eine Verfassung und eine Regierung“ festsetzt und die Wähler in einem Referendum über diese Verfassung abstimmen und der Präsident der Union dann das Ergebnis der Volksabstimmung in einer Proklamation verkündet; „alsdann, so bestimmt die Kongreßakte, soll der Staat Oklahoma bestehen und der Union auf dem gleichen Fuß wie die ursprünglichen Staaten angegliedert sein“ [2]); „sie (die Enabling Akte) legalisieren den Vorgang (die Gründung der neuen Staaten [3])“). Kann man deutlicher ausdrücken, daß diese Gründung ein Akt „im Rahmen des Rechts“, eine Schöpfung des Rechts ist! Und ein solches dem Enabling Akt entsprechendes Reichsgesetz auch für die Errichtung des elsaß-lothringischen Staates hält Redslob notwendig [4])!

So erweist selbst das klassische Beispiel Redslobs die Unrichtigkeit seiner Theorie. Sie ist unfähig, alle zweifellosen Staatenerscheinungen zu erfassen und zu erklären. Der von ihr gewiesene Weg zur Bildung eines Staates: ein Volksbeschluß (Kongreß und Referendum) ist keine aus dem Staatsbegriff sich ergebende Notwendigkeit. Er kann nur als politische Erwägung und Forderung gewertet werden. Kein staatsbegriffliches Bedenken steht dem Reiche entgegen, wenn es bei Errichtung eines elsaß-lothringischen Staates einen anderen Weg beschreitet, wenn es ihn gründet, ohne dem elsaß-lothringischen Volk eine erhebliche Mitwirkung hierbei einzuräumen.

1) S. 311. 2) S. 305ff. 3) S. 311. 4) S. 316.

Geltungsbereich und Anwendungsbereich der Gesetze.

Zur Grundlegung der völkerrechtlichen Theorie des Zwischenprivatrechts.

Von
Ernst Zitelmann.

I.

Wenn man die Rechtssätze, die bestimmen, ob bei der Entscheidung einer Privatrechtsfrage inländisches oder ausländisches und in diesem Falle welches ausländische Recht Anwendung zu finden hat, als Zwischenprivatrecht (Internationales Privatrecht) bezeichnet, so will man sie damit jedenfalls in Gegensatz gegen die Hauptmasse von Rechtssätzen stellen, die üblicherweise Privatrecht heißen, gegen das, wie man es wohl nennt, sachliche (materielle) Privatrecht oder die privatrechtlichen Sachnormen: es sind dies die Rechtssätze, die anordnen, daß bei Verwirklichung eines bestimmten Tatbestandes jedesmal eine bestimmte privatrechtliche Wirkung eintrete, also daß ein subjektives Privatrecht für eine Person erwachse (neu für sie entstehe oder auf sie übergehe) oder ihr wieder genommen werde. Das Zwischenprivatrecht hingegen setzt diese Sachnormen als etwas Gegebenes voraus und bestimmt nun ihren Anwendungsbereich. Dieser Gegensatz ist an sich gut verständlich, aber erschöpfend ist er nicht, eines seiner beiden Glieder bedarf der Erweiterung. Das Zwischenrecht (Zwischenprivatrecht, Zwischenstrafrecht usw.) bildet nur einen Teil einer größeren Menge von Rechtssätzen, die alle, anscheinend wenigstens, das gemeinsame Merkmal tragen, daß sie nicht wie die sachlichen Normen anordnen, es solle an einen

Tatbestand eine bestimmte rechtliche Wirkung geknüpft sein, sondern daß sie etwas über die Rechtsordnung selbst oder einzelne ihrer Abteilungen oder Stücke aussagen oder bestimmen. Man hat sie darum als „Recht der Rechtsordnungen“ bezeichnet (diesen Namen hat Affolter wenigstens für eine engere Gruppe von ihnen gewählt), besser wäre vielleicht noch die Bezeichnung „Rechtsquellenrecht“. Der leider zu früh verstorbene Giesker-Zeller, der in einer besonderen Arbeit 1914 diese Rechtssätze vollständig und systematisch aufzuweisen versucht hat, nannte sie „Rechtsanwendbarkeitsnormen“, doch erscheint mir das Wort Rechtsanwendbarkeit aus mancherlei Gründen wenig glücklich gewählt, und der Ausdruck Normen wird hier besser vermieden, da diese Rechtssätze, soweit sie den Sachnormen gegenüber etwas besonderes darstellen, nicht Gebote und Verbote, sondern eben etwas anderes, eigenes sind. Am besten scheint mir der von Bergbohm öfter mündlich gebrauchte Ausdruck „Recht über Recht“ zu sein, man könnte auch kürzer von „Überrecht“ reden.

Rechtssätze über Recht: was können solche Sätze inhaltlich zu bestimmen haben? Schon ein flüchtiger Überblick zeigt, daß sie sich ihrem Inhalt nach in drei Gruppen einordnen lassen (s. „Wert eines allgemeinen Teils“ in Grünhuts Zeitschrift 33 S. 2).

Einmal bestimmen sie etwas über die Enstehung der Rechtssätze: sie sagen, welche Tatsachen die Kraft haben, Recht hervorzubringen, und welche Voraussetzungen formeller und materieller Art im einzelnen dazu verwirklicht sein müssen. Es handelt sich hierbei hauptsächlich um die bewußte Rechtsetzung, d. h. die innerstaatliche Gesetzgebung und die völkerrechtliche Vereinbarung; die sich hierauf beziehenden Bestimmungen sind sehr mannigfach, zu ihnen gehören auch die von Giesker-Zeller zuerst klar hervorgehobenen Textfeststellungsnormen. Es handelt sich ferner um die Gewohnheit als Rechtsquelle. Ebenso gehören zu dieser Gruppe auch die Sätze, die bestimmen, durch welche Tatsachen ein Rechtssatz aufhört, Recht zu sein.

Zweitens gibt es eine Reihe von Rechtssätzen, die sich

auf die Sinnermittlung bei Rechtssätzen beziehen. Die in Worte gefaßten Sätze sind auszulegen, und über dieses Auslegen gibt es rechtliche Bestimmungen. Aber auch der Inhalt eines Gewohnheitsrechtssatzes ist erst aus den Akten tatsächlicher Übung zu erschließen, und die Art, wie das zu geschehen hat, wird wieder durch Sätze bestimmt, die als Rechtssätze angesehen werden müssen; übrigens sind diese Rechtssätze wenig bekannt und die ganze Frage ist kaum untersucht: ihre Schwierigkeit liegt darin, daß der Übungsakt etwas in jedem Sinne einzelnes (konkretes), der zu erschließende Gewohnheitsrechtssatz hingegen etwas allgemeines (abstraktes) ist; wie weit aber die Verallgemeinerung gehen darf, das gerade ist zweifelhaft. In nahem Zusammenhang mit den Rechtssätzen über Sinnermittlung stehen die über die Art, wie die sogenannten Lücken innerhalb der Rechtsordnung auszufüllen sind; zu diesen Rechtssätzen gehört insbesondere der, daß eine sogenannte analoge Ausdehnung eines Satzes erlaubt, oder, wie z. B. bei Strafsatzungen, ausgeschlossen sein soll.

Eine dritte Gruppe umfaßt diejenigen Rechtssätze, die das Verhältnis einer bestimmten Rechtsordnung oder eines bestimmten Gesetzes zu anderen Rechtsordnungen oder Gesetzen ordnen und darum seine Geltung und Anwendbarkeit nach irgend einer Richtung hin abgrenzen. Viele, so W i n d s c h e i d und G i e s k e r - Z e l l e r, sprechen hier von „Geltungsgebietsnormen", aber von Geltung zu reden, ist zu eng, da getrennt davon auch die Anwendbarkeit von Rechtssätzen abgegrenzt wird, und das Wort Gebiet ist ebenfalls als zu eng mißverständlich, da es nur an eine „räumliche" Abgrenzung denken läßt. Vielleicht empfiehlt es sich, allgemeiner von einer Abgrenzung des Herrschaftsbereichs (des Geltungsbereichs, des Anwendungsbereichs) zu reden. Die Abgrenzung des Herrschaftsbereichs einer Rechtsordnung oder auch nur eines einzelnen Gesetzes gegenüber anderen ist einmal insofern notwendig, als jeder jetzigen Rechtsordnung zeitlich eine andere vorangegangen ist: der z e i t l i c h e H e r r s c h a f t s b e r e i c h der neuen gegenüber der alten Rechtsordnung ist hier zu bestimmen. Weiter ist aber auch die

Abgrenzung gleichzeitig bestehender Rechtsordnungen nötig. Die verschiedenen Staaten haben verschiedene Rechtsordnungen, und der Herrschaftsbereich der einen muß von dem aller anderen reinlich geschieden sein. Neben dem Staat gibt es sodann sonstige gesetzgebende Mächte, so die Kirche, so die hochadeligen Häuser; auch deren Rechtsordnungen haben wieder ihren eigenen Herrschaftsbereich, und dieser muß festgelegt werden, sowohl im Verhältnis zu der staatlichen Rechtsordnung wie im Verhältnis zu einander. Auch innerhalb eines Staates können mehrere Rechtsordnungen gleichzeitig gelten und Abgrenzung gegeneinander verlangen, sei es, daß das Staatsgebiet in mehrere Rechtsgebiete zerfällt, sodaß sich hier im kleinen das Verhältnis wiederholt, das zwischen ganzen Staaten besteht, sei es, daß innerhalb desselben Gebiets mehrere sachlich sich unterscheidende Rechtsordnungen gelten, man denke nur an das Militärstrafrecht gegenüber dem gewöhnlichen Strafrecht.

Diese Dreiteilung beruht nicht auf flüchtiger Beobachtung, so daß sich vielleicht bei näherem Zusehen noch eine vierte Gruppe finden könnte, sie ist auch nicht willkürlich in dem Sinne, daß auch eine andere Einteilung möglich wäre, sondern sie entspringt aus dem Wesen der Sache Andererseits hängen die drei Gruppen miteinander notwendig und unmittelbar zusammen. Jeder Rechtssatz ist in Gedanken gefaßter Willensinhalt, sein Inhalt ist mit seinem Dasein notwendig gegeben. Da er seinem Begriff nach wirkende Kraft sein soll, ist mit seinem Dasein von selbst auch ein bestimmter Bereich, für den er wirken soll, gegeben. Alle Recht-über-Recht-Sätze haben demnach zusammen nur eine einzige Aufgabe, in ihr finden sie ihre Einheit: sie wollen angeben, welcher Satz die rechtliche Ordnung für diese bestimmten Lebensverhältnisse bildet, oder — von anderem Ausgangspunkt aus — ob ein bestimmter Satz die rechtliche Ordnung für diese bestimmten Lebensverhältnisse abgibt, ob ein Satz dieses bestimmten Inhalts also überhaupt Recht ist und ob er gerade dieses Lebensverhältnis ordnen soll.

Rechtssätze über Recht: was für Recht ist es, auf

das sich jene Rechtssätze beziehen können? Vor allem kommt das Privatrecht in Betracht. In den Pandektensystemen war es lange schon üblich, dem allgemeinen Teil eine Einleitung vorausgehen zu lassen oder in ihm ein erstes Buch voranzustellen, das die Lehre vom „objektiven Recht" enthielt. Andere Rechtsteile, insbesondere das Strafrecht und das Zivilprozeßrecht, haben dann ähnliches getan: die Recht-über-Recht-Sätze können sich eben auf jeden beliebigen Teil der Rechtsordnung beziehen, auch auf jeden Zweig des öffentlichen Rechts, und, was besonders tiefe Einblicke erlaubt, auch auf das Völkerrecht. In gewissem Umfang sind sie für alle diese Rechtsteile die gleichen, insofern gehört ihre Darstellung nur in eine allgemeine Rechtslehre; aber auch, wo sie für die einzelnen Rechtsteile verschieden sind, würde es doch nützlich sein, sie zusammen zu behandeln, weil sich aus ihrer vergleichenden Behandlung eine Vertiefung der Erkenntnis ergeben würde. Übrigens gibt es neben den Rechtssätzen über Recht, die allgemeiner Natur sind, d. h. sich auf eine unbestimmte Vielheit möglicher Fälle — damit ist hier gemeint möglicher Sätze, die als Rechtssätze in Anspruch genommen werden — beziehen, auch solche, die nur ein einzelnes Gesetz betreffen: sie bestimmen etwas über sein Inkrafttreten, seine Aufhebung, seinen Geltungsbereich usw., z. B. sie sagen, dieser Rechtssatz trete außer Kraft, oder dieses Gesetz könne nur mit Zweidrittel-Stimmenmehrheit abgeändert werden, oder bei diesem völkerrechtlichen rechtsetzenden Abkommen sei die Kündigung für die vertragschließenden Teile in dieser bestimmten Weise möglich.

Ihrem Ursprung nach sind die Recht-über-Recht-Sätze von doppelter Art. Innerhalb einer Rechtsordnung entstehen sie in großer Zahl auf die gleiche Art wie die Sachnormen auch, insbesondere also innerstaatlich durch Gesetzgebung; und zwar finden sich hier die Sätze der ersten Gruppe gewöhnlich in der „Verfassung", die der dritten Gruppe werden neuerdings meist in eigene Einführungsgesetze zusammengeordnet; alle diese Rechtssätze teilen dann ganz die Eigenschaften der Sachnormen, die aus gleicher Quelle stammen, sie sind in jeder Beziehung innerstaatliches Recht, wie es die Sachnormen auch sind. Ebenso können die Rechtssätze über Völkerrecht durch völkerrechtliche Vereinbarung entstehen; ein Beispiel zeigte schon die Bestimmung über Kündigung eines völkerrechtlichen Abkommens.

Aber man sieht leicht, daß alle Rechtssätze, die durch Gesetzgebung entstehen — um zunächst nur von diesen zu reden —, nur abgeleiteter Natur sind: sie gelten nur dann und deshalb, wenn und weil der allgemeine Satz gilt, daß das, was diese bestimmten Personen oder Körperschaften in bestimmter Weise als Recht erklären, auch wirklich Recht ist, daß diese Personen also Gesetzgebungsgewalt haben. Dies hat einst Bierling im ersten Teil seiner „Kritik der juristischen Grundbegriffe" S. 17 ff. sehr eindrucksvoll gezeigt. Mag dieser Satz über die Gesetzgebungsgewalt auch wieder durch ein Gesetz festgelegt sein, so muß man hier doch rasch an eine letzte Grenze kommen: jede Zurückführung auf ein Gesetz muß damit enden, daß schließlich ein Gesetz gefunden wird, das „von selbst", „durch sich selbst" gilt, womit nur die Verneinung ausgedrückt sein soll, daß seine Geltung nicht aus einem weiteren Rechtssatz herzuleiten ist, sondern aus Tatsachen ganz anderer Art erwächst. Aber dieser Gedanke muß weiter verfolgt werden. Der ursprüngliche Gesetzgebungssatz hat nicht bloß den Inhalt, daß er die Personen bezeichnet, denen Gewalt, Recht zu schaffen, zustehen soll, sondern er hat notwendigerweise auch zu sagen, durch welche Handlungen sie das können: es sind zur Rechtschaffung bestimmt geformte Handlungen nötig, und diese Handlungen müssen, um wirksam zu sein, gewissen Erfordernissen entsprechen — man denke nur an die Notwendigkeit der „Verkündung", an die Frage, wie es zu halten ist, wenn der Gesetzgeber irrtümlich eine unrichtige Erklärung abgegeben hat, wie weit er handlungsfähig sein muß und anderes derart. Und noch mehr. Dieser ganze verwickelte ursprüngliche Rechtssatz über die Gesetzgebung als Rechtsquelle und damit die Gesetzessätze, die aus diesem ursprünglichen Satz ihre Kraft schöpfen, müssen einen bestimmten

Herrschaftskreis besitzen. Sie können sich diesen Herrschaftskreis willkürlich bestimmen, aber diese Bestimmung hat dann selbst wieder ihren bestimmten Herrschaftskreis. Auch hier kommen wir auf einen ursprünglich geltenden Satz über den Herrschaftskreis zurück. Endlich bedürfen die Gesetzessätze, die auf Grund des ursprünglichen Rechtsquellensatzes entstehen, der Auslegung. Die Sätze, nach denen diese Auslegung vorzunehmen ist, können selbst wieder durch Gesetzgebung geschaffen sein, aber wenn das der Fall ist, so bedarf doch der durch Gesetz geschaffene Auslegungssatz selbst wieder der Auslegung, und diese steht unter Rechtssätzen, insbesondere nach der Seite hin, ob das Wort (der objektive Sinn) oder der Wille des Gesetzgebers (der subjektive Sinn) entscheidet, und so kommen wir auch hier auf Auslegungssätze zurück, die ursprünglicher Natur sein, die durch sich selbst gelten müssen.

Nicht anders steht es mit dem gesamten aus Vereinbarung entspringenden Völkerrecht. Seine Geltung beruht allein auf dem Satz, daß völkerrechtliche Vereinbarungen die Kraft haben, Recht zu schaffen, und dieser Satz kann nicht wieder auf einen anderen Rechtssatz zurückgeführt werden, sondern ruht in dem vorher bezeichneten Sinne durchaus „auf sich selbst". Auch alles Gewohnheitsrecht ist lediglich auf solche ursprüngliche Weise entstanden und entsteht so in bescheidenem Maße noch heute; dabei kommt es natürlich ganz auf das Gleiche hinaus, ob wir in jeder einzelnen gewohnheitsrechtlichen Bildung eine ursprüngliche Rechtsschöpfung erblicken, oder ob wir verallgemeinernd einen einzigen ursprünglichen Rechtssatz des Inhalts, daß durch gewohnheitliche Übung Recht gebildet werden könne, annehmen und die Kraft der einzelnen gewohnheitsrechtlichen Bildung dann auf diesen allgemeinen Satz zurückführen. Wohl kann innerhalb einer vorhandenen Rechtsordnung der Gesetzgeber versuchen, eigene Rechtssätze über die Bildung von Gewohnheitsrecht aufzustellen, er kann die Gewohnheit als Rechtsquelle beschränken oder abschaffen. Aber die Sätze, mit denen er das tut, sind selbst wieder der Gefahr ausgesetzt, auf ursprüngliche

Weise abgeändert zu werden, insbesondere also durch eine abschaffende Gewohnheit. Der ursprünglichen Rechtsbildung gegenüber ist eben jeder einzelne bewußt geschaffene Satz schließlich machtlos.

Wir haben demnach hier innerhalb der Recht-über-Recht-Sätze noch eine ganz eigenartige Klasse von Rechtssätzen, eigenartig nicht durch ihren Inhalt, sondern durch ihren Geltungsgrund: ihre Geltung führt nicht auf Rechtssätze zurück, sondern ist ursprünglicher Art. Es sind Sätze, die in diesem Sinne „von Natur" gelten — das verfolgte Naturrecht hält sich in dieser Stellung gegen jeden Angriff. Sie bilden „Überrecht" auch in dieser Bedeutung des Wortes. Man könnte leicht auf den Ausweg verfallen, zu bestreiten, daß diese Sätze wirkliches Recht sind, aber das wäre doch schließlich nur ein Spiel mit Worten. Ihrem Geltungsgrund nach sind diese ursprünglichen Überrechtssätze von all den anderen Rechtssätzen, die innerhalb einer schon vorhandenen Rechtsordnung durch Gesetzgebung oder im Staatenverkehr durch Vereinbarung entstehen, allerdings unterschieden, ihrer Wirkung nach sind sie ihnen gleichwertig, und das genügt, um sie dem Recht zuzurechnen.

Damit entsteht notwendig die Frage, was für Tatsachen es denn sind, denen diese Sätze ihre Geltung verdanken; hierauf Antwort zu geben, ist die wichtigste Aufgabe der Rechtsphilosophie. Die Frage hat doppelten Sinn. Sie geht einmal dahin, unter welchen Voraussetzungen das Urteil, daß ein Satz als Rechtssatz gelte, berechtigt sei, sie fragt also nach der „objektiven Geltung" des Satzes, ganz so, wie auch bei Sätzen der Ethik immer wieder nach einer Begründung ihrer „objektiven Geltung" gesucht wird. In diesem Sinne taucht die Frage in tiefste Tiefen. Sie hat aber auch einen anderen bescheidneren Sinn: sie will wissen, unter welchen Voraussetzungen sich die Vorstellung, daß ein Satz als Rechtssatz gelte, bei den Menschen tatsächlich einstelle; in diesem zweiten Sinne ist sie eine Frage lediglich der beobachtenden Psychologie. In meiner Arbeit über den Geltungsgrund des Gewohnheitsrechts (Zivil. Arch. Bd. 66 S. 451 ff.) habe ich diese beiden Fragen zwar streng unterschieden, aber nur die zweite zu beantworten versucht und mich der Berechtigung der ersten allzu zweifelnd gegenübergestellt. Ich erkenne ihre Berechtigung, ja ihre überragende Bedeutung heute unumwunden an und glaube, daß eine befriedigende Antwort im Zusammenhang mit der allgemeinen Wertlehre möglich ist (s. hierzu Herrfahrdt, Lücken im Recht, 1915, S. 66), sofern man nur den Begriff der objektiven Geltung nicht allzusehr überspannt. Aber hier ist nicht der Ort, diese metajuristischen Fragen zu erörtern; nur zu der Frage im zweiten Sinne sei eine Bemerkung gestattet, die auch einen gewissen Gegenwartswert besitzt. Immer wieder wird uns von unseren Feinden vorgeworfen. die deutsche Wissenschaft lehre, daß alles Recht ursprünglich lediglich Macht sei; das sei ein aus barbarischer Gesinnung entspringender Glaubenssatz der Deutschen. Aber die ernsthafte deutsche Wissenschaft hat in Wahrheit diesen Satz niemals aufgestellt. Er wäre auch unhaltbar: die Antwort wird vielmehr für die einzelnen Arten der ursprünglichen Überrechtssätze sehr verschieden ausfallen müssen; ja auch ein Satz gleicher Art kann sich bald auf die eine, bald auf eine andere Weise bilden.

Aber selbst, wenn man jene Behauptung, daß wir das Recht auf die Macht zurückführten, nur auf den wichtigsten ursprünglichen Rechtssatz bezieht, auf den Satz, durch den gewissen Personen oder Personenmehrheiten die Gesetzgebungsgewalt zuerkannt wird, ist sie unrichtig. Niemals ist gelehrt worden, daß dieser Satz nur aus tatsächlichen Machtverhältnissen entspringen könne, man müßte denn das Wort Macht in einem so weiten Sinne gebrauchen, daß der Begriff ganz verflüchtigt wird. Versteht man unter der Macht einer Person, die als Gesetzgeber Befehle gibt, lediglich die Tatsache, daß sich die anderen, denen die Befehle gelten, innerlich genötigt fühlen zu gehorchen, so ist die Behauptung, daß die Gesetzgebungsgewalt auf solcher Macht beruhe, lediglich eine Gleichrede. Man wiederholt in Wahrheit nur die Frage, denn diese geht ja gerade dahin, warum sich die anderen genötigt fühlen. Selbst wo die Gesetzgebungsgewalt eines einzelnen Menschen, eines Fürsten, anerkannt wird, geschieht das keineswegs immer deshalb, weil er wirkliche Machtmittel besitzt, um die Befolgung seiner Befehle zu erzwingen. Die Anerkennung der Befehlsgewalt kann durch abergläubische oder religiöse Vorstellungen hervorgebracht sein, oder sie kann lediglich auf Gewohnheit beruhen oder auf der Empfindung der Erhabenheit, die Alter, Erfahrung oder irgend eine andere persönliche eindrucksvolle Eigenschaft verleiht. Unendlich vieles und verschiedenes kann hier zusammen kommen. Wie sich neue Gesetzgebungsgewalten bilden, dies zu beobachten, haben wir ja gerade jetzt nur allzu viel Gelegenheit gehabt. Es ist bemerkenswert, daß der Satz über die Gesetzgebungsgewalt sich bald langsam herausbildet, bald mit entladungsartiger Schnelligkeit plötzlich da ist — man braucht nur an die Gründung des norddeutschen Bundes zu denken.

Bei allen anderen ursprünglichen Rechtssätzen kann von einer Bildung durch die Tatsache der Macht überhaupt keine Rede sein. Für das Gewohnheitsrecht ist das selbstverständlich ausgeschlossen. Ebenso für den Satz, daß Völkerrecht aus der Vereinbarung von Staaten entstehen kann: dieser Satz beruht auf Wertvorstellungen, die letztlich in naher Verwandtschaft mit der Ethik stehen. Die sonstigen ursprünglichen Rechtssätze sind zum Teil nichts als analytische Folgerungen aus dem Satz über die Gesetzgebungsgewalt — für die Lehre vom Herrschaftsbereich soll gerade dies nachher ausgeführt werden —, zum Teil sind sie Folgerungen aus den Vorstellungen über den Zweck, dem die Rechtsordnung überhaupt dienen soll, Vorstellungen, die in weitem Maße mit Notwendigkeit überall die gleichen sind. Aus beiden Gesichtspunkten erklären sich insbesondere auch die Sätze, die man schon ursprünglich über die materiellen Erfordernisse des ersten Gesetzgebungsaktes oder des ersten völkerrechtlichen Rechtsetzungsgeschäftes aufstellen muß. Auf Macht beruhen jedenfalls all diese Sätze nicht. Doch muß hier leider abgebrochen werden.

Mit alle dem Gesagten ist aber noch nicht entschieden, daß es sich bei den Rechtssätzen über das Recht, den ursprünglichen wie den abgeleiteten, wirklich um eine den

Sachnormen gegenüber inhaltlich ganz eigene Art von Rechtssätzen handelt. Dies muß vielmehr noch festgestellt werden, und zwar für jeden einzelnen der aufgeführten Rechtssätze besonders, denn die Antwort wird voraussichtlich nicht einheitlich sein.

Eines ist sofort sicher: der Gegensatz zwischen Sachnormen und Recht-über-Recht-Sätzen ist kein ausschließender, denn einige von diesen Sätzen gehören von der einen Seite aus angesehen unzweifelhaft zu den Recht-über-Recht-Sätzen, zugleich aber zeigen sie sich von einer anderen Seite als materiellrechtliche Sätze. So steht es mit den Sätzen, durch die innerhalb eines vorhandenen Staates gewissen Organen das Recht der Gesetzgebung verliehen wird: sie bilden sachliches öffentliches Recht, denn sie ordnen an, daß bestimmten Organen ein bestimmtes öffentlichrechtliches subjektives Recht zustehe; in diesem Zusammenhang werden sie auch gewöhnlich vorgetragen. Daß sie aber zugleich Recht über Recht enthalten, liegt auf der Hand. Ebenso steht es, wenn in einem völkerrechtlichen Abkommen einem Staat das Recht zur Kündigung dieses Abkommens verliehen wird: eine solche Bestimmung ist sachliches Völkerrecht, indem sie dem einzelnen Staat dieses Recht gibt, sie ist Recht über Völkerrecht, indem sie etwas über Völkerrechtsnormen aussagt.

Bei den Rechtssätzen der zweiten und dritten Gruppe tritt die schwierige Frage auf, ob diese als Überrechtssätze erscheinenden Rechtssätze nicht in Wahrheit doch nur versteckte Sachnormen sind. Soweit sie sich lediglich auf die eigene Rechtsordnung beziehen, ist die Auffassung wenigstens möglich, daß es sich bei ihnen um verselbständigte Teile von Sachnormen handelt, um materielle Teilrechtssätze, wie ich sie früher genannt habe; man könnte z. B. einen Auslegungssatz als einen Bestandteil jedes einzelnen materiellen Rechtssatzes ansehen, der von dieser Auslegung betroffen werden könnte, mag sie schon bestehen oder künftig erst neu entstehen, ähnlich wie sich z. B. der Satz, daß Rechtsgeschäfte Geschäftsunfähiger nichtig sind, auf sämtliche Arten von Rechtsgeschäften bezieht, mögen sie schon jetzt rechtlich geordnet sein oder erst von künftigen Gesetzen geordnet werden. Ebenso könnte man die Rechtssätze, welche z. B. den Herrschaftsbereich des Militärstrafrechts gegenüber dem gemeinen Strafrecht bestimmen, dahin auffassen, sie gäben Voraussetzungen an, die zu jedem vom Militärstrafgesetz geregelten Tatbestande mitgehörten und nur der Kürze halber hier zusammengefaßt und selbständig ausgesprochen seien. In manchen Fällen wird diese Auffassung naheliegen, in anderen, z. B. bei den Auslegungssätzen, würde sie äußerst künstlich, ja gekünstelt erscheinen. Vor allem wird es wichtig sein, festzustellen, ob die eine und die andere Auffassung zu verschiedenen Folgerungen führen, und ob nicht nach den Folgerungen die Entscheidung getroffen werden kann. Für das Zwischenprivatrecht, für das übrigens die Grenzscheidung gegenüber dem sachlichen Privatrecht auch noch in anderer Beziehung Schwierigkeiten macht, habe ich die Frage eingehend erörtert (Intern. Privatr. I S. 251 ff.) und habe dabei auf den vom Gesetzgeber verfolgten Zweck Gewicht gelegt, übrigens nicht ohne Widerspruch zu finden. Davon abgesehen fehlt es in all den bezeichneten Fragerichtungen bisher noch so gut wie völlig an genügender Untersuchung; hier sollte einmal genauer gearbeitet werden.

Soweit demnach die Überrechtssätze dem sachlichen Recht gegenüber eine eigene Rechtsschicht darstellen, fallen sie ganz außerhalb des Bereichs der üblichen Einteilung des Rechts in Privatrecht, öffentliches Recht des Staates und Völkerrecht, denn diese Einteilung bezieht sich nur auf die Sachnormen. Die Überrechtssätze sind Sätze *über* Völkerrecht, *über* öffentliches Recht, *über* Privatrecht, aber nicht Sätze *des* Völkerrechts, *des* öffentlichen Rechts, *des* Privatrechts. Unrichtig also war es, wenn ich einst (Intern. Privatr. I S. 199) die innerstaatlich geltenden Sätze des Zwischenprivatrechts in der Erkenntnis, daß sie nicht Privatrecht und nicht Völkerrecht seien, dem öffentlichen Recht glaubte zuweisen zu müssen, da ein anderes nicht übrig bleibe. In Wahrheit ist der Gegensatz nur für das sachliche Recht erschöpfend, das Zwischenprivatrecht gehört nicht in ihn hinein. Daß dieser Rechtsteil im Übrigen in nächster inhaltlicher Beziehung zu dem öffentlichen Recht des Staates und dem Völkerrecht steht, bleibt daneben durchaus richtig.

Noch verfehlter ist es, wenn man das Zwischenprivatrecht deshalb für öffentliches Recht erklärt, weil es Befehle an den Richter enthalte, diese oder jene Rechtsnormen anzuwenden; in entsprechender Weise hat man sogar die Auslegungsregeln als Anweisungen an den Richter betrachtet. Hierin liegt eine Verwechslung des Grundes und der Folge, oder schärfer gesagt der Folge mit dem Wesen der Sache. Weil jene Sätze über die Auswahl der anzuwendenden Rechtsordnung und über ihre Auslegung wirklich Recht sind, muß auch der Richter ihnen folgen. Aber ihre Rechtsnatur besteht nicht darin, daß der Richter sie befolgen muß. Diese unrichtige Auffassung mag mit der üblen romanistischen Denkgewohnheit zusammenhängen, alles Recht im Lichte des Prozesses zu sehen. In Wahrheit beschränkt sich die Wirkung dieser Sätze gar nicht auf den Richter, sondern sie verlangen von jedem, der den Fall entscheiden will, auch von der Partei selbst, zugrundegelegt zu werden.

II.

Indes es ist Zeit, mit diesen allgemeinen Erörterungen zu enden; unser praktisches Ziel liegt in der Lehre vom Inhalt des Zwischenprivatrechts. Der Weg dahin führt über die allgemeinere Lehre vom Herrschaftsbereich der Rechtssätze. Dabei sei der Erleichterung halber für das folgende angenommen, daß es sich nur um staatlich geschaffene Rechtssätze handelt — die durch Gewohnheit entstandenen bedürfen gesonderter Betrachtung —, und daß der Staat ein völlig einheitliches Recht besitzt.

Die übliche Lehre vom Herrschaftsbereich des Rechts geht von der sich sofort aufdrängenden Beobachtung aus, daß alle Rechtsbildung als zeitliches Geschehen verläuft: daraus ergibt sich die Vorstellung einer zeitlichen Geltung der Gesetze. Die alte Gewohnheit, Zeit und Raum immer nebeneinander zu denken, verführt dann dazu, dem zeitlichen

Geltungsbereich der Gesetze sofort einen räumlichen oder örtlichen an die Seite zu stellen, wie ja auch die Gesetze selbst vielfach einen solchen angeben („verordnen für den Umfang der Monarchie"), und diesen Gegensatz als ausschließenden zu betrachten. Von dem zeitlichen und örtlichen Geltungsbereich der Rechtssätze unterscheidet man weiter den zeitlichen und örtlichen Bereich ihrer Anwendbarkeit; die Grundsätze über den örtlichen Anwendungsbereich privatrechtlicher Sätze sollen dann das Zwischenprivatrecht (das internationale Privatrecht) bilden. Auch dieser Gegensatz zwischen Geltungsbereich und Anwendungsbereich wird wie etwas Selbstverständliches hingenommen. So wenig man den Satz „das BGB gilt vom 1. Januar 1900 ab" für einen Satz des Übergangsrechts (des intertemporalen Privatrechts) ansieht, so wenig hält man den Satz „das BGB gilt für den ganzen Umfang des Deutschen Reiches" für einen Satz des Zwischenprivatrechts.

Wie üblich diese Denkweise auch sein mag, so verstecken sich in ihr doch Fehler oder Unklarheiten. Die traurige Verwirrung, die noch immer in der Lehre des an sich so einfachen und klaren Zwischenprivatrechts herrscht, hat hier ihren ständigen Nährboden, und darum ist es nicht überflüssig, diese Begriffe noch einmal zu erörtern. Die Grundgedanken und Ergebnisse des folgenden sind im Wesentlichen die gleichen, wie sie im Intern. Privatr. I S. 42 ff. dargelegt worden sind; die Wiederholung soll sich aber dadurch rechtfertigen, daß hier eine neue Beweisführung versucht wird, die vielleicht klarer und eindringlicher wirkt als die früher gegebene.

Man muß vom Begriff der Geltung ausgehen. Das Urteil, ein Rechtssatz bestehe, drückt zunächst nur die äußere Tatsache aus, daß ein Willensakt des Gesetzgebers, ein Gesetzschaffungsakt erfolgt ist. Sagt man aber, ein Rechtssatz gelte, so will man damit inhaltlich mehr ausdrücken: man denkt dann an die dem Gesetz innewohnende Kraft, an seine „Verbindlichkeit". Geltung ist die eigentümliche Form der Wirklichkeit eines Satzes. Seine Wirklichkeit zeigt sich in seinem Wirken. Was wirkt ein abstrakter

Rechtssatz? Er wirkt, daß den Einzelnen Gebote, Verbote in verbindlicher Weise treffen. Da nun der Gesetzgeber seine Gebote und Verbote nicht für den Einzelfall (konkret), sondern allgemein (abstrakt) und in weitem Umfange bedingt gibt, nämlich nur für den Fall, daß sich ein bestimmter Tatbestand künftig verwirklichen sollte, so bedeutet die Geltung des Gesetzes, daß es die Kraft hat, bei der Verwirklichung dieses Tatbestandes jene Verbindlichkeit dessen, an den die Gebote und Verbote ergehen, zu schaffen. Oder in anderem Ausdruck: „das Gesetz gilt" bedeutet: die von dem Gesetz angeordnete rechtliche Wirkung tritt bei jeder Verwirklichung des Tatbestandes ein. Sachlich ist das ganz das Gleiche. Wenn wir von einer an den Tatbestand geknüpften rechtlichen Wirkung sprechen, so meinen wir damit letzten Endes immer dies, daß gewiße Gebote und Verbote bei dieser Tatsachenlage „lebendig" werden oder wieder fortfallen. Selbstverständlich muß man dabei den Irrtum meiden, das Gesetz unmittelbar als die Ursache der Rechtswirkung zu denken: als solche Ursache kann man allein den Tatbestand selbst ansehen, das Gesetz hat nur den eigentümlichen Zusammenhang zwischen einem Tatbestand und jener Rechtswirkung gestiftet, es hat solchen Tatsachen die Kraft verliehen, solche Rechtswirkung hervorzubringen. Einen anderen Sinn als den dargelegten kann es nicht haben, wenn man sagt, ein Rechtssatz gelte; kein anderer Sinn wäre annehmbar, es ist auch noch nie der Versuch gemacht worden, dem „Gelten" einen anderen Sinn beizulegen. Auch wenn wir von einem Naturgesetz behaupten, daß es gelte, wollen wir nichts Anderes sagen als dies: bei Vorliegen dieser bestimmten tatsächlichen Bedingungen tritt immer diese bestimmte chemische oder physikalische Wirkung ein. Wichtiger aber noch als beim Naturgesetz ist diese klare Erfassung des Geltungsbegriffs beim Rechtsgesetz, denn das Naturgesetz ist immer und überall eines, der Rechtsordnungen aber kann es mehrere geben; daher ist es nötig, den Geltungsbereich jeder einzelnen im Verhältnis zu den anderen zu bestimmen, und dazu eben muß der Begriff der Geltung erst feststehen.

Der Geltungsbereich ist zunächst zeitlich abgegrenzt. Darunter ist folgendes zu verstehen. Das Gesetz selbst ist etwas zeitlich bestehendes, denn es wird in einem bestimmten Zeitpunkt durch eine Handlung der gesetzgebenden Organe des Staates hervorgebracht, und wir beobachten, daß auch entgegengesetzte aufhebende Willensakte zeitlich auftreten können: das Gesetz wird dann wieder abgeschafft. Jedes Gesetz hat also einen bestimmten Zeitraum seines Daseins. Andererseits sind aber auch die rechtlichen Wirkungen, die das Gesetz anordnet, wenn schon sie etwas Gedachtes sind, doch immer von zeitlicher Natur: sie treten in irgend einem jener Zeiträume ein. Wenn das Gesetz den Menschen Gebote gibt, sich, sobald sich ein bestimmter Tatbestand verwirklichen sollte, so und so zu verhalten, so werden diese Gebote in dem Zeitpunkt, da der Tatbestand sich vollendet, lebendig, oder anders ausgedrückt, die Rechtswirkung tritt jetzt ein. Aus dieser Gleichung zwischen dem zeitlichen Dasein des Gesetzes und der zeitlichen Natur der darin angeordneten Rechtswirkungen ergibt sich der Sinn, den es inhaltlich allein haben kann, wenn man von einer zeitlichen Geltung des Gesetzes redet. Besteht der allgemeine Begriff der Geltung eines Gesetzes lediglich darin, daß sich die von dem Gesetz angeordneten Wirkungen bei Vollendung des Tatbestandes an diesen anknüpfen, so kann auch das zeitliche Gelten niemals etwas anderes bedeuten als dies: innerhalb dieses bestimmten Zeitraumes müssen die Wirkungen, die dieses Gesetz angeordnet hat, immer eintreten, sobald sich der von diesem Gesetz genannte Tatbestand vollendet; außerhalb dieses Zeitraumes hingegen hat dieses Gesetz keine Kraft, irgend eine Wirkung eintreten zu lassen. Einen anderen angebbaren Sinn kann das zeitliche Gelten wiederum nicht haben. Man denke einmal den unmöglichen Gedanken, daß in einem gegebenen Zeitpunkt sich ein Naturgesetz ändert; dann würde doch die Folge selbstverständlich die sein, daß die von dem alten Naturgesetz an bestimmte Tatsachen geknüpfte Naturwirkung von jetzt ab bei Verwirklichung einer solchen Tatsachenlage nicht mehr eintreten würde, daß hingegen von jetzt ab bei

Vorliegen eines solchen Tatbestandes, wie ihn das neue Naturgesetz nennt, die von diesem neuen Naturgesetz angeordnete Wirkung eintreten müsste.

Entscheidend für das Eintreten der Rechtswirkung ist hiernach immer das Gesetz, das gerade in dem Augenblick, gilt, in dem die Rechtswirkung eintreten soll. Dieser Augenblick ist nun derselbe, in dem sich der Tatbestand vollendet, denn begrifflich kann es zwischen der Vollendung des ursächlichen Tatbestandes und der Wirkung keinen leeren Zwischenraum geben. Dadurch wird es möglich, die Begriffsbestimmung auch umzuformen und auf die Tatbestände, die Fälle, abzustellen; man kann sagen: die zeitliche Geltung eines Gesetzes bedeutet, daß dieses Gesetz für alle sachlich von ihm geordneten Tatbestände (Fälle) maßgebend ist, die sich in diesem Zeitraum vollenden. Aber wohl verstanden: es kommt in keiner Weise darauf an, wann sich die einzelnen Tatsachen, die die Bestandteile des Gesamttatbestandes sind, verwirklicht haben: die Wirkung tritt ein, sobald sich der letzte Bestandteil des gesamten Tatbestandes, gleichgiltig welches er sei, verwirklicht hat.

Wie man sieht, ist der zeitliche Geltungsbereich des Gesetzes mit seinem Dasein von selbst gegeben. Wenn das Gesetz nichts anderes sagt, fällt der Geltungsbereich genau mit dem Zeitraum zwischen Entstehung und Untergang des Gesetzes zusammen. Indes kann der Gesetzgeber den Geltungsbeginn eines Gesetzes auch noch hinausschieben, sei es durch eine allgemeine Bestimmung, wie die in der Reichsverfassung von 1871 Art. 2, sei es durch eine besondere in oder zu dem Gesetz. Wir haben dann Fälle, wo das Gesetz bereits da ist, aber noch keine Kraft hat. Daß seine Geltung mit seinem Untergang notwendig erlischt, ist selbstverständlich.

Diesem zeitlichen Geltungsbereich einen räumlichen an die Seite zu stellen, ist nun aber, genau betrachtet, sinnlos. Denn einmal besteht das Gesetz nicht in entsprechendem Sinn örtlich wie zeitlich; der Gesetzgebungsakt erfolgt zwar auch irgendwo, an irgend einem Raumpunkt, aber das ist gleichgiltig: das Gesetz selbst hat als Gedankending kein örtliches Dasein. Sodann sind auch die vom Gesetz angeordneten Rechtswirkungen nicht in entsprechendem Sinn etwas Räumliches, wie sie etwas Zeitliches sind. Sie treten als etwas Gedachtes wohl zeitlich, aber nicht in einem bestimmten Raumpunkt ein. Man hat zwar durch sehr künstliche Gedankengänge diese Vorstellung, daß alle Rechtsverhältnisse räumlich irgendwo wurzelten, ausbilden und durchführen wollen, insbesondere hat das Savigny mit seiner berühmt gewordenen Formel vom Sitz der Rechtsverhältnisse versucht. Aber man ist heute darüber einig, daß es sich hierbei nicht um eine sachlich zutreffende Vorstellung handelt. Mit dem örtlichen Geltungsbereich ist vielmehr zweifellos nur gemeint, daß das Gesetz äußerlich betrachtet in einem bestimmten Staat gilt; indem man nun den Staat als etwas örtlich existierendes ansieht, gibt man auch dem Gesetz sein örtliches Dasein und sagt, es gelte örtlich. Aber diese Vorstellung ist doch unzureichend, ja irreführend.

Allerdings besteht jeder Staat auf einem bestimmten Gebiet. Das ist Wesensmerkmal für ihn; für die volkstümliche Betrachtung tritt dies Raummerkmal des Staates sogar zuerst und am stärksten hervor, wie auch der Name des Staates vielfach von seinem Gebiet hergenommen ist. Als ebenso wesentlich denken wir aber in seinem Begriff bekanntlich auch das Staatsvolk: er ist Organisation einer Mehrheit von Menschen. Daraus ergibt sich zugleich der Kreis seiner Herrschaft oder Macht, dies Wort natürlich nicht im Sinne tatsächlicher sondern rechtlicher Macht genommen, einer durch rechtliche Ordnung bestimmten Macht. Jeder Staat hat notwendig Rechtsmacht über dieses Gebiet und auf ihm (Gebietshoheit) und ferner über dieses Volk (Personalhoheit). Über dieses Gebiet: das heißt er darf seinen Willen auf diesem Gebiet und gegenüber den auf diesem Gebiet weilenden Personen, auch wenn sie Fremde sind, durchsetzen; und über diese Personen: das heißt er darf seinen Willen gegenüber seinen Staatsangehörigen geltend machen und Gehorsam von ihnen verlangen, auch wenn sie außerhalb seines Gebiets verweilen.

Diese Rechtsmacht, die der Staat für sich in Anspruch

nimmt, richtet sich aber, wie jede Herrschaft, nach zwei Seiten hin: sie richtet sich mit bejahendem Inhalt nach innen, d. h. sie will die soeben bezeichneten Personen ergreifen; sie richtet sich aber auch mit abwehrendem Inhalt nach außen gegen die anderen Staaten, mit denen der Staat tatsächlich zusammen lebt, d. h. sie fordert, daß diese anderen Staaten sich jedes Eingriffs in seinen eigenen Machtkreis enthalten. Nun bestimmt der Staat seinen Machtbereich freilich zunächst allein durch seinen eignen Willen. Nach innen hin (staatsrechtlich) kann er das auch ohne Weiteres, nach außen hin aber stoßen seine Ansprüche auf die der anderen Staaten, und da er darauf angewiesen ist, mit diesen friedlich auszukommen, so hängt seine Macht als Rechtsmacht inhaltlich auch von der Anerkennung der übrigen Staaten ab. Das Völkerrecht ist die Ordnung, welche die Machtkreise der verschiedenen Staaten gegeneinander abgrenzt. Jede Inanspruchnahme von Rechtsmacht durch einen Staat hat also zugleich diese völkerrechtliche Seite: völkerrechtlich ist sie nur gerechtfertigt so weit, wie sie von den anderen Staaten anerkannt ist, sonst liegt zwischen jenem Staat und den anderen ein völkerrechtlicher Widerstreit vor. Das bezieht sich auf das Gebiet, das der Staat für sich beansprucht, und auf den Personenkreis, in dem er herrschen will. Nehmen zwei Staaten das gleiche Gebiet in Anspruch, so liegt zwischen ihnen ein völkerrechtlicher Widerstreit vor. Ebenso können sich völkerrechtliche Widerstreite dadurch ergeben, daß zwei Staaten dieselbe Person als sich unterworfen in Anspruch nehmen, indem jeder sie als seinen Staatsangehörigen betrachtet (die bekannte Erscheinung der doppelten Staatsangehörigkeit). Endlich ergibt sich notwendig auch ein Widerstreit, wenn über eine und dieselbe Person der eine Staat kraft Personalhoheit, der andere kraft Gebietshoheit Herrschaft in Anspruch nimmt: in allen Fällen ist dieser Widerstreit denkbar, wo sich eine Person im Auslande befindet. Gerade in diesem letzten Fall, auf den es hier besonders ankommt, sind nun aber allgemeine völkerrechtliche Sätze denkbar und haben sich, wenigstens zum Teil, bereits durchgesetzt, welche die

Machtbereiche der einzelnen Staaten nach der Art der Beherrschung, also nach den einzelnen Herrschaftsbeziehungen inhaltlich voneinander scheiden und dadurch einen Widerstreit der staatlichen Ansprüche von vornherein verhüten. In welcher Weise das geschieht, steht hier nicht zur Frage.

Nun wird jedes Gesetz von einem bestimmten Staat gegeben, der einen solchen durch das Staats- und Völkerrecht nach örtlich-personalen Merkmalen abgegrenzten Machtbereich hat, in diesem Sinne besteht es in diesem Staat. Andererseits treten auch alle Wirkungen, die ein Gesetz an einen Tatbestand knüpfen kann, in gewissem Sinne innerhalb eines bestimmten örtlich-personalen Machtkreises ein. Damit ist dies gemeint: jede Rechtswirkung ist Erwerb oder Verlust eines subjektiven Rechts, das subjektive Recht aber, das erworben oder verloren wird, ist seinem Wesen nach Macht in einer bestimmten Einzelbeziehung, sei es eine Macht über Personen oder eine solche zu bestimmten Handlungsinhalten, die sich auf irgend einem Gebiet vollziehen; als solche Macht über Personen oder zu bestimmten Handlungsinhalten ist es selbst nur eine Besonderung der Macht im umfassenden Sinne. Da nun die Machtkreise der verschiedenen Staaten, grundsätzlich den Gesamtbereich möglicher Herrschaft erschöpfend, nebeneinander stehen, fällt jede Rechtswirkung notwendig in irgend einen der staatlichen Machtbereiche. Oder das Gleiche von der Seite der Gebote und Verbote aus gesagt: jede rechtliche Wirkung bedeutet, daß auf Grund eines bestimmten Tatbestandes Gebote zu einem bestimmten Verhalten (Gebote i. e. S. oder Verbote) lebendig werden (oder wieder fortfallen), Gebote über das Verhalten, das auf diesem Gebiet von jedermann zu beobachten ist, sei es auf diesem Gebiet schlechthin, sei es gegenüber bestimmten Sachen oder Personen auf diesem Gebiet, oder das ohne solche Beschränkung von bestimmten Personen als solchen eingehalten werden soll. Da nun jeder Staat einen bestimmten Machtkreis hat, in dem er allein Gebote und Verbote erlassen kann, und da die Machtbereiche der Staaten inhaltlich erschöpfend nebeneinander stehen, fallen jene einzelnen Gebote und Verbote notwendig in irgend einen dieser staatlichen Machtkreise.

Aus der Gleichung zwischen diesen beiden Sätzen, dem Satz, daß das Gesetz in einem Staat mit bestimmtem Machtkreis gegeben wird, und dem anderen Satz, daß jede im Gesetz angeordnete rechtliche Wirkung sich innerhalb des Machtkreises irgend eines Staates vollziehen muß, ergibt sich der Sinn, den es inhaltlich allein haben kann, wenn man von einer Geltung des Gesetzes in einem Staat (von der „örtlichen" Geltung) redet. Da Gelten bedeutet, daß die Wirkungen so eintreten, wie das Gesetz sie anordnet, so kann auch das örtliche Gelten eines Gesetzes niemals etwas anderes bedeuten als dies: innerhalb des nach räumlich-personalen und auch gewissen inhaltlichen Merkmalen abgesteckten Machtbereichs dieses Staates müssen die Wirkungen, die dieses Gesetz angeordnet hat, immer eintreten, sobald sich der von diesem Gesetz genannte Tatbestand vollendet; außerhalb dieses Machtkreises hingegen hat dieses Gesetz keine Kraft, irgend eine Wirkung eintreten zu lassen. „Dieser Satz gilt in Deutschland" heißt demnach: er wirkt gegen alle Deutschen, mögen sie sich im Inland oder Ausland aufhalten, und er wirkt im Inland gegen jedermann, auch gegen den Fremden, soweit nach völkerrechtlichen Grundsätzen dem Aufenthaltsstaate Rechtsmacht über ihn zukommt. Dies und nur dies ist es, was man den örtlichen Geltungsbereich des Gesetzes nennt, es gibt keinen anderen möglichen Sinn, der damit ausgedrückt sein könnte. Der Ausdruck, aus der Lässigkeit unklaren Denkens entstanden und der Bequemlichkeit seiner Verwendung halber festgehalten, kann ohne Schaden auch künftig gebraucht werden, wenn man sich nur immer bewußt bleibt, welchen sehr viel verwickelteren Gedankeninhalt er bezeichnen soll. Wie wenig die Vorstellung einer wirklich bloß örtlichen Geltung genügt, zeigt sich übrigens am deutlichsten darin, daß es ja Rechtsordnungen gibt, die, wie die der Kirche oder der hochadeligen Häuser, überhaupt nicht in einem auch räumlich, sondern in einem nur personal abgegrenzten Machtkreis gelten. Man kann die Begriffsbestimmung übrigens auch umformen und auf die Tatbestände, die Fälle abstellen, aber dabei muß man Vorsicht walten lassen. Für die Abgrenzung des zeitlichen Geltungsbereichs ist es gleichgiltig, ob man von dem Zeitpunkt spricht, wo die Rechtswirkung eintritt, oder von dem, wo der Tatbestand sich vollendet, denn dieser Zeitpunkt ist notwendig der gleiche. Der örtliche Geltungsbereich aber ist der Machtbereich des Staates, und es hat wohl Sinn zu sagen, daß die Rechtswirkung in einen solchen Machtbereich und gerade nur in ihn falle, nicht hingegen kann man das gleiche auch vom Tatbestand als solchem sagen. Allerdings muß, wenn die Rechtswirkung in den Machtbereich eines bestimmten Staates fällt, auch der Tatbestand eine tatsächliche Beziehung irgend einer Art zu diesem Staate haben (das ist „die staatliche Beziehung“, von der im I. Pr. R. I S. 220 ff. gehandelt ist), denn sonst würde der Gesetzgeber keinen Grund gehabt haben, eine solche Rechtswirkung an diesen Tatbestand anzuknüpfen, aber der Tatbestand kann zugleich auch Beziehungen zu anderen Staaten besitzen. Nach dem Tatbestand also die örtlichen Geltungsbereiche der Gesetze gegeneinander abzugrenzen, ist unmöglich, entscheidend ist vielmehr allein, ob die Rechtswirkung ihrer Art nach in den Machtkreis dieses oder jenes Staates gehört. Will man demnach den Begriff der örtlichen Geltung eines Gesetzes nach dem Merkmal der darunter gehörigen Fälle bestimmen, so darf man nur sagen: die örtliche Geltung eines Gesetzes bedeutet, daß dieses Gesetz für alle sachlich von ihm geordneten Tatbestände (Fälle) maßgebend ist, deren Rechtswirkung in den Machtbereich dieses Staates gehören würde.

Wie man sieht, ist der örtliche Geltungsbereich des Gesetzes mit seiner Entstehung im Staat von selbst gegeben: es entsteht in diesem Staat, also auch mit Geltung für den Machtkreis dieses Staats. Das Gesetz kann darum zwar diesen seinen Geltungsbereich ausdrücklich angeben, z. B.: „Wir verordnen für den ganzen Umfang der Monarchie“, aber wenn das heißen sollte, daß das Gesetz nicht für einen anderen Machtkreis als den des eigenen Staates und nicht über diesen Machtkreis hinaus gelten wolle, so wäre das überflüssig, es versteht sich von selbst. Denn es wäre sinnlos, wollte der Staat befehlen, wo er nach seiner eigenen Anschauung nicht zu befehlen hätte. Es ist auch noch niemals irgend einem Gesetzgeber eingefallen, seinen Gesetzen einen Geltungsbereich zu geben, der über die Grenzen des Machtbereichs seines Staates hinausgelegen hätte. Daraus folgt aber: wenn der gesetzgebende Staat es unterläßt, den Geltungsbereich seines Gesetzes ausdrücklich zu erwähnen, so ist doch stillschweigend als selbstverständlich mitgedacht, daß der Geltungsbereich des Gesetzes gleich dem staatsrechtlich-völkerrechtlichen Machtbereich des Staates sein solle: der Gesetzgeber unterläßt die Angabe, daß das Gesetz nur für diesen Machtbereich gelten solle, eben lediglich deshalb, weil er dies für selbstverständlich hält, und er hält es für selbstverständlich, weil er weiß, daß das Gesetz nicht weiter gelten kann.

Aber denkbar ist doch wie zeitlich so auch in dieser Hinsicht eine Selbstbeschränkung des Gesetzes: der Gesetzgeber kann die Geltung des Gesetzes auf einen Teil des gesamten Machtkreises des Staates beschränken, vor allem auf einen bestimmten Teil des Staatsgebiets, etwa eine Provinz, und auf diejenigen Personen, die zu diesem Gebiet in einem bestimmten rechtlichen Zugehörigkeitsverhältnis stehen, insbesondere weil sie Wohnsitz dort haben. Da es sich, wie oben bemerkt, ganz von selbst versteht, daß ein Gesetz niemals über den Machtkreis des eigenen Staates hinaus gelten soll, so ist anzunehmen, daß, wenn ein Gesetz z. B. sagt: „Wir verordnen für den ganzen Umfang der Monarchie“, dies nur geschieht, um den Irrtum abzuwehren, als wolle es nur für einen kleineren Teil des Staates gelten. — Nur im Vorübergehen sei noch bemerkt, daß der Staat kraft besonderen völkerrechtlichen Titels auch im Ausland besondere Rechte haben kann, aus denen sich eine bestimmte Erweiterung des Geltungsbereichs seiner Gesetze über den normalen Machtkreis des Staates hinaus ergeben kann; man denke nur an die einstige Geltung des deutschen Rechts in den Konsularbezirken, oder an die Gesetzgebungsgewalt eines

Staates auf dem Gebiete eines anderen Staates, das er besetzt hält.

III.

Gesondert neben den Rechtssätzen, die den zeitlichen und örtlichen Geltungsbereich bestimmen, und inhaltlich von ihnen vielfach abweichend stehen in den Gesetzgebungswerken andere, die den Anwendungsbereich der Rechtssätze zeitlich und örtlich festsetzen, man sehe z. B. für die zeitliche Abgrenzung Art. 1 im Gegensatz zu Art. 153 ff. des EG z. BGB und für die örtliche Abgrenzung § 1 des EG z. StGB im Gegensatz gegen StGB § 4. Auch die Theorie sondert diese und jene Rechtssätze in mehr oder minder bestimmter Weise, und jedenfalls entspricht die Sonderung der allgemein herrschenden Auffassung. Wenn man sagt, daß das Gesetz in einer bestimmten Zeit zwischen Entstehung und Untergang in einem bestimmten Gebiet gelte oder in Kraft sei, so denkt man dabei, wie mir scheint, lediglich an das Bestehen des Gesetzes im Allgemeinen, ohne eine klare Vorstellung, was dieses Bestehen inhaltlich allein bedeuten kann. Sagt man hingegen, ein gewisses Gesetz sei auf diese bestimmte Rechtsfrage anwendbar oder für sie maßgebend oder eine bestimmte Frage richte sich nach diesem Gesetz, so denkt man an die Bedeutung, die das Gesetz für den einzelnen konkreten Fall gewinnt, der sich ereignet hat. „Anwenden“ heißt ja doch, bei Entscheidung eines Falles den Rechtssatz als Obersatz benützen; nur ist es, wie schon früher bemerkt, zu eng, und es hat gerade hier zu besonderen Mißgriffen geführt, wenn man allein an die Tätigkeit des Richters gedacht hat: ein jeder wendet das Gesetz an, der den Erkenntnisakt vollzieht, die Partei selbst und der Gutachter ebenso wie der Richter.

Auch der Anwendungsbereich wird zeitlich und örtlich abgegrenzt. Was ist damit gemeint? Jeder Rechtsanwendungsakt vollzieht sich als menschliche Handlung notwendig auch in einer bestimmten Zeit und an einem bestimmten Raumpunkt. Zweifellos ist aber mit dem zeitlichen und örtlichen Anwendungsbereich nicht dies gemeint. Insbesondere ist

Anwendungsbereich nicht der örtliche und zeitliche Bereich, in dem der Richter tätig werden soll und darf, der Bereich seiner Amtsbefugnis. Diese falsche Anschauung ist freilich niemals ganz unterdrückt worden; nur so läßt sich erklären, daß die Vorstellung, der Richter habe „an sich" stets das gegenwärtige und das am Sitz des Richters geltende Recht anzuwenden, noch immer nicht völlig ausgerottet ist. Aber Zeit und Ort des Anwendungsaktes sind etwas ganz Zufälliges. Man meint vielmehr mit Anwendungsbereich den zeitlich und örtlich abgegrenzten Bereich von Fällen, bei deren Entscheidung dieses Gesetz Anwendung finden soll. Fragt man nun aber, warum denn gerade dieses Gesetz anzuwenden sein soll, so kommt man an die letzte Wurzel der auf diesem Lehrgebiet herrschenden Verwirrung und Mißgriffe heran. Der Anwendungsrechtssatz steht mit dem Geltungsrechtssatz in unmittelbarstem Zusammenhang, denn einen Fall entscheiden heißt, diejenige Wirkung bestimmen, die der Tatbestand gehabt hat: diese Wirkung hängt aber von dem Gesetz ab, das für diesen Fall, d. h. zur Zeit der Vollendung dieses Tatbestandes in dem staatlichen Machtkreis, dem dieser Fall seiner behaupteten Rechtswirkung nach zugehörte, gegolten hat. Das bei der Entscheidung anzuwendende Gesetz ist also dasjenige, das für diesen Fall geltend war: nur weil und soweit es geltend war, kann es auch angewendet werden; die Anwendbarkeit ist eine Folge des Gegoltenhabens und darum ein Zeichen und Erkenntnisgrund dafür. Normalerweise müssen der Geltungsbereich und der Anwendungsbereich ganz derselbe sein: man spricht von Gelten, wenn man das Gesetz in seiner Bedeutung für die Zukunft, d. h. für künftige Rechtswirkungen oder, was gleichbedeutend ist, für künftig sich vollendende Tatbestände (Fälle) betrachtet, man spricht von Anwendungsbereich, wenn man es in seiner Bedeutung für die Vergangenheit, d. h. für angeblich schon eingetretene Rechtswirkungen oder, was gleichbedeutend ist, für Tatbestände (Fälle), die sich schon vollendet haben, ansieht.

Man erkennt dies am leichtesten bei der zeitlichen Aufeinanderfolge von Gesetzen. Die Entscheidung des Falles suchen heißt, suchen, ob eine bestimmte Rechtswirkung in einem behaupteten Augenblick auf Grund eines gegebenen Tatbestandes eingetreten ist. Diese Wirkung konnte aber nur eintreten, wenn das Gesetz, das in dem Zeitpunkt ihres behaupteten Eintretens in Kraft war, eine solche Wirkung auf Grund eines solchen Tatbestandes eintreten ließ. Das anwendbare Gesetz bestimmen heißt also, das Gesetz bestimmen, das zur Zeit des Eintretens der behaupteten Wirkung gegolten hat. Daraus ergibt sich nun die wichtige Erkenntnis: wenn ein Gesetzessatz sagt, daß das Gesetz von diesem bestimmten Augenblick ab gelten oder in Kraft treten solle, ohne genauere Bestimmung über seinen Anwendungsbereich zu treffen, so ist dieser durch jenen einen Satz über die Geltung doch vollkommen fest und eindeutig bestimmt: aus jenem einen Satz sind alle die zahllosen Einzelentscheidungen darüber, ob altes oder neues Recht anzuwenden sei, restlos abzuleiten, und es bedarf irgend einer weiteren Übergangsbestimmung nicht. Sagt z. B. das EG z. BGB Art. 1, daß das BGB am 1. Januar 1900 in Kraft trete, so bedeutet dies: das Recht des BGB ist auf alle Tatbestände anzuwenden, die sich nach dem 31. Dezember 1899 vollenden, während Rechtswirkungen, die schon vor dem 1. Januar 1900 eingetreten sein sollen, notwendig nach dem früheren Recht beurteilt werden müssen. Ist jener Geltungssatz positives Recht, so sind selbstverständlich alle seine Folgerungen ebenfalls positives Recht. Es handelt sich hier nicht etwa um Ausfüllung einer Lücke, sondern einfach um Erkenntnis des positiven Rechts durch Entwicklung eines Rechtssatzes zu seinem vollen Inhalt.

Finden sich neben dem Rechtssatz, der die zeitliche Geltung des Gesetzes festsetzt, noch Übergangsvorschriften und stimmen diese mit den Folgerungen aus dem Geltungsrechtssatz überein, so sind sie bloße Verdeutlichungen. Wie aber, wenn sie mit ihnen nicht übereinstimmen? Nach zwei Richtungen hin kann eine solche Abweichung des Anwendungsbereichs vom Geltungsbereich vorkommen.

1) Das alte, nicht mehr geltende Gesetz kann v o r e r s t r e c k t, d. h. für noch immer anwendbar erklärt werden. Das geschieht häufig, insbesondere wird nicht selten an-

geordnet, daß einzelne Tatbestandsstücke trotz der Geltung des neuen Gesetzes fortdauernd nach altem Gesetz zu beurteilen seien, daß z. B. die Form eines Vertrages, obwohl der Vertrag erst unter dem neuen Gesetz wirksam werden soll, doch noch nach altem Gesetz zu beurteilen sei (tempus regit actum). Hier ist nun eine doppelte Auffassung möglich. Der Gesetzgeber kann beabsichtigen, mit einer solchen Bestimmung über die fortdauernde Anwendbarkeit des alten Gesetzes wirklich eine Herrschaftsabgrenzung des neuen Gesetzes gegenüber dem alten vorzunehmen, und dies wird wohl meist der Zweck der Bestimmung sein. Dann wird durch diesen Anwendungsrechtssatz in Wahrheit der Satz über die Geltung des neuen Gesetzes wieder abgeändert. Das alte Gesetz soll nicht, wie der Geltungsrechtssatz gesagt hat, seine Geltung völlig verlieren, sondern es soll auch jetzt noch bei der Beurteilung, ob unter dem neuen Gesetz eine bestimmte Rechtswirkung eintrete, der Tatbestand in gewisser Beziehung nach altem Gesetz beurteilt werden, das heißt aber: das alte Gesetz soll insoweit weitergelten, denn hätte es für diesen Fall keine Geltung mehr, so könnte es auch auf das Eintreten der Wirkung keinen Einfluß haben. Eine solche Bestimmung kann der Gesetzgeber natürlich ohne Bedenken treffen: das neue und das alte Gesetz gehören der Rechtsordnung des gleichen Staates an, und der Gesetzgeber hat die Macht, die Geltung des neuen Gesetzes so abzugrenzen, wie er will; er kann sie also auch nur in einer einzelnen Beziehung einschränken.

Jeder solche Rechtssatz läßt sich aber auch technisch-logisch anders, nämlich als materiellrechtlicher Verweisungssatz in dem schon früher besprochenen Sinn auffassen: allein das neue Gesetz soll gelten, aber es macht, indem es auf das alte in einer bestimmten Beziehung verweist, den Inhalt des alten in dieser Beziehung zu einem Teil seines eigenen Inhalts. Der Gesetzgeber wird sich diese mögliche Bedeutung seines Satzes wohl meist nicht klar machen, aber möglich ist diese Auffassung immer, und sie vermeidet manche begrifflichen Schwierigkeiten, die bei der vorigen Auffassung entstehen. Indes wir brauchen uns mit der

Frage, ob der Gesetzgeber diese oder jene Auffassung gehabt hat und welche von ihnen vorzuziehen ist, nicht aufzuhalten, denn soweit ich sehen kann, führen die eine und die andere praktisch nicht zu verschiedenen Folgerungen. Insbesondere zeigt sich das, wenn etwa ein ausländischer Richter in die Lage kommt, in einem bestimmten Fall das Recht des ausländischen Staates anzuwenden. Er muß dann zuerst feststellen, welches Gesetz im inländischen Staat zu der Zeit, da der Fall sich ereignete (genauer: der Tatbestand sich vollendete) gegolten hat; dabei hat er auch die etwaigen damals geltenden Anwendungsbestimmungen des inländischen Rechts mit zu berücksichtigen, denn sie sind in Wahrheit Bestimmungen über die Geltung der Gesetze. Ist hingegen die Bestimmung über die Weiteranwendung des alten Gesetzes als materieller Verweisungsrechtssatz aufzufassen, so muß der ausländische Richter sie erst recht berücksichtigen, da er eben das ganze materielle Recht des inländischen Staates anwenden soll.

2) Das neue Gesetz kann aber auch rückerstreckt werden in die Zeit vor seiner Geltung. Die Rechtsordnung kann anordnen, daß ein bestimmter Rechtssatz auch bei der Entscheidung von Fällen zu Grunde zu legen sei, die sich vollständig bereits zu einer Zeit verwirklicht haben, wo der Rechtssatz noch gar nicht entstanden war. Hier ist indes nur eine einzige Auffassung logisch möglich. Der Gesetzgeber mag glauben, mit einer solchen Bestimmung eine Herrschaftsabgrenzung zu Gunsten des neuen gegenüber dem alten Recht zu geben, in Wahrheit tut er das aber nicht. Daß das neue Gesetz damals noch nicht gegolten hat, das ist eine Tatsache, die rückwärts nicht verändert werden kann. Eine solche Bestimmung hat vielmehr lediglich einen materiellrechtlichen Inhalt: man findet bei schärferem Zusehen leicht, daß sie stets ein einmaliges Eingreifen in die vorhandenen Rechtsverhältnisse bedeutet. Die Rechte, die auf Grund des schon verwirklichten Tatbestandes entstanden waren, werden zum Erlöschen gebracht, die Rechte, die nach altem Gesetz untergegangen waren, werden wiederhergestellt. Und nicht genug damit, es wird

auch angeordnet, daß alle Verhältnisse so beurteilt werden sollen, als ob — hier erscheint das vielberufene als ob! — das neue Gesetz schon zu der Zeit gegolten habe, wo sich der Fall einst, noch unter dem alten Gesetz, verwirklicht hat. Da aber die Tatsache, daß die Rechtslage der vergangenen Zeit so und so beschaffen gewesen ist, natürlich nicht aus der Welt geschafft werden kann, so bedeutet jener Satz nur, daß sich mit dem Inkrafttreten des neuen Gesetzes alle Verhältnisse so gestalten, wie sie jetzt gestaltet sein würden, wenn das neue Gesetz schon früher gegolten hätte. Diese Auffassung, daß die Anordnung einer rückwirkenden Kraft tatsächlich eine durch das neue Gesetz herbeigeführte Änderung der materiellen Rechtsverhältnisse bedeutet, mag auch praktische Wichtigkeit haben. Man denke einmal folgenden schematischen Fall. Jemand ist staatsangehörig im Staate A und heiratet dort 1911. 1912 gibt der Staat A ein Gesetz, wonach rückwirkend für die Eheschließungen von 1910 ab ein bestimmter neuer Rechtssatz gelten soll. Darauf wechselt jener Eheschließende 1913 seine Staatsangehörigkeit und wird im Staate B staatsangehörig; in diesem Staate kommt nun 1914 die Ehefrage zur Entscheidung. Nach den zwischenprivatrechtlichen Grundsätzen des Staates B soll das Personalstatut des Eheschließenden bei der Eheschließung entscheiden, das ist also das Recht des Staates A. Wäre nun die Anordnung der rückwirkenden Kraft lediglich eine Anwendungsbestimmung, so könnte wohl die Auffassung verteidigt werden, daß der Richter des Staates B sie nicht zu berücksichtigen habe. Denn er soll auf die Beurteilung der Ehe das materielle Recht des Staates A anwenden, das zur Zeit der Eheschließung dort galt und anwendbar war. Er muß also auch die zur Zeit der Eheschließung geltenden Anwendungsbestimmungen berücksichtigen. Nicht aber würde eine spätere Änderung dieser Anwendungsbestimmungen für ihn Gewicht haben. Eine andere, die richtige, Entscheidung aber ergibt sich, sobald man weiß, daß die Bestimmung der rückwirkenden Kraft in Wahrheit ein materiellrechtlicher Satz ist. Zu der Zeit, als der Rechtssatz über die rückwirkende Kraft gegeben wurde, stand die Ehe noch unter der Herrschaft des im Staate A geltenden materiellen Rechts. Das Recht des Staates A konnte also auch bestimmen, daß die damals etwa giltige Ehe nunmehr nichtig, oder daß die damals nichtige Ehe giltig werde. Der Richter muß also die Anordnung der rückwirkenden Kraft berücksichtigen. Daß eine solche Anordnung für ihn keine Bedeutung hat, wenn sie erst nach dem Wechsel der Staatsangehörigkeit erfolgt ist, versteht sich übrigens nach beiden Auffassungen von selbst.

Entsprechend ebenso liegt es bei den Fragen, die den örtlichen Anwendungsbereich der Rechtssätze, insbesondere der Privatrechtssätze betreffen, also im Zwischenprivatrecht. Nur verwickelt sich die Sache hier. Das Zwischenprivatrecht hat eine zweistufige Aufgabe: in erster Linie hat es den Anwendungsbereich des eigenen, d. h. des inländischen Rechts abzustecken, hat also zu entscheiden, ob in einem gegebenen Falle inländisches Recht anzuwenden ist oder nicht; erst wenn feststeht, daß das inländische Recht nicht zur Anwendung kommt, entsteht weiter die Aufgabe zu entscheiden, welches der verschiedenen ausländischen Rechte maßgebend ist. Ich beschränke die Überlegung zunächst auf die erstere Aufgabe. Sie geht also dahin, den Umkreis der Fälle zu bezeichnen, in denen das inländische Recht Anwendung findet.

Alles wäre wieder einfach, wenn man begriffen hätte, daß auch die sogenannte örtliche Geltung der Gesetze gar nichts anderes bedeutet, als daß die Gesetze für einen bestimmten Kreis von Fällen Kraft haben, für alle Fälle nämlich, deren Rechtswirkung innerhalb des Machtkreises dieses bestimmten Staats liegt. Die Sätze über die örtliche Anwendbarkeit lassen sich aus dem Rechtssatz über die örtliche Geltung restlos ableiten; genauer: so weit der Geltungsbereich des Gesetzes überhaupt abgegrenzt ist, ist auch sein Anwendungsbereich völlig außer Zweifel gestellt. Die Folgesätze teilen genau die Sicherheit und Bestimmtheit des Grundsatzes. Dieser Geltungsrechtssatz ist nun für jedes einzelne Gesetz unzweifelhaft vorhanden, teils ist er unmittelbar ausgesprochen, teils stillschweigend mitgedacht.

In beiden Fällen erhält er seinen näheren Inhalt, wie wir wissen, aus der völkerrechtlichen Herrschaftsabgrenzung zwischen dem inländischen Staat und den ausländischen Staaten. Wir gewinnen also die wichtige Erkenntnis: die Folgerungen aus der völkerrechtlichen Herrschaftsabgrenzung sind, mangels besonderer anderer Bestimmungen, positives Recht innerhalb des Staates, nicht kraft Ergänzung einer Lücke, sondern weil sie Folgerungen aus dem positiven innerstaatlichen Rechtssatz sind, der die Geltung des Gesetzes für den örtlich-personalen Machtkreis dieses gesetzgebenden Staates festsetzt. Es hätte also der verwickelteren Erörterung in meinem Internationalen Privatrecht I S. 75 ff. insoweit nicht bedurft: wer die positivrechtliche Natur des Geltungsrechtssatzes bejaht — und sie zu leugnen ist unmöglich —, muß auch anerkennen, daß die zwischenprivatrechtlichen Folgerungen positives Recht sind.

Nun kann der Gesetzgeber aber auch einzelne zwischenprivatrechtliche Bestimmungen erlassen. Wiederum ist zu sagen: stimmen sie mit den Folgerungen aus dem Geltungsrechtssatz überein, so sind sie lediglich Verdeutlichungen. Wie aber, wenn sie mit ihnen nicht übereinstimmen? Nach zweierlei Richtungen kann der Anwendungsbereich von dem Geltungsbereich abweichen.

1) Das inländische Recht kann, obwohl es dem Geltungsrechtssatz zufolge gilt, seine Anwendbarkeit einschränken und das ausländische Recht für anwendbar erklären. Das ist auch in unserem Einführungsgesetz mehrfach geschehen. Wiederum sind hier zwei Auffassungen möglich. Der Gesetzgeber kann im Sinn gehabt haben, eine Bestimmung über den Herrschaftskreis der ausländischen und der inländischen Rechtsordnung zu geben. Dann würde in einer solchen Bestimmung in Wahrheit eine Änderung des allgemeinen Satzes über den staatlichen (örtlichen) Geltungsbereich der eigenen Rechtsordnung liegen: die Geltung des inländischen Rechts wird in dieser Hinsicht eingeschränkt, zugleich aber wird einem ausländischen Recht die Geltung zugesprochen, entgegen dem, was aus der völkerrechtlichen Herrschaftsabgrenzung zwischen den Machtkreisen der einzelnen Staaten folgt. Wir hätten hier

also eine wahre „Kollisionsbestimmung". Technich-logisch könnte aber der Rechtssatz auch dahin aufgefaßt werden, daß das inländische, für diesen Fall allein geltende und anwendbare Recht doch durch Verweisung auf das ausländische Recht dieses zu seinem eigenen sachlichen Inhalt mache: es handelt sich wiederum um einen materiellrechtlichen Verweisungssatz. Ein solcher Satz tritt in keiner Weise in Widerspruch mit der völkerrechtlichen Herrschaftsabgrenzung und läßt den allgemeinen Geltungsrechtssatz unberührt. Ob der fragliche Rechtssatz in der einen oder anderen Weise aufzufassen sei, darüber entscheide, so habe ich einst gelehrt (I. Pr. R. I S. 265 ff.), der Zweck, den der Gesetzgeber mit diesem Rechtssatz verbunden habe. Giesker-Zeller hat in seiner Schrift über „die Rechtsanwendbarkeitsnormen" S. 19 ff. hiergegen beachtenswerte Einwendungen erhoben, aber im wesentlichen kommt doch auch er nicht über die Betonung des gesetzgeberischen Zwecks hinaus, und ich glaube nicht, daß irgend ein erheblicher Unterschied zwischen seiner und meiner Lehre vorliegt. Dahingestellt aber möchte ich jetzt lassen, ob wirklich die beiden Auffassungen, die ich oben als möglich einander gegenübergestellt habe, zu praktisch verschiedenen Ergebnissen führen müssen, insbesondere ob notwendig der Unterschied zu machen ist, daß ein ausländischer Richter, der das inländische materielle Recht anwenden wolle, den fraglichen Rechtssatz, wenn er als Herrschaftsabgrenzung gedacht sei, unberücksichtigt zu lassen habe, hingegen wenn er als materieller Verweisungsrechtssatz gedacht sei, berücksichtigen müsse. An sich ist diese Folgerung unausweichlich. Aber es bleibt doch die Frage offen, ob man nicht das Recht hat, in jedem derartigen Rechtssatz, auch wenn er vom Gesetzgeber als Herrschaftsbestimmuug gemeint war, zugleich einen materiellrechtlichen Verweisungssatz zu sehen. In dieser Richtung habe ich bereits in dem zweiten Teil meines Werkes (S. 146 fg.) gewisse Einräumungen gemacht; doch bedarf die Frage einer eingehenderen Prüfung, als sie hier möglich ist.

2) Anders steht es, wenn das inländische Gesetz seine

Anwendbarkeit über seinen völkerrechtlichen Geltungsbereich hinauserstreckt, wenn es also die Anwendbarkeit des inländischen Rechts auch für Fälle festsetzt, für die nicht das inländische, sondern ein ausländisches Recht gilt. Darin liegt immer ein Widerspruch gegen den Geltungsrechtssatz. Meist aber ist das dem Gesetzgeber ganz unbewußt, eben weil er den untrennbaren Zusammenhang zwischen Geltung und Anwendung nicht begriffen hat. Anders als bei der zeitlichen Herrschaftsabgrenzung entnimmt nun aber bei der „örtlichen" der Geltungsrechtssatz sein Daseinsrecht nicht nur dem Willen des inländischen Gesetzgebers, sondern auch der völkerrechtlichen Anerkennung der anderen Staaten. Der Gesetzgeber ist also insoweit nicht frei, den Rechtssatz über die örtliche Geltung beliebig abzuändern; tut er das doch, so bewirkt er notwendig Widerstreite („Kollisionen") zwischen der eigenen Gesetzgebung und der des Auslandes, und ausländische Gerichte werden derartige Sätze, die eine einseitige Herrschaftsabgrenzung enthalten, nicht anerkennen.

Es kommen aber auch Anwendungsrechtssätze vor, deren Abweichung von dem Geltungsrechtssatz dem Gesetzgeber ganz bewußt ist; der Gesetzgeber befiehlt, ein Gesetz anzuwenden, obwohl er selbst es nach seinen vorangehenden Sätzen als nicht anwendbar (in Wahrheit als nicht für diesen Fall geltend) erachtet. So geschieht es bei der Vorbehaltsklausel des Art. 30: das fremde Gesetz soll nicht angewendet werden — womit tatsächlich zugleich gegeben ist, daß statt seiner das einheimische Gesetz angewendet werden soll —, obwohl anerkannt wird, daß der Fall an sich unter der Herrschaft des ausländischen und nicht des inländischen Rechts steht. Wir haben wiederum ein „als ob": der Fall soll so behandelt werden, als ob das einheimische Recht ihn beherrschte. Sachlich ist auch dies eine Inanspruchnahme der Geltung für die eigenen Rechtssätze, nur hier in dem Bewußtsein, daß dadurch der völkerrechtlichen Herrschaftsabgrenzung, die der inländische Gesetzgeber im übrigen selbst anerkennt, widersprochen wird. Auch hier liegen also wahre „Kollisionsnormen" vor.

Die zweite Aufgabe des Zwischenprivatrechts erwächst,

sobald feststeht, daß das inländische Recht keine Anwendung findet, weil es für diesen Fall nicht gegolten hat; es fragt sich dann, welches der verschiedenen ausländischen Rechte Anwendung zu finden hat. Hierüber ist aus den Sätzen, die das Gesetz über seine eigene Geltung besitzt, natürlich nichts zu entnehmen. Sobald man aber einmal begriffen hat, daß der Geltungsbereich der Gesetze nur eine Besonderung des allgemeinen Machtbereichs des Staates ist, sieht man sofort, daß auch für den inländischen Beurteiler die Aufgabe keine andere sein kann, als die, den völkerrechtlich zuständigen Machtkreis der einzelnen Rechtsordnung aufzufinden. Wer den Fall entscheiden will, muß hier selbständig die Folgerungen aus der völkerrechtlichen Herrschaftsabgrenzung ziehen. Das ist nicht verwunderlich, ist ja doch der Richter und jeder, der sonst Recht anzuwenden hat, oft genug in der Lage, bei seinen Entscheidungen völkerrechtliche Sätze zu Grunde legen zu müssen. Vollkommen unsinnig aber ist das heute noch übliche Verfahren, daß der inländische Staat durch seine Gesetzgebung die Anwendungsbereiche fremder Rechtsordnungen gegeneinander beliebig ohne Rücksicht auf völkerrechtliche Grundsätze abgrenzt. Erklärlich ist das nur, weil eben die Gesetzgeber den Zusammenhang des Zwischenprivatrechts mit der völkerrechtlichen Herrschaftsabgrenzung noch nicht begriffen haben.

All diese Aufstellungen folgen mit zwingender Notwendigkeit aus dem Begriff der Geltung einer Rechtsordnung, unabhängig von jedem Wollen des Gesetzgebers; gibt man einmal die Begriffe Rechtsordnung und Geltung zu, so sind die Folgerungen unausweichlich. Insofern ist diese „völkerrechtliche Theorie“ des Zwischenprivatrechts schließlich sehr einfach, und es muß behauptet werden, sie ist wissenschaftlich irgendwelchen berechtigten Zweifeln nicht ausgesetzt. Aber bei manchen, die diese Theorie beurteilt haben, hat es an dem vollen Willen zu vertieftem Mitdenken gefehlt; die Bestreiter dieser neuen Lehre haben, das darf gesagt werden, niemals auch nur den Versuch gemacht, ihre Begründung wirklich zu widerlegen, ein Versuch, der freilich auch vergeblich gewesen wäre — die Grundlage ist unerschütterlich.

Nun hat man geltend gemacht, die völkerrechtliche Herrschaftsabgrenzung zwischen den Staaten sei noch nicht so weit gediehen, daß überall sichere Folgerungen für das Zwischenprivatrecht gezogen werden könnten. Das mag richtig sein, nein, es **ist** richtig; wie schwankend und unbestimmt vielfach auch die einfachsten völkerrechtlichen Sätze sind, das haben wir alle ja schmerzlich an uns selbst erfahren. Aber gegen die Grundlage der Lehre selbst beweist das nichts. Die Entscheidungen des Zwischenprivatrechts haben, das ist in meinem Werk mehrfach und unzweideutig betont, Festigkeit und Sicherheit nur so weit, wie solche den grundlegenden Sätzen zukommen, aus denen es abgeleitet wird. Und hier liegt nun gerade die vornehmste Aufgabe des theoretischen Juristen. Er ist berufen, durch theoretisches Denken in Fortführung des Geschaffenen das Unbestimmte zu bestimmen, das noch Fließende in feste Formen zu gießen, das Unvollendete zu vollenden; dadurch soll er versuchen, die allgemeine Rechtsüberzeugung fortzubilden und so auf die Rechtsübung selbst einzuwirken. Auf allen Gebieten der Rechtsentwicklung und zu allen Zeiten ist so gearbeitet worden — armselig wäre alle Rechtswissenschaft und so auch die Wissenschaft des Zwischenprivatrechts, wenn sie sich nicht bewußt und mutig auch dieser Aufgabe unterzöge.

Der menschliche Körper und die Persönlichkeitsrechte.

Von
Hans Schreuer.

I.

Die rechtliche Stellung des menschlichen Körpers, des lebenden und des toten ist sehr bestritten. Eine dem Materialismus der letzten Generationen entgegenkommende Richtung ist geneigt, darin — besonders im Leichnam, gelegentlich sogar im lebenden Körper — eine Sache zu sehen, einen greifbaren Gegenstand für Sachenrechte. Für die Naturwissenschaft, die Wissenschaft von der Körperwelt, ist der menschliche Körper eben auch nur ein Körper; physikalisch von Ausdehnung, Undurchdringlichkeit, Gewicht usw., wie alle Naturkörper; chemisch eine Zusammensetzung von Elementen; zoologisch eine Abart des Tierkörpers. Es ist selbstverständlich, daß eine Zeit, die in der auf Erforschung der Körperwelt gerichteten „Naturwissenschaft" der Weisheit letzten Schluß erblickte, hier einen festen Ausgangspunkt auch für die rechtliche Beurteilung zu haben glaubte. Man stand ja in einer nicht immer unberechtigten Reaktion gegen Volksaberglauben und gegen extrem spiritualistische, mitunter eigentlich recht materiell denkende Tendenzen Gebildeter, die am liebsten womöglich das Naturgesetz der „Schwere" hinweggedacht hätten. Es legte sich nahe, den menschlichen Körper, der seinem „Wesen" nach doch dasselbe war, wie der Tierkörper auch vom Rechtsstandpunkte aus grundsätzlich nicht anders zu behandeln, als diesen.

Das war am einfachsten beim Leichnam, wo unverhüllt in erschreckender Weise der organische Zerfall der Materie vor die Augen trat. Hier setzte auch die mächtige Bewegung für Leichenverbrennung ein, die aus der Materialität des Leichnams die Konsequenzen zu ziehen vermeinte, wenn sie auch freilich nicht ganz konsequent auf der Angst und dem Abscheu vor der Verwesung sich gründete. Einer solchen „Aufklärung“ konnte die Rechtswissenschaft nicht teilnahmslos gegenüberstehen. Es ist keine bloße theoretische „Irrlehre“, sondern es entspricht vollständig im Vordergrunde stehenden Anschauungen dieser Generationen, daß der Leichnam auch im Rechtssinne für eine Sache erklärt wurde.[1]) Man braucht nur die Namen der Vertreter dieser Theorie zu überblicken um zu sehen, daß es sich nicht um Privatmeinungen, sondern um die Überzeugung einer kompakten Masse handelt, als deren Sprecher die Theoretiker dieser Gruppe erscheinen. Diese juristischen Meinungen bringen wirklich nur führend das zum Ausdruck, was für weite Kreise Gebildeter zur Selbstverständlichkeit geworden war.

Um den Leichnam dem Sachenrechtssystem einzufügen, wurde er als res extra commercium[2]) erklärt, als herrenlos[3]), wenn nicht sogar im Eigentum des Erben[4]) stehend. Mit

1) Wächter, Würtembergisches Privatrecht II (1842) S. 285; J. Unger, System des österreichischen allgemeinen Privatrechts I 1856 S. 369 Anmerkung 28; H. Wappäus, Zur Lehre von den dem Rechtsverkehr entzogenen Sachen 1867 S. 48f. A. Randa, Der Besitz 1879 S. 303; Windscheid, Pandekten I⁶ (1887) § 147 Anm. 6 S. 477; Dernburg, Pandekten I 1⁶ (1900) § 69 S. 159; Bürgerliches Recht III 1908 S. 5; Bekker, System des heutigen Pandektenrechts I (1886) S. 188, 331 f; Cosack, Bürgerliches Recht I⁵ (1910) S. 114; Hölder, Kommentar zum BGB I (1900) S. 206; Zitelmann, Bürgerliches Recht, Allgemeiner Teil 1900 S. 86; Crome, Bürgerliches Recht I (1900) S. 303; Landsberg, Bürgerliches Recht I (1904) S. 129, 140; R. Hübner, Deutsches Privatrecht³ 1919 S. 152; A. Kramer, Über das Recht in Bezug auf den menschlichen Körper, Berliner Dissertation 1885 S. 45; R. Schultheis, Über die Möglichkeit von Privatrechtsverhältnissen am menschlichen Leichnam und Teilen desselben 1898, Dissertation Halle; Gareis, Das Recht am menschlichen Körper und die Persönlichkeitsrechte, Festgabe der juristischen Fakultät zu Königsberg für J. Th. Schirmer 1900 S. 65 ff. v. Schwerin, Blätter für Rechtsanwendung Bd. LXX 1905 S. 659.

2) Das ist die gewöhnliche Formulierung. Dernburg, Preußisches Privatrecht I⁵ (1899) S. 136 § 67 Anm. 1 erklärt den Leichnam sogar als verkehrsfähige Sache, „da er fortan nicht mehr das leibliche Organ eines Rechtssubjektes bildet“.

3) Gareis, S. 92.

4) Bekker, a. O.

dieser Anschauung schien es ja zusammenzustimmen, daß Skelete und Mumien im Handel, also sogar verkehrsfähige Sachen waren. Daß ferner Leute ihren Leichnam an die Anatomie verkauften, und daß auch die Hinterbliebenen für die Überlassung des Toten an die Anstalt Geld nahmen. Eine weitere Stütze fand diese Theorie in der Tatsache, daß auch vom lebenden Körper abgetrennte Teile zweifellos Sachen sind. Namentlich in Haaren besteht ein reger Handel. Wie das abgeschnittene Haar, der amputierte Arm, also müsste auch die ganze Leiche „Sache" sein. Eine naturwissenschaftliche Grenze ist wirklich nicht zu finden.

Es blieb nur noch der lebende Körper selbst. Das Naturrecht, und ihm entsprechend die Theorie des positiven Rechts hat das Recht auf Leib und Leben als natürliches, als Urrecht erklärt. Mit dem Zusammenbruche des Naturrechtes war freilich diesem Gedankengebilde der Boden entzogen. Aber Puchta hat diese zweifellos vorhandenen Rechte dem System der positiven Rechte eingegliedert. Sein System der subjektiven Rechte ist sichtlich aus dem Sachenrecht heraus aufgebaut. Puchta teilt die Rechte ein nach dem Gegenstande. Als Gegenstand versteht er das, was „der Tätigkeit der Personen" „unterworfen" ist.[1]) Gegenstand der Rechte sind ihm Sachen, Handlungen, Personen. Danach werden fünf Klassen von Rechten unterschieden:

1. Rechte an der eigenen Person; Rechte der Persönlichkeit und des Besitzes;

2. Rechte an Sachen: Eigentum und Rechte an fremden Sachen;

3. Rechte an Handlungen: Obligationen;

4. Rechte an Personen außer dem Berechtigten: Eheliche, elterliche, Kindesrechte;

5. Rechte an Personen, die in den Berechtigten übergegangen sind und von ihm repräsentiert werden: Erbrecht und andere Rechte an Vermögen.[2])

Das Ganze ist offenbar eine Projektion der römischen

---

1) Puchta, Pandekten 1829, 12. Aufl. 1877 S. 47.

2) Puchta, a. O. S. 71.

Einteilung des ius quod pertinet ad personas, res und actiones in die Welt der subjektiven Rechte, und zwar unter Zugrundelegung des Sachenrechtsbegriffes. Daher gibt es — ebenso wie Rechte an Sachen — auch Rechte an Handlungen (Obligationenrechte) und Rechte an Personen (an der eigenen und an fremden Personen). Die Persönlichkeitsrechte erscheinen in diesem System als „Rechte an der eigenen Person". Puchta behandelt in dieser Gruppe zwar nur die Statusrechte und die Ehre. Aber zweifellos fällt das Recht auf Leib und Leben auch in diese Kategorie. Es müsste da als Recht an Leib und Leben, als Recht am eigenen Körper bezeichnet werden. Als äußerste Steigerung der Puchta'schen Formel hat Vangerow[1]) dem freien Menschen das Eigentum an sich selbst gegeben. Damit ist auch der lebende Körper für eine Sache erklärt.

Wiederspruch ist nicht ausgeblieben. Schon Savigny[2]) ist gegen Puchta aufgetreten. Besonders scharf hat Unger ausgeführt, daß „die Annahme von sogenannten Personenrechten, welche mit dem Vermögensrecht auf eine Linie gestellt werden, unhaltbar" sei; die Persönlichkeit sei nichts anderes als die Rechtsfähigkeit, als die Möglichkeit, Rechte zu haben[3]). Puchta machte das Subjekt zu seinem eignen Objekt[4]); die sogenannten Personenrechte seien „nicht einzelne konkrete Befugnisse, sondern nur persönliche Zustände und Eigenschaften, welche für das Rechtsgebiet von Bedeutung sind".[5]) Diese Anschauung ist fast herrschend geworden[6]). Nach ihr ist der lebende Körper ein außerrechtliches Ding. Daß ich einen Kopf habe, ist lediglich ein faktischer „Zustand". Ein Recht dazu habe ich nicht; aber wer mir den Kopf abhackt, wird bestraft.

1) Vangerow, Pandekten I⁷ 1863 § 34 Anm. 1 S. 72.

2) v. Savigny, System des heutigen römischen Rechts I (1840) S. 337.

3) Unger, a. O. S. 505.

4) Unger, S. 506 Anmerkung 5.

5) Unger, S. 509.

6) Vgl. namentlich auch die sehr scharfe Stellungnahme von G. Jellinek, System der öffentlichen Rechte² (1905) S. 83 f.

Trotz dieser radikalen „Klärung“ trat „die Behauptung derartiger Rechte fortwährend“ auf[1]). Und es ist keine schlechte Gesellschaft, welche für die von der herrschenden Lehre verflüchtigten Persönlichkeitsrechte immer wieder eintritt.[2]) Insbesondere hat auch die Germanistik sie ziemlich allgemein zum eisernen Bestande ihres Rechtssystems gemacht. Unter den Germanisten ist namentlich Otto v. Gierke nicht nur für die Persönlichkeitsrechte, sondern auch für deren Auffassung als „Rechte an der eigenen Person“ eingetreten.[3]) Was bei den Sachenrechten die Sache, sei bei den Persönlichkeitsrechten „ein Bestandteil der eigenen Persönlichkeit“. Die Persönlichkeitsrechte seien Privatrechte, wenn sie auch allenfalls — ebenso wie das Eigentum — öffentlichrechtlichen Schutz genießen. Von diesem Standpunkt aus ist auch das Recht auf Leib und Leben ein privates Persönlichkeitsrecht,[4]) und der Körper des lebenden Menschen „als Bestandteil der Persönlichkeit zwar ein Gegenstand des Rechts“ (Rechtsobjekt) an der eigenen Person, jedoch kein Gegenstand des Sachenrechts.[5])

Schon der Jahrzehnte lang währende Kampf dieser streng gegensätzlichen Meinung gegen die herrschende Lehre weist darauf hin, daß es sich hier nicht um verbohrte Theorien. sondern um wirkliche Lebensverhältnisse handelt, die sich immer wieder zum Worte melden. Das trat drastisch bei der Abfassung des Bürgerlichen Gesetzbuchs hervor. Die Motive II S. 728 erklären, daß „mit Grund bezweifelt werden kann, ob die höheren Güter“ des Lebens, des Körpers, der Gesundheit, der Freiheit und der Ehre „als Rechte bezeichnet werden können“. Aber diese theoretische Ueberzeugung der Verfasser hat praktisch zu einer ganz entgegengesetzten Regelung geführt. Der erste Entwurf 704 II erklärt: Hat jemand widerrechtlich und vorsätz-

1) G. Jellinek, a. O.

2) Vgl. Gareis, S. 82 ff. und neuestens H. O. de Boor, Urheberrecht und Verlagsrecht 1917, wo die Literatur eingehend erörtert wird.

3) O. Gierke, Deutsches Privatrecht I 1895 S. 258 ff.

4) O. Gierke,[1] S. 709.

5) Daselbst II 1905 S. 35.

lich das Recht eines andern verletzt, so ist er schadenersatzpflichtig. „Als Verletzung eines Rechtes im Sinne der vorstehenden Vorschriften ist auch die Verletzung des Lebens, des Körpers, der Gesundheit, der Freiheit und der Ehre anzusehen". Das heißt auf Deutsch: Die Gelehrten sagen zwar, die Persönlichkeitsrechte seien keine Rechte; aber ihre Verletzung ist als Rechtsverletzung anzusehen. Das ist die Macht der Tatsachen gegenüber entgegenstehenden Doktrinen.

Auch die nichtgermanistische Doktrin hat sich von dem alten nihilistischen Standpunkt vielfach losgelöst. Dernburg erklärte den Körper des lebenden Menschen als „Teil des Rechtssubjektes";[1]) Regelsberger „das Recht der Unverletztheit des Körpers als Ausfluß des Rechtes der Persönlichkeit", und „das Recht der Persönlichkeit als das erste und vollkommenste aller Privatrechte".[2]) Gareis und Kohler sprechen sich im Anschluß an unbezweifelte psychologische Vorgänge geradezu für die juristische Möglichkeit aus, daß ein Subjekt sich selbst als Objekt setzen könne.[3]) Das Persönlichkeitsrecht ist also keineswegs aufgegeben. Im Gegenteil, es ist darüber nicht hinwegzukommen.

Aber auch die Puchta'sche Theorie des Rechtes an der eigenen Person ist nicht haltbar. Wie verfehlt der ganze Aufbau Puchta's ist, zeigt schon dessen Konstruktion der Obligationen als Rechte an eigenen Handlungen. Obligationen sind nicht Rechte an Handlungen, sondern Rechte auf Handlungen. Sie müßten daher in Puchta's System den „Rechten an fremden Personen" zugezählt werden. Aber auch die „Rechte an Personen" und namentlich, was hier interessiert, die „Rechte an der eigenen Person" sind ein Mißgriff. Die Analogie mit dem Sachenrecht versagt vollständig. Ich habe — juristisch gedacht — nicht ein Recht an meinem eigenen Körper.

1) Dernburg, Bürgerliches Recht III S. 3.

2) F. Regelsberger, Pandekten I 1893 S. 413 und 198.

3) Gareis, S. 74, spaltet den „rechtsfähigen Menschen in das berechtigte Subjekt" und „das von diesem beherrschte Objektive im freien Menschen". Ebenso J. Kohler, Bürgerl. Recht III (1915) S. 1.

Das könnte nur eine Art Eigentum sein. Der Körper aber ist ein Teil der Person. Das Recht der körperlichen Unversehrtheit ist also ein Teil des Rechtes der Persönlichkeit. Das Recht der Persönlichkeit aber ist nicht ein Recht an der eigenen Person. Ungers Einwand gegen die Selbstobjektivierung des Rechtssubjektes ist wohl berechtigt. Der seelische Vorgang z. B. der Selbstbeherrschung ist lediglich intern, also dem Rechte entzogen. Das Recht der Persönlichkeit ist vielmehr das Recht der eigenen Person, der eigenen Persönlichkeit; der Anspruch auf Existenz und Entfaltung des Rechtssubjektes selbst.

O. v. Gierke hält an Puchta's Systematisierung im Grunde fest. Aber er nimmt wichtige Verbesserungen vor. Gierke unterscheidet:[1]) Rechte an der eigenen Person, Rechte an Sachen und Rechte an anderen Personen (Obligationen; Rechte an fremden Personen; innere Körperschaftsrechte; Rechte am Rückstande einer weggefallenen Person). Damit sind zunächst gegenüber Puchta die Obligationen richtig eingereiht. Aber auch den ideellen Gehalt des Systems hat Gierke wesentlich umgestaltet. Unter „Gegenstand" des Rechts, Rechtsobjekt versteht v. Gierke nicht mehr das, was direkt dem rechtlichen Willen des Berechtigten unterworfen ist — nach Analogie des Sachenrechtes. Unter Rechtsobjekt versteht Gierke einen „Beziehungsgegenstand", einen Gegenstand „in Bezug auf welchen der Berechtigte über andere Willen herrschen soll". Darnach ist dann beim Sachenrecht Gegenstand, im Vordergrunde stehender Gegenstand die Sache, mit Bezug auf welche man andere beherrscht; bei den Personenrechten entweder die eigene oder die fremde Persönlichkeit. Sachen und beherrschte Persönlichkeit sind dann blos Gegenstände, in Bezug auf welche der Berechtigte über andere herrscht; also Beziehungsgegenstand nicht Herrschaftsgegenstand. Die Sache ist nicht Rechtsobjekt, weil sie beherrscht wird, sondern nur als Gebietsabgrenzung für die

1) Gierke, I S. 250 ff.

Herrschaft über Andere. So läßt sich tatsächlich eine einheitliche Zusammenfassung von Sachen- und Personenrechten herstellen, ohne den Vorwurf, daß die Personenrechte in den Rahmen der Sachenrechte eingezwängt werden. Ich kann gewiß sagen: In Bezug auf meinen Körper, in Bezug auf meine Freiheit, Ehre, beherrsche ich die Andern. Dann ist die Persönlichkeit des Subjekts nicht auch noch Objekt seiner Herrschaft. Die Herrschaft richtet sich gegen Andere. Diese sind die Beherrschten, aber nur für einen Kreis, der Herrschaftsgebiet des Berechtigten ist. So mag dann immerhin auch die Bezeichnung „Rechte an der eigenen Person" oder „an der fremden Person" gerechtfertigt sein. Der Ausdruck „Recht an der Person wird dann eben in einem anderen Sinn genommen, als es von Puchta geschieht. Aber auch bei dem Ausdrucke „Recht an der Sache" muß man an etwas anderes denken, als sonst allgemein der Fall ist. Bei Gierke's Formulierung ist „Rechtsobjekt", Objekt der Herrschaft, nicht das was man sonst darunter versteht; „das Beherrschte",[1]) sondern nur ein Herrschaftsbereich, der Bereich der Herrschaft des Berechtigten über andere Personen — sowohl bei den Personenrechten, wie bei den Sachenrechten.

Nicht blos gegenüber dem Sprachgebrauch mutet v. Gierke's Formulierung fremdartig an. Auch sachlich scheint mir dabei der springende Punkt nicht an die ihm gebührende Stelle gerückt zu sein. Unter „Sachenrecht" versteht man gewöhnlich eine unmittelbare rechtliche Sachherrschaft, unmittelbare Rechtsmacht über die Sache. Sie ist nicht identisch mit der tatsächlichen Herrschaft, und erst recht nicht mit der physischen Herrschaft, der Gewalt über die Sache. Jede hat einen anderen Inhalt, jede bestimmt sich nach anderen Grundsätzen. Fallen sie zusammen, so hat das Subjekt mehrfache Herrschaft Der Wahnsinnige, der seinem Arzte die Uhr entreißt, hat die physische Herrschaft, die Gewalt; aber er erlangt dadurch nicht die tatsächliche Herrschaft, den Besitz, was nor-

1) Gierke, I S, 257 bezeichnet in diesem Sinne als Rechtsobjekt den Verpflichteten.

males geistiges Bewußtsein voraussetzen würde. Er erwirbt auch nicht die Rechtsmacht. Der Arzt verliert nicht nur die physische Gewalt über die Uhr, sondern auch die tatsächliche Herrschaft. Aber er behält seine rechtliche Herrschaft, und kann mit deren Hilfe die Sache wieder erlangen. Hat dagegen der Arzt seine Uhr, der Bauer sein Grundstück, so hat er neben der physischen Gewalt und der tatsächlichen Herrschaft auch noch die Rechtsmacht darüber. Seine Herrschaft ist als rechtlich anerkannt, das heißt, er kann nicht bloß, er darf herrschen. Durch die Anerkennung erlangt er eine besondere, aus sozialer Quelle fließende Macht, die neben seine tatsächliche Herrschaft und Gewalt tritt. Nicht scheu, wie der Dieb, oder frech, wie der Räuber übt er seine Gewalt, sondern in dem „sittlichen“ — genauer gesagt, nicht blos sittlichen, sondern auf der Rechtsüberzeugung ruhenden — Bewußtsein seines Rechts, getragen von der kategorischen Zustimmung der Rechtsgemeinschaft, die sich zum rechtlichen Schutz (gerechte Selbshilfe, staatliche Hilfe) steigert und selbst bei Verlust der Gewalt eingreift, um ihm die Sache wieder zu verschaffen. Manche Sachenrechte gewähren grundsätzlich überhaupt keine physische Gewalt; die Näherrechte, die (deutschen) Hypotheken. Ihrem Inhalte nach kann die Sachenrechtsmacht Nutzung oder Verfügung sein. Der Eigentümer hat beides; der Grunddienstbarkeitsberechtigte nur die Nutzung, der Pfandberechtigte die Verfügung, Zurückhaltung, Veräußerung. Im einzelnen bestehen zwischen den verschiedenen Rechtssystemen, z. B. zwischen dem deutschen und dem römischen Rechte, aber auch innerhalb derselben Rechtsordnung reichliche Abwandlungen. welche die einzelnen Sachenrechte individualisieren.

Die Sachenrechte sind unmittelbare Rechtsmacht über die Sache. Auch der Gläubiger hat, insbesondere nach deutschem Recht, eine Rechtsmacht über die Sache. Er kann klagen und mit staatlicher Gewalt die geschuldete Sache an sich ziehen. Aber seine Rechtsmacht über die Sache ist nicht unmittelbar. Er kann die Sache nur vom Schuldner fordern. Seine Rechtsmacht über die Sache wird vermittelt durch die Person des Schuldners. Auch die Rechtsmacht des Ehemannes über das eingebrachte Gut der Frau geht durch die Person der Frau hindurch; nur als Gatte der Frau hat er das Recht an ihrem Gut, und auch nur so lange, als die Ehe besteht.

Bei den Persönlichkeitsrechten fehlt es dem Rechtssubjekt an einem solchen besondern Herrschaftsobjekt. Ich habe mich nicht, sondern ich bin. Insofern kann man mit Jellinek sagen: „Persönlichkeit ist man," „die Person hat ein Sein zum Inhalt". Der Leib ist nicht etwas, was ich habe, sondern ein Stück dessen, was ich bin, ein Stück meiner selbst, ein greifbares Stück der Persönlichkeit; seine Rechtsstellung kann nur von der Persönlichkeit aus erfaßt werden.

Damit ist aber keineswegs ein Gegensatz blos „sogenannter Persönlichkeitsrechte" zu wirklichen Rechten gegeben. Im Gegenteil. Damit sind die Persönlichkeitsrechte für volle Privatrechte erklärt. Man mag immerhin mit Jellinek sagen: „Das Recht hat man". Ich habe doch aber auch das Recht zu leben! Das Existenzrecht ist ein Minimum und zugleich das Fundament aller anderen Rechte. Es ist ein wirkliches Recht, nicht blos ein faktischer Zustand. Die Person ist nicht ein außerrechtliches Ding, dem die Rechtsordnung in der Form von Rechten etwas zum Haben in die Hand drückt; sondern Person zu sein ist eben schon ein Recht, das z. B. dem servus mangelt. Dabei ist die Person durchaus nicht etwa = servus (= homo) + Rechtsfähigkeit. Daß ich geboren bin, ist eine Tatsache. Aber ich bin nicht nur als physischer homo sapiens, sondern auch als Rechtssubjekt geboren; mein Dasein ist rechtlich als unantastbar anerkannt. Das physische Dasein ist die eine Seite meiner selbst; das Recht zu sein eine andere Seite meiner selbst[1]). Durch die Geburt werde ich zoologisch homo sapiens und zugleich als solcher rechtlich Rechtssubjekt. Wie der Baum oder der Hund nicht nur Materie, sondern zugleich Energie ist, so bin ich selbst nicht nur Materie, und physische Energie, sondern zugleich rechtliche Energie:

1) Das scheint mir auch v. Tuhr I S. 151 zu übergehen.

Rechtspersönlichkeit. Ich habe vom Augenblicke der Geburt an[1]) den rechtlichen Anspruch auf Existenz, Geltung und Entfaltung. Das ist das Recht zu existieren, zu gelten, mich zu entfalten. Gerade die Gegenüberstellung des servus müßte zeigen, daß es auch anders sein kann. Der servus ist juristisch als Tier geboren. Si quis servum aut caballum furaverit, sagt die Lex Salica. Der physische Mensch ist entweder rechtlos oder Rechtssubjekt. Gegenstand eines rechtswidrigen Angriffs ist „das Rechtssubjekt selbst". Aber die Rechtssubjektivität ist eben ein Recht.

Die Römer haben mit ihrem Begriff der iniuria, des quod non iure fit, der contumelia (a contemnendo), der Mißachtung des illaesae dignitatis status den Sachverhalt scharf erfaßt. Der status ist eben kein blos faktischer, sondern ein rechtlicher Zustand. Aber vielleicht ist auch diese Auffassung noch etwas einseitig, äußerlich. Sie bleibt mehr in dem objektivrechtlichen Teil des Problems stecken. Das mag dem absolutistischen Staatsgedanken und dem Übergewicht des objektiven über das subjektive Recht entsprechen. Jedenfalls ist dem Germanen der status grundsätzlich und zunächst der subjektive Rechtskreis des Berechtigten. Für uns ist Rechtssubjektivität nicht blos die Zulassung zum Erwerb von Rechten, Rechtsfähigkeit, sondern die persönliche Fähigkeit, sich mit rechtlich anerkannten Wirkungen auszuleben. Sie umfaßt als subjektives Recht vor allem die Persönlichkeit selbst: das physische Leben und die körperliche Unversehrtheit, sogar die äußere Erscheinung (das sog. Recht am eigenen Bild); über das Physische hinaus die Bezeichnungen und Ursprungszeichen; die Ehre, d. h. die äußere Achtung der Persönlichkeit; das Innenleben (Gewissensfreiheit, Briefgeheimnis usw.). Die Rechtssubjektivität begreift aber auch nach außen hin die Freiheit der Bewegung, der Äußerung und Betätigung, einschließlich der Erwerbs- und Rechtsgestaltungsfreiheit. Sie bedeutet also nicht nur Rechtsfähigkeit, sondern auch Handlungsfähigkeit und Gestaltungsrecht. Die Rechtspersön-

1) Zum Teil schon früher; vgl. unten.

lichkeit ist berechtigte Existenz und Entfaltung; Existenz- und Entfaltungsrecht.

Ich bin also nicht blos geschützt an Leib und Leben, an Innenleben, Ehre, Betätigung, sondern ich habe das Recht dazu; ein Recht individuell zu sein und mich individuell zu äußern. Und weil ich das Recht habe, bin ich geschützt. Es ist immer wieder der eigentümliche, römische Akzionengedanke, der bei der gegenseitigen Meinung durchbricht; die Selbständigkeit der Klage gegenüber dem Recht, die Zulässigkeit der Klage auch ohne Recht, der actio in factum. Der Angriff „gegen das Rechtssubjekt“ selbst ist für uns eben nicht ein verbotener Angriff gegen irgend ein Wesen, das auch Rechtssubjekt ist, sondern der Angriff auf die Rechtssubjektivität, auf das Recht der Persönlichkeit. Die Persönlichkeitsrechte sind nicht „Rechte an der eigenen Persönlichkeit“, sondern Rechte der (eigenen) Persönlichkeit. Behält man dies im Auge, so kann man immerhin sagen: Persönlichkeit ist nicht nur Rechtsfähigkeit, sondern auch „Rechte haben“. Geradeso oder ähnlich wie man vom Naturkörper sagt: „er hat Energie,“ dabei aber denken muß: „er ist energetisch“.

Eine solche Verletzung subjektiven Rechtes ist auch der Angriff gegen Leib und Leben. Äußerlich ist der Körper verletzt; aber rechtlich — ebenso wie allgemein psychisch und moralisch — ist es ein Schlag gegen die Rechtspersönlichkeit, eine der schwersten Verletzungen. Ein Recht an dem Körper, sachenrechtlich oder sachenrechtsähnlich gedacht, gibt es nicht. Der Körper ist auch nicht blos ein Gegenstand, in Bezug auf welchen man alle Anderen beherrscht. Er ist auch insofern nicht Rechtsobjekt. Der Körper ist vielmehr die Persönlichkeit, das Rechtssubjekt selbst nach einer Seite hin. Das Rechtssubjekt hat auch das Recht der Unversehrtheit dieser seiner Seite, ebenso wie der Unversehrtheit seiner Ehre, seines Erwerbes.

II.

Die Persönlichkeit ist kein abgeschlossenes, autonomes Individuum; sie unterliegt auch der Rechtsmacht Anderer.

Ehegatten, Eltern und Kinder, Gesellschafter, Vereinsmitglieder haben gegenseitig Rechte gegeneinander; der eine unterliegt der Rechtsmacht des Anderen. Auch diese Rechtsmacht ist keine Analogie des Sachenrechtes, kein „Recht an der fremden Person". Die Rechtsmacht gegen ein Rechtssubjekt ist in erster Linie direkt psychischer Natur. Sie erfaßt nicht — wie etwa das Sachenrecht die Sache selbst — unmittelbar die Persönlichkeit als Ganzes, sondern sie richtet sich blos fordernd an den Willen des Beherrschten. Das Eigentum des dominus an dem servus wendet sich nicht an dessen Willen; es packt unmittelbar den ganzen homo. Der Vater dagegen kann nur fordern — nicht so, aber ähnlich wie ein Gläubiger vom Schuldner. Also kann man auch nicht füglich von einem Rechte „an" der Persönlichkeit des Andern sprechen. Durch die rechtliche Anerkennung des Willens entzieht sich die Persönlichkeit grundsätzlich jeder Analogie mit dem Sachenrecht. Die Rechtsmacht ist hier weniger brutal, aber dafür höherer Art. Sie packt den Beherrschten nicht am Haarschopf, sondern an dem — unfaßbaren Willen.

Aber der Wille ist doch wieder nur ein Stück, eine Lebensäußerung der Persönlichkeit. Also muß man sagen, daß die Persönlichkeit dem Berechtigten unterworfen ist. Aber diese Unterwerfung des Schuldners unter den Gläubiger, der Ehegatten untereinander ist niemals unmittelbare Herrschaft, sondern vermittelt durch den freien Willen des Verpflichteten, nicht nur bei Eingehung des Verhältnisses, sondern auch im Zeitpunkte der Erfüllung. Die bloße Willensgebundenheit bringt es mit sich, daß diese rechtlichen Verpflichtungen grundsätzlich nicht unmittelbar erzwungen werden können. Bei den Römern geht nicht einmal die condemnatio auf die Leistung selbst, sondern nur auf das Geldinteresse. Auch unser Recht hat nur langsam eine Zwangsvollstreckung herausgebildet — wesentlich dadurch, daß es das Personenrechtliche des Schuldverhältnisses zurücktreten ließ und das Recht auf die Sache in den Vordergrund rückte, also die Schuldrechte nach der dinglichen Seite hin entwickelte. Solche Personenrechte, welche die Person des Verpflichteten dem Berechtigten unterstellen, sind nicht Rechte an dessen Persönlichkeit,[1]) sondern Rechte **„gegenüber“** dessen Persönlichkeit.

Von diesem Standpunkt aus ist auch ein fremdes Recht „am“ Leibe des Verpflichteten zu beurteilen. Hierher gehört das alte Pfandrecht am Bürgen, Geiselschaft, Einlager; das Recht auf Zusammenleben der Ehegatten im Hause des Mannes; das debitum coniugale; das Recht der Eltern am Kindeskörper; das Gewaltrecht des Schiffskapitäns gegenüber der Schiffsmannschaft. Die Eltern haben namentlich gegenüber kleinen willenlosen Kindern eine tiefgreifende Rechtsmacht an deren Körper. Die ganze Körperpflege, einschließlich der Einwilligung zu Operationen liegt in der Rechtsmacht der Eltern. Die Eltern haben sogar ein körperliches Züchtigungsrecht. Der Vater kann also wirklich den Jungen am Schopfe fassen. Auch der Mann kann mit Hilfe richterlicher Gewalt sogar die Frau an einem bestimmten Orte festhalten. Der Schiffer kann die Schiffsmannschaft allenfalls einsperren, fesseln.

Niemals handelt es sich aber auch hier um eine Sachenrechtsanalogie, um ein unmittelbares Recht am Leibe, an der Persönlichkeit. Die Geiselschaft hat noch eine pfandrechtliche, sachenrechtliche Wurzel. Aber sobald sie aufhört Versklavung zu sein, also die eigentliche, freie Geiselschaft, wird sie nicht nur durch Vertrag begründet, sondern auch blos nach Art eines Vertrages gehalten. Die Gewalt über die Person verschwindet in einer Art Hausgemeinschaft. Ihr letzter Ausläufer ist das Einlager, das völlig in den guten Willen — wenn auch als Rechtspflicht — des Erfüllenden zum Einreiten gelegt ist. Auch der Frauenraub begründet Ehe und nicht Knechtschaft. Die Geraubte wird

1) Die materialistische Anschauung tritt deutlich hervor bei Gareis S. 87: „Verpflichtet sich der freie Mensch zu Handlungen .. schuldrechtlich, .. familienrechtlich .. oder erbrechtlich, so verfügt er damit über seinen Körper, genauer über Kraft und Bewegungen desselben, über seine motorischen Nerven und die von diesen beherrschten Muskeln und Gefühle.“ „Alle Obligationen sind also beschränkungen der Rechte an der eigenen Person.“

„Frau“, das ist „Herrin“ des Hauses und Genossin des Mannes. Nach einem deutschen Rechtssprichwort „gönnt“ die Frau dem Manne ihren Leib ebenso wie ihr Gut. Der Weg zu Gut und Leib der Frau führt immer durch den Willen der Verpflichteten hindurch. Auch das Züchtigungsrecht der Eltern ist kein Prügelrecht, sondern ein psychisches Zuchtrecht; es ist nur eine handgreifliche Ansprache an die Seele des Kindes. Aber selbst die Leibespflege willenloser Kinder steht nicht auf einer Stufe mit Pferdeputzen und Hundescheeren. Wenn ich meinen Hut bürste, so bearbeite ich meine Sache in meinem Interesse nach freier Willkür. Wenn aber die Mutter den widerspenstigen Bengel wäscht, so ist das ein Dienst, den sie ihm wider dessen Willen erweist; ihre Pflicht, und kein bloßes Herrschaftsrecht. Gewiß hat sie auch ein Recht dazu; namentlich auch das Recht, es nach ihrer eigenen Methode zu besorgen. Aber es ist kein Recht an dem Körper des Kindes, sondern ein Recht gegenüber der Persönlichkeit des Kindes. herausgewachsen aus der Pflicht, den Schmutzfinken zu einem gesunden und sauberen Staats- und Weltbürger heranzubilden. Es ist wie die Züchtigung pädagogischer, vorwiegend leiblich-pädagogischer Natur. Es ist wie die Schlüsselgewalt eine Art Amtsrecht kraft subjektiv-rechtlicher Befugnis — etwa wie das Recht des deutschen Königs im Staate. Es ist vermittelt durch das höchst persönliche und höchstumfassende, auch gegenseitige Rechtsverhältnis der Eltern- und Kindschaft. Es endigt mit dem Erziehungsrecht, dort wo das Kind dessen nicht mehr bedarf, wo dessen Willen zur rechtlichen Anerkennung herangewachsen ist. In allen diesen Fällen besteht kein unmittelbares Herrschaftsrecht an dem Körper, auch nicht an der Persönlichkeit. Die Persönlichkeit ist dem Willen des Beherrschers unterworfen; aber nicht unmittelbar, sondern immer erst durch ein Mittelglied hindurch: den reifen Willen des Verpflichteten oder die pflichtmäßige Ergänzung des unausgereiften Willens des Unterworfenen. Auch das Fesselungsrecht des Schiffskapitäns ist disziplinärer Natur. Es ist gegründet auf dem freiwilligen Heuervertrage und wird ausgelöst zur Aufrechterhaltung der

Ordnung (Kostschmälerung bis zu drei Tagen) und in seinen Höchststeigerungen (Einsperrung, körperliche Züchtigung, Fesselung) erst durch Widersetzlichkeit des Schiffsmanns; Seemansordnung von 1902 § 91.

Bei den Mitgliedschaftsrechten aus Verbandszugehörigkeit, namentlich bei Zwangsgenossenschaften und insbesondere beim Staat tritt freilich der Wille des Verpflichteten gegenüber der überragenden Verbandsgewalt zurück. Der kriegführende Staat schickt Millionen in Tod und Verstümmelung. Aber auch dieses Recht „am" Körper der Staatsangehörigen ist kein dingliches. Es fließt aus der personenrechtlichen Staatsangehörigkeit, und endigt daher auch mit deren Lösung. Der eigene Wille des Staatsvolkes gibt dessen eigene Glieder der Gefahr preis. Es ist ein gemeinsamer Willensbeschluß über die eigene Persönlichkeit der Angehörigen. Der sich Weigernde aber erliegt nicht einem dinglichen Recht des Staates an seinem Körper, sondern dem gemeinsamen Willen, an dem er auch selbst in verfassungsmäßiger Weise beteiligt ist. Wenn ferner der Staat oder die fehdeberechtigte Sippe den Verbrecher tötet, verstümmelt, peitscht, einsperrt, so ist auch das kein unmittelbares sachenrechtliches Vorgehen gegenüber dem Körper des Missetäters. Es ruht in der Verwirkung der Persönlichkeit, die sich freilich bis zum vollen Verlust steigern kann. Der Strafknecht wird zur Sache; der Geächtete muß vernichtet werden.

Wir müssen also richtig sagen: es gibt nicht ein Recht „an" der fremden Persönlichkeit, sondern nur gegenüber der fremden Persönlichkeit. Der Berechtigte hat keine unmittelbare Herrschaft an der Persönlichkeit des Anderen, sondern nur einen durch personenrechtliche, meist erst vertragsmäßige Verbundenheit mit ihr hindurchgehenden, durch sie vermittelten Anspruch auf Gehorsam.

Auch bei diesen Rechten gegenüber fremder Persönlichkeit erscheint mir v. Gierke's Formulierung zwar nicht unrichtig, aber nicht ganz angemessen. Ich beherrsche nicht eigentlich Jedermann in Bezug auf meinen Sohn, insbesondere nicht in Bezug auf dessen Körper. Vielmehr beherrsche ich wirklich meinen Sohn. Aber diese Herrschaft ist nicht nur „abgegrenzt“, wie es Gierke richtig hervorhebt. Sonst wäre ja der Sohn Sklave. Diese Herrschaft ist auch nicht unmittelbar: nur als Vater kann ich von meinem Sohn etwas verlangen; nur als Vater kann ich allenfalls zugreifen. Geradeso wie das Nutzungsrecht des Mannes am Frauengut bei der Verwaltungsgemeinschaft die Sache nicht direkt sachenrechtlich ergreift, sondern erst durch das eheliche Verhältnis vermittelt wird, so wird auch Leib und Seele des Kindes erst mittels des Familienverhältnisses erfaßt. Ich habe nicht ein Recht an der Persönlichkeitssphäre des Kindes, sondern gegenüber dem Kinde — als Vater.

III.

Das deutsche Recht liebt es, die Rechtsverhältnisse zu verselbständigen. Eine Forderung ist für uns nicht wie im römischen Recht die Forderung des Titus gegen den Sempronius auf tausend Mark, sondern eine Forderung auf tausend Mark, bei der augenblicklich Hinz Gläubiger und Kunz Schuldner ist. Durch Abtretung oder Schuldübernahme können auch ohne weiteres Meier und Müller an deren Stelle treten. Ähnliches zeigt sich auch bei den Persönlichkeitsrechten. Der Germane verspielte seine Freiheit. Der Schuldner gab Freiheit, Ehre, Seligkeit dem Gläubiger Preis. Selbst Verstümmelungsverträge waren möglich. Auch heute kann die Firma oder ein Geisteswerk veräußert werden. Der Handlungsgehilfe, der Gesellschafter, der Kartellierte ist in seiner Erwerbsfähigkeit vertraglich beschränkt. So heben sich Persönlichkeitsrechte als Gegenstand von Rechtsgeschäften heraus. Aber alles, was Gegenstand von Rechtsgeschäften sein kann, nennen wir Rechtsobjekt!

Ist Freiheit, Ehre, Seele, Seligkeit verkauft, so handelt es sich immer um Aufgabe von unkörperlichen Stücken der Persönlichkeit. Soweit eine solche Zerstückelung zulässig ist — und das war nach dem alten Rechte der

Fall [1]) — sind diese Stücke selbständig erfaßte Bestandteile der Persönlichkeit. Da die Veräußerung möglich war, waren sie unkörperliche Sachen. Sie gehörten zur Person, wie ihre Kleidung, Rüstung, Schmuck, und waren daher Rechtsobjekte im „Eigentum" der Person [2]). Die Entwicklung brachte eine Steigerung des idealen Persönlichkeitsbewußtseins. Während der körperliche Besitz sich von der Person löste, wurden diese idealen Güter zu unabtrennbaren Bestandteilen der Person. Als unveräußerlich hörten sie auf, Rechtsobjekte zu sein. In gleicher Weise erschienen zunächst auch die Leibesglieder als selbständige, veräußerliche Rechtsobjekte. Kopf, Herz, Zeugungsglieder wurden sogar personifiziert. Bildlich leben ja derlei Vorstellungen noch heute fort. Die Gattin schenkt dem Gatten ihr Herz: die uxor in manu in der Form eines römischen constitutum possessorium, die deutsche Frau durch Besitzauftragung. Im Laufe der Entwicklung werden aber auch die Leibesglieder untrennbare Elemente der Persönlichkeit. Ein Stück dieses Prozesses zeigen schon die Volksrechte. Die Glieder werden nach selbständigen Taxen angesetzt, die bei Verstümmelungskonkurrenz zu summieren sind. Hier erscheint jedes Glied als ein selbständiges Rechtsgut, der Person des Verletzten gehörig. Aber schon die Volksrechte selbst lassen vielfach diese Kumulazion in einer besonderen Injurienbuße ihre oberste Grenze finden [3]). So hören allmählich auch die Körperglieder auf, selbständige Rechtsobjekte zu sein. So wurden die Verträge auf körperliche Verstümmelung als die ganze Person ergreifend widersittlich. Wenn Porzia dem Shylock das Stück Fleisch, worauf er ein Recht hat, entwindet, so findet sie den Beifall des Publikums. Und gerade in ihrer Rabulistik schlum-

---

1) Vgl. A. Heusler, Institutionen des deutschen Privatrechts I (1885) S. 103 f.; J. Kohler, Shakespeare vor dem Forum der Jurisprudenz (1883) S. 30 f., 59 ff. K. Gareis, S. 76 ff.

2) Näheres hierüber an anderer Stelle.

3) H. Schreuer, Die Behandlung der Verbrechenskonkurrenz in den Volksrechten (O. Gierke's Untersuchungen zur deutschen Staats- und Rechtsgeschichte Bd. 50) 1896.

mert der richtige Zukunftsgedanke: der Berechtigte soll sein Stück Fleisch haben, aber nicht mehr als das — zunächst materiell gedacht, dem tieferen Sinne nach aber immateriell. Er soll sein Stück Fleisch haben, aber nicht mehr: nur das Stück Fleisch, aber keinen Eingriff in die Persönlichkeit — das heißt nichts. Der germanische Humor im Recht! Die Verstümmelung wird zu einem Angriff gegen die zentrale Persönlichkeit.

Auch heute noch können ideale Persönlichkeitsrechte zu selbständigen Rechtsobjekten abgelöst werden. Wer ein Buch schreibt, schafft nicht nur eine (hier nicht interessierende) körperliche, sondern auch eine unkörperliche Sache. Sie steht im literarischen Eigentum des Urhebers. Das Manuskript wird zwar noch vom Persönlichkeitsrechte festgehalten: es kann dem Verfasser wider seinen Willen auch von seinen Gläubigern nicht abgenommen werden. Aber das Geisteswerk ist von seinem Urheber zu selbständigem Dasein abgetrennt. Es ist nicht mehr ein Stück seiner Persönlichkeit, sondern eine von ihm ausgehende, aber nunmehr selbständig existierende Äußerung seiner Persönlichkeit. Und daher ist es auch ein selbständiges Rechtsobjekt. So lange dagegen die Loslösung nicht erfolgt ist, gibt es auch kein Rechtsobjekt. Der zollfreie Gedanke ist für uns keine unkörperliche Sache, aber auch in keiner Weise ein irgendwie davon verschiedenes Rechtsobjekt. Es ist Innenleben der Persönlichkeit selbst. Auch die Erwerbsfreiheit, auf die der Handlungsgehilfe, der Gesellschafter, der Kartellierte verzichtet, ist für uns nichts selbständiges, kein Rechtsobjekt. Der Konkurrenzverzicht ist eine Hemmung der zentralen Persönlichkeit, und deshalb unterliegt er der elastischen Abschätzung durch die gute Sitte.

Was für die idealen Persönlichkeitsrechte, gilt auch für die Körperteile. So lange das Haar nicht abgeschnitten ist, besteht kein Recht daran, weil an dem lebenden Leib kein Sachenrecht, weil an der Persönlichkeit kein Recht bestehen kann. Das abgeschnittene Haar ist für uns eine körperliche Sache. Es ist Gegenstand von Kauf und Eigentum. Der Verkauf von Locken auf dem Kopfe könnte höchstens als Verkauf einer künftigen körperlichen Sache für den Fall ihres Entstehens Bedeutung haben. Die Abtrennung kann nicht erzwungen werden. Die vermögensrechtliche Verkäuferschuld ergreift nicht die Persönlichkeit[1]). Das abgetrennte Haar fällt in das Eigentum der Herrin. Aber das Eigentum ist hier, wie in seinen Uranfängen ein Persönlichkeitsrecht[2]). Es wäre der Fall denkbar, daß das Mädchen, wenn feststeht, daß der Käufer ihm einen Schimpf damit antun will, das verkaufte und auch schon abgeschnittene Haar nicht herzugeben braucht. Ähnliches könnte auch bei Verkauf von Gliedmaßen eintreten. Jemand, der einen zu amputierenden Arm verkauft, kann sich die Operation noch überlegen. Und selbst wenn der Arm abgeschnitten ist, kann er aus Persönlichkeitsbedenken die Herausgabe verweigern. Vielleicht wird hier sogar das Persönlichkeitsmoment eine noch größere Rolle spielen, als bei dem für uns doch allgemein unpersönlicheren Haar. Allenfalls könnte hier schon die bloße Reue des Verkäufers genügen, um einen Herausgabezwang als Angriff auf die Persönlichkeit und daher als widersittlich erscheinen zu lassen. So lange eben das persönliche Element nicht abgestorben ist, kann, ähnlich wie bei dem Manuskript, das vermögensrechtliche nicht durchgreifen. Dieser Rechtsgedanke liegt auch der Unpfändbarkeit von Familienpapieren, Trauringen, Orden und Ehrenzeichen (CPO § 811) zu Grunde.

---

1) Nach Gareis, S. 89 f. darf allerdings der Haarkäufer dem Mädchen oder der Ehefrau ohne Einspruchsrecht des Mannes den Zopf abschneiden. Das kommt vom „Recht am eigenen Körper“, „an den Körperteilen“! Gegen Gareis auch Cosack I S. 115, Gierke II S. 36, Anmerkung 65.

2) Siehe oben Anmerkung 25. Richtig, wenn auch auf etwas verschwommener spekulativer Grundlage E. Hölder, Beiträge zur Geschichte des römischen Erbrechts 1881 S. 7 ff. Gegen die Herrenlosigkeit des gezogenen Zahns, des abgeschnittenen Zopfs mit ausschließlichem Aneignungsrecht des bisherigen Trägers: bei Gareis S. 90; auch O. Gierze II S. 36 Anmerkung 66.

IV.

Als Axiom gilt heute der Satz: Mit dem Tode erlischt das Rechtssubjekt, die Persönlichkeit. Das ist nicht immer der Fall gewesen. Am Ausgangspunkt der Entwicklung steht der Glaube an das körperliche Fortleben des Toten: der lebende Leichnam [1]). Der Leichnam ist der in einer Art Schlaf fortlebende Tote. Darnach ist der Leichnam ein Stück der Persönlichkeit, das von ihr keineswegs losgelöst ist — ähnlich, wie bei Lebzeiten. Erst durch die Entwicklung des Seelenbegriffs tritt langsam eine Lösung ein. Dieser Prozeß ist aber heute keineswegs abgeschlossen. Der Materialismus des XIX. Jahrhunderts hat allerdings den Leichnam unter die Sachen gestellt — zwar außer Verkehr, aber den sachenrechtlichen Begriffen der Herrenlosigkeit, ja sogar des Eigentums unterworfen. Dieser Auffassung steht aber eine andere gegenüber, die konservativer an die bisherige Entwicklung und an das allgemeine Volksbewußtsein anknüpft. Sie trägt auch der wissenschaftlichen Erkenntnis Rechnung, daß die Welt nie und nimmer bloß durch Physik und Chemie allein zu verstehen ist, daß insbesondere der Mensch sich gerade durch Imponderabilien denn doch gewaltig über das Tier erhebt. Der Leichnam ist darnach nicht Sache, sondern ein Rückstand der Persönlichkeit, dem Personenrechte unterworfen [2]). Die Kirche steht stramm auf

1) Vgl. H. Schreuer, Das Recht der Toten. Zeitschrift für vergleichende Rechtswissenschaft Bd. XXXIII 1916 S. 333 ff., XXXIV 1916 S. 1 ff.

2) L. Goldschmidt, Handbuch des Handelsrechts II, 2. Aufl. 1883 S. 3 Anm. 3d, der aber eigentümlicherweise den Leichnam wie Körper und ungetrennte Körperteile des lebenden Menschen unter die „Güter“ rechnet, allerdings mit der Qualifikation das darüber „Rechtsgeschäfte unmöglich“, nicht blos „unstatthaft sind; C. Erwin Cramer; Die Behandlung des menschlichen Leichnams im Zivil und Strafrecht, Züricher Dissertation 1885 S. 40 („Nichtsache“). J. Kohler, Studien aus dem Strafrecht I 1890 S. 206 f.; F. Regelsberger, Pandekten I S. 413. J. Rausnitz, Das Recht am menschlichen Leichnam und das Recht der Anatomie 1803 S. 593 f.; Binding, Grundriß des gemeinen deutschen Strafrechts II 1896 S. 86; O. v. Gierke II S. 35 f.

diesem Standpunkt. Zweifellos wird aber auch durch Staat und weltliches Recht der Leichnam in einer Weise behandelt, die man durchaus nicht als sachenrechtlich bezeichnen kann. Es gibt offizielle Ehrungen des Leichnams. Die bürgerlich-rechtliche Begräbnispflicht ist ein Ausfluß, eine Fortdauer der Unterhaltungspflicht. „Die Behandlung der Leichen beim Eisenbahntransport nach der Eisenbahnverkehrsordnung vom 23. Dezember 1908 § 4 ff. ist nur als spezielles Personenrecht verständlich. Die Leichen sind mit Personenzügen anzunehmen. Sie werden auf einen Beförderungsschein — nicht auf einen Frachtbrief — abgefertigt. Die Beiladung von Gütern, die nicht zur Leiche gehören, ist verboten. Der Sendung ist ein Begleiter beizugeben usw.[1])". Nach der Zivilprozeßordnung § 811 Z. 13 „sind die zur unmittelbaren Verwendung für die Bestattung bestimmten Gegenstände" der Pfändung entzogen. Sie sind auch sonst nach fast allgemeiner Anschauung außer Verkehr[2]). Das österreichische Strafgesetzbuch § 306 will sogar Entwendungen aus Gräbern und an Leichen als Diebstahl behandelt wissen[3]). Auch die Beschädigung und Wegschaffung des Leichnams selbst ist kein Vermögensdelikt. Das Deutsche Strafgesetzbuch § 168 stellt sie unter die Religionsdelikte und anerkennt damit die kirchliche Anschauung als Grundlage.

Immerhin ist namentlich durch die Hochflut des Materialismus im neunzehnten Jahrhundert die alte Festigkeit der kirchlichen Auffassung stark angegriffen. Das deutsche Strafgesetzbuch konstruiert die Delikte gegen den Leichnam als Verbrechen gegen den Gewahrsam der Berechtigten, insbesondere der Angehörigen. Parallel damit gewährt

Gareis, Über Rechtsverhältnisse an Begräbnisstätten, Blätter für Rechtsanwendung LXX 1905 S. 318.

1) H. Schreuer, Recht der Toten, Zeitschrift für vergleichende Rechtswissenschaft XXXIII S. 393 ff., XXXIV S. 5 f.

2) Vgl. Gierke, S. 36 und die dort Anm. 70 angegebene Literatur, ferner A. Kramer a. O. S. 53 ff.

3) In demselben Sinne auch die reiche deutsche Literatur bei A. Kramer a. O. S. 54 f; ebenso J. Kohler, Studien aus dem Strafrecht I S. 211 (wegen Verletzung des „Gewahrsams an der Leiche").

die Strafprozeßordnung § 401 II den Antrag auf Wiederherstellung des Verfahrens gegen den Toten nur dem Ehegatten, den Verwandten in gerader Linie nnd den Geschwistern. Bei Verleumdung Toter sind der Ehegatte, die Eltern und Kinder allein antragsberechtigt, StrGB § 189 III. Ebenso können nur diese selben Angehörigen den Strafprozeß des verleumdeten Privatklägers nach dessen Tod fortsetzen, StrPO § 433. Das scheint einigermaßen mit der Theorie übereinzustimmen, welche den Leichnam als Eigentum des Erben[1]), oder doch wenigstens blos als Gegenstand eines Personenrechtes der Angehörigen[2]) ansieht. Diese Anschauung ist zu eng. In Wirklichkeit handelt es sich doch in erster Linie um die Person des Toten. Die Leichenfeier, die Begräbnispflicht als Ausfluß der Unterhaltspflicht, der persönlich charakterisierte Leichentransport sprechen eine zu deutliche Sprache. Auch das Strafgesetzbuch selbst ahndet (§ 168) die Grabschändung an sich. Die Verleumdung Toter (§ 168), begrifflich genau so umschrieben wie die Verleumdung Lebender (§ 187[3]), ist kein Delikt gegen die Angehörigen. Bei Verleumdung eines lebenden Angehörigen sind sie eben im allgemeinen nicht strafantragsberechtigt. Ebensowenig können sie eine Wiederherstellung des Verfahrens bei Lebzeiten des unschuldig Verurteilten verlangen. Und doch sind sie in beiden Fällen durch das Unrecht gegen ihren Angehörigen ebenso in Mitleidenschaft gezogen, wie nach dessen Tod. Der Grund für das Antragsrecht der Angehörigen ist also die Hilflosigkeit des Toten — geradeso wie für das Antragsrecht des gesetzlichen Vertreters eines Handlungsunfähigen bei dessen Lebzeiten, StrPO § 413 III, StrGB § 65. Nur dem Ehemann wird die Verleumdungsklage neben der Frau bei deren Lebzeiten

1) Bekker, Pandekten I S. 331.

2) Vgl. Otto Gierke, II S. 36 und die dort Anm. 67 Angeführten.

3) Ausgenommen ist nur die Verleumdung, welche den Kredit zu gefährden geeignet ist. Dieser Gesichtspunkt fällt bei der Verleumdung eines Toten selbstverständlich fort. Dagegen bleibt die rein persönliche Ehrenkränkung, ein weiterer Beweis, daß die Rechtspersönlichkeit über den Tod hinaus fortdauert, soweit es eben geht.

gewährt, StrGB § 195. Die Konstruktion der Leichenschändung als Delikt gegen die Angehörigen entspricht genau derselben Auffassung, wie etwa die Meinung, daß man an einem Begräbnis nur um der Angehörigen willen teilnehme [1]).

Stellt man das Leichenrecht in die Persönlichkeitsrechte hinein, so wird es klar, daß nicht blos „Personenrechte der Hinterbliebenen an der Leiche" geschützt werden sollen, sondern die Persönlichkeit des Toten selbst: Leichnam, Recht am eigenen Bilde, guter Name (Ehre), in gewissem Sinne auch das Urheberrecht. Das „Recht der Leiche" ist also ein Persönlichkeitsrecht, zwar nicht der Leiche, aber des Toten. Wie das physische Leben nicht auf einmal abreißt, sondern nur stückweise erlischt, so bleiben auch von der Vollpersönlichkeit Stücke über den Tod hinaus lebendig. Nicht nur die Werke des Toten wirken nach; auch seine Rechtspersönlichkeit

1) Unvollständig ist auch die recht verbreitete Konstruktion Kohlers, S. 204 f.: „Es ist ein .. dem göttlichen Geiste der Menschheit entsprechendes Interesse, daß der Friede der Leiche gewahrt .. wird." „Die Leiche soll ihren Todesschlaf haben". „Dieses Friedensinteresse der Leiche ist ein Interesse religiöser Art. . . . Es ist ein Interesse ohne bestimmtes Interessensubjekt; die Leiche ist nicht Subjekt, auch nicht die Seele der Verstorbenen." Es handelt sich aber doch auch um ein menschliches Interesse des Staates, der Angehörigen. Der Kern ist außerdem der Tote. Gewiß will ich, daß meine Mitmenschen, insbesondere meine Angehörigen, nach dem Tode Ruhe haben. Aber ich will, daß auch ich selbst nach dem Tode Ruhe habe. Das „Ich" reicht eben auch einigermaßen über den Tod hinaus. Das wird in neuerer Zeit immer mehr empfunden. So lehrt Endemann, Bürgerliches Recht I 1903 S. 165 Anm. 2: „Das Recht der Persönlichkeit geht nicht schlechthin mit dem Tode unter. Ehre und Achtung müssen auch bei dem Verstorbenen in dem Maße, wie sie dem Lebenden gebührten, geschützt werden. Der Rechtsschutz wird aus dem Rechte des Verstorbenen Subjekts gewährt und nicht als ein auf die Erben vererbtes Recht; diese sind aber zur Klage legitimiert." Gareis, Blätter für Rechtsanwendung LXX 1905 S. 318. Richtig bemerkt v. Tuhr, Bürgerliches Recht I 1910 S. 383 Anm. 17, daß der Totenschutz „zum Teil auf dem Interesse, welches der Mensch bei Lebzeiten an diesen Dingen hatte, zum Teil auf dem Interesse der überlebenden Personen des Verstorbenen" beruhe.

lebt, wenn auch zersetzt und absterbend über den Tod hinaus. Die Rechte der Angehörigen sind nicht Rechte „an“ der Leiche, sondern Verfügungen über die Leiche, wie über andere Persönlichkeitsrechte des Toten — ganz analog den Verfügungen über lebende Angehörige. Sie sind nicht Eigenrechte der Angehörigen sondern familienrechtliche, amtsrechtliche Befugnisse zur Pflege des hilflosen Toten. Auch der Testamentsvollstrecker kann nur als Vertreter, als Organ des Toten verstanden werden. Verfügungen der Angehörigen über die Leiche sind nicht sachenrechtlicher Art, sondern personenrechtlicher Natur: Vormundschaft, Munt über den Toten. Die Stellung der Angehörigen ist wie bei Lebzeiten des Toten nur sekundär. Wie sie den Toten begraben und zu begraben haben, so haben sie ihn auch zu schützen. Daher ist der Leichnam in ihrem „Gewahrsam“; daher ist der Antrag auf restitutio famae, die Verfolgung von Verleumdern des Toten, die Wahrung des Rechtes am eigenen Bilde des Toten in ihre Hand gelegt. So bleibt nichts übrig, als das Axiom von der absoluten Erlöschung der Persönlichkeit durch den Tod fallen zu lassen. Durch den Tod bricht die Persönlichkeit zusammen. Aber sie geht nicht mit einem Schlage ganz unter. Es bleibt zunächst noch eine Teilpersönlichkeit aufrecht, die freilich — abgesehen von der Stiftung — auch allmählich abstirbt.

V.

Die Teilpersönlichkeit, wie sie hier dem Toten als Rest der Persönlichkeit des Lebenden zugeschrieben wird, ist im System des deutschen Rechts nichts besonderes. Im alten Recht war der Tor nicht vermögensfähig, sondern nur unterhaltsberechtigt. Frauen und Krüppel darbten des Lehnrechts. Die alte Halbfreiheit, das Aufsteigen der Unfreien zur Vollfreiheit, hat sich durch stückweise Verleihung der Persönlichkeit vollzogen: des Lebensrechtes, der Erwerbsfähigkeit, der Ehefähigkeit, der Abgabenfreiheit, der Freizügigkeit. Auch das ältere römische Recht bietet etwas paralleles. So hatten namentlich die Plebejer bis zur Lex

Canuleia (445 v. Chr.) kein conubium mit den Patriziern. Die Latini Coloniarii erhielten erst durch Caracalla, die Latini Juniani erst durch Justinian das römische conubium. Aber auch unserem modernen Recht ist die unvollkommene Persönlichkeit, die Teilpersönlichkeit, durchaus geläufig. Das Kind ist zwar im allgemeinen rechtsfähig, aber handlungsunfähig; der Minderjährige ist nur beschränkt geschäfts- oder deliktsfähig. Ja die Ehefähigkeit, die Rechtsfähigkeit zur Ehe, nicht blos die Fähigkeit zur Eheschließung, tritt erst mit der Ehemündigkeit ein. Auch der Geisteskranke, der Geistesschwache, der Entmündigte ist handlungsunfähig oder beschränkt handlungsfähig.

Auch der Erzeugte, aber noch nicht Geborene genießt beschränkte Rechtsfähigkeit. Nach deutscher Anschauung — im Gegensatz zum römischen Recht — wird auch die Leibesfrucht, und zwar selbst gegen die Eltern geschützt. Nicht nur der Staat verfolgt deren Abtreibung oder „Tötung": StrGB § 218, 219, 220. Viel tiefer greifend hat auch der Ehemann das Recht und die Pflicht einem das Gedeihen der Frucht schädigenden Verhalten der Frau entgegenzutreten[1]). Ja die Witwe hat sogar einen besonderen Unterhaltsanspruch, so lange sie einen lebenden Erben trägt; BGB § 1963. „Das Kind soll in der Mutter geschützt werden".[2]) Das alles ist staatsbürgerliche und familienrechtliche Pflege, Munt, über das noch ungeborene Kind, allenfalls selbst der Mutter gegenüber. Aber dieses Persönlichkeitsfragment ist gering. Der werdende Mensch hat ein Lebensrecht; doch muß

1) Die Römer sahen in der Abtreibung durch die Mutter blos eine Schädigung des maritus: 1 4 D 47, 11, eam maritum liberis fraudasse. Dagegen enthält die deutschrechtliche Stellung des Mannes, die Munt, zugleich ein Pflichtelement. Wenn der deutsche Ehegatte einem leichtsinnigen Treiben der Frau entgegentritt, so tut er das nicht bloß, weil er selbst geschädigt wird, sondern weil er sich der lebendigen Frucht annimmt, um deren Leben zu schützen und deren glückliche Geburt zu sichern. Diese Rücksicht auf den werdenden Menschen ist nicht blos ein moralisches Motiv, sondern der Rechtsstellung des Mannes wesentlich.

2) Motive V S. 489. G. Schwarz, Rechtssubjekt und Rechtszweck, Archiv für bürgerliches Recht Bd. XXXII 1908 S. 40.

selbst dieses gegenüber der Erhaltung der Mutter zurücktreten. Schon das Lebensrecht wird also erst durch die Geburt absolut. Dieses Lebensrecht zu wahren ist Rechtspflicht der Eltern: der werdende Mensch hat persönliche Familienrechte. Sie sind nur mäßig entwickelt. Gelangen sie doch selbst durch die Geburt noch nicht zur weitesten Entfaltung; auch dann bestehen sie zunächst hauptsächlich blos in der Körperpflege. Die Ehrenrechte fehlen dem werdenden Menschen ganz. Höchstens daß ein Körperehrenrecht, das Recht des Leichnams, für die Totgeburt von menschlicher Gestalt, im Gegensatze zum formlosen foetus, beansprucht wird[1]). Allenfalls könnte man noch die Eintragung des totgeborenen „Kindes" ins Sterberegister (Personenstandsgesetz § 23) hier anreihen. Diese Körperrechte des nasciturus: das Lebensrecht und allenfalls das Leichnamsrecht bestehen auch, wenn dann nachher vielleicht ein lebender Mensch gar nicht geboren wird. Diese Rechte des werdenden Menschen sind selbstständig, sie sind von dem nachmaligen Zustandekommen einer lebenden Geburt, eines lebenden Menschen unabhängig. Die Leibesfrucht hat ein selbständiges, wenn auch beschränktes Lebensrecht und allenfalls ein Leichnamsrecht.

Vermögensrechte dagegen kommen der Leibesfrucht überhaupt nicht zu. Zwar sind Zuwendungen unter Lebenden und von Todeswegen, Grundbucheinträge zu Gunsten eines Ungeborenen zulässig. Aber solche können auch für einen Nichterzeugten stattfinden — ein Beweis, daß nicht die Leibesfrucht Subjekt ist. Diese Vergünstigungen sind gedacht nur für den Fall — also bedingt — daß ein Mensch geboren würde. Sie sind nicht Fürsorge für die Zukunft der Leibesfrucht, sondern Vorsorge für den künftigen Menschen. Erst der Geborene erwirbt. Wohl aber genießt der bloß Erzeugte für den Erbschaftsanfall einen Vorzug: ihm wird die Erbschaft unmittelbar nach dem Erblasser vorbehalten (BGB § 1923), während der Nichterzeugte für die gesetzliche Erbfolge gar nicht, für die gewillkürte Erbfolge

1) Olshausen, Kommentar zum Strafgesetzbuch [8] 1909 zu § 168 unter 2 b., dort auch reichliche Literatur; J. Kohler, S. 205.

nicht unmittelbar, sondern blos als Nacherbe in Betracht kommt. Freilich ist auch hier der Erzeugte, also die Leibesfrucht nicht Rechtssubjekt. Stirbt der Embryo vor der Geburt, so ist niemals eine rechtliche Verschiebung eingetreten; irgend eine Transmission findet nicht statt. Auch könnte der Pfleger die Erbschaft nicht ausschlagen. Die Leibesfrucht erwirbt nicht einmal ein bedingtes Recht. Erst der Geborene erwirbt die vorbehaltenen Rechte. Der Erbschaftsvorbehalt ist also auch hier blos eine Vorsorge für den Fall, daß ein Mensch geboren wird, eine Vorsorge für den künftigen Menschen. Wird aber ein Mensch geboren, so wird er unmittelbar Nachfolger des Erblassers: er „gilt als vor dem Erbfalle geboren". Insofern macht sich also schon die Leibesfrucht für den Rechtserwerb geltend. Rechtssubjekt wird erst der Geborene. Aber dem Geborenen kommt für den Anfall das embryonale Vorstadium zu Gute. Die Rechtsfähigkeit des Geborenen greift also teilweise über die Geburt zurück.[1] Erst mit der Geburt wird das Recht auf Leib und Leben vollkommen; das Familienrecht erlangt, sich immer weiter auswachsend, seinen vollen Umfang; vorbehaltene Rechte werden erworben, weitere können hinzuerworben werden. Die Ehefähigkeit freilich erst später; ebenso die Handlungsfähigkeit. Der nasciturus ist also für uns nicht bloß pars viscerum mulieris, sondern ein beginnender Mensch, ein Stück zu einem Menschen, das sich durch die Geburt zu einer fast vollen Rechtsfähigkeit, dann aber noch lange nicht zur Ehefähigkeit und zur Handlungs-

1) Zu weit geht es, wenn Stammler, Die Unbestimmtheit des Rechtssubjektes, 1907, erklärt: Die Leibesfrucht ist zwar kein Rechtssubjekt. „Wohl aber ist die Leibesfrucht bereits Rechtssubjekt gewesen, wenn sie nachher als rechtsfähiger Mensch geboren wird.... Es läßt sich dahin ausdrücken: ein lebend geborener Mensch war bereits mit dem Beginn der Empfängniszeit Rechtssubjekt." Tatsächlich hat die Leibesfrucht Teilpersönlichkeit: Lebens- und Leichnamsrecht. Vermögensrechtlich ist sie dagegen nicht Rechtssubjekt gewesen, wenn daraus ein Mensch geboren wird. Gegen Stammler auch G. Schwarz, Rechtssubjekt und Rechtszweck, Archiv für Bürgerliches Recht XXXV 1910 S. 61, dem ich die mir jetzt unerreichbare Äußerung Stammlers entnehme.

fähigkeit auswächst. Schon vor der Geburt genießt der werdende Mensch an sich, um seiner selbst willen, Rechtsschutz. Nur ist seine Persönlichkeit noch unentwickelt, fragmentarisch.

Eine gewisse Analogie besonders mit dem Rechte des nasciturus bietet das Recht des Toten. In der Bestattungspflicht erscheint die Leibespflege als Ausläufer der Unterhaltspflicht. Der Schutz und die ehrenvolle Behandlung des Leichnams samt dem Rechte am eigenen Bilde und dem Rechte auf den guten Namen sind Leibes- und Ehrenrechte des Toten. Auch hier finden wir Fragmente einer Rechtspersönlichkeit und zwar geknüpft an Fragmente eines Menschen.

VI.

Was ist aber der Tote? Der Persönlichkeitsrest nach dem Tode kann verschieden ausgebaut sein. Die katholische Kirche läßt kirchenrechtlich tatsächlich noch ein Rechtssubjekt fortbestehen, dem man sogar Zuwendungen guter Werke machen kann. Für das weltliche Recht dagegen ist die Subjektsqualität des Toten verblaßt. Wir glauben nicht mehr an den lebenden Leichnam. Auch die etwa transzendent fortlebende Seele ist für uns kein Rechtssubjekt. Weder der Leichnam, noch die Seele kann als Subjekt im weltlichen Rechtsverkehr stehen. Der tatsächliche Bestand ist hier viel geringer, als vor der Geburt. Vor der Geburt ist Leben vorhanden; der Tod aber ist für diese Welt wirklich die Vernichtung. Dem werdenden Menschen steht ein lebloser Menschenrest gegenüber; und nur der lebende Mensch ist für uns Rechtssubjekt. Auch der unheilbare Tor ist ein Mensch! Recht ist Leben. Wir haben heute kein Totenrecht mehr.

Die Verleumdung des Toten ist nicht eine Verleumdung des Toten, sondern des Lebenden nach seinem Tode. Auch die restitutio famae gilt nicht dem Toten, sondern dem einst Lebenden. Die Stiftung, das Testament, ist nicht Wille des Toten, sondern Erhaltung des Willens des Lebenden über den Tod hinaus — ebenso wie der Vertragsantrag, die Vollmacht nach § 153 oder 169, 673 BGB und § 52 III HGB. Und so ist auch für das weltliche Recht der Leichnam nicht der Körper des Toten, sondern des gewesenen Lebenden. Alle Rechte des Toten sind also heute Rechte des Lebenden, die über seinen Tod hinaus fortbestehen. Der Tote ist also für das weltliche Recht nicht ein, wenn auch absterbendes Rechtssubjekt, ein Subjekt, dessen Rechte sich verringern, als Gegenstück des werdenden Menschen, in dessen Existenz und durch dessen Existenz Rechte sich bilden. Der Tote ist nicht mehr. Alle Rechte des Toten sind Rechte des Lebenden, die nachwirken. Und doch ist andererseits der Tote mehr, als der noch nicht erzeugte Ungeborene. Der noch nicht Erzeugte ist überhaupt Nichts. Nur für den Fall, daß ein Mensch geboren würde, werden diesem — dem Geborenen — Rechte vorbehalten. Dagegen ist der Leichnam etwas Reales. Zwar kein Rechtssubjekt; aber der wenn auch äußerliche Rest eines Rechtssubjektes, ein wirkliches Stück der Persönlichkeit. Und ebenso ist die Ehre des Verstorbenen etwas Wirkliches. Der gute Name ist das Bedeutendste, was vom Lebenden übrig bleibt. Auch das Recht der unempfindlichen Leiche ist im Wesen nur mehr ein Ehrenrecht. Der noch nicht Erzeugte hat nicht einmal eine Ehre.

Das Subjekt der Körper- und Ehrenrechte, ebenso wie der Vermögensrechte war der Lebende. Dieses Subjekt ist durch den Tod erloschen. Aber die Reste dieses bestandenen Subjektes werden noch nach seinem Tode behütet. Die Rechte des Toten sind für uns Rechte des einst Lebenden. Das Interessensubjekt, das Rechtsmacht- und Rechtspflichtsubjekt ist der Lebende. Ich, der Lebende will, daß nach meinem Tode mein Körper anständig begraben werde, daß mein Name nicht verleumdet werde[1]. Wenn

1) Dies empfindet auch richtig G. v. Szaszy-Schwarz, das Bürgerliche Gesetzbuch für Ungarn, in Iherings Jahrbüchern² Bd. XXXII (= LXVIII) 1919, der im Anschluß an seine Ausführungen im Archiv für Bürgerliches Recht a. O. „um dieses Interesses des Lebenden willen“ (nach seinem Tode nicht beschimpft zu werden) „ihm (wem?) auch nach seinem Tode Schutz zu teil werden“ lassen will. Aber er

meine Kinder einst wegen Totenverleumdung klagen sollten, so tun sie das nicht um des Toten willen, sondern um den einst lebenden Vater zu reinigen. Die Ehrung des Leichnams ist nicht Ehrung des Toten, sondern Ehrung des einst Lebenden an seinem Leibesreste. Und ebenso ist der Raub von Leichen und Leichenteilen für uns im tiefsten Grunde ein Delikt gegen den Lebenden nach seinem Tode. Der Lebende und nur der Lebende wird geschützt über den Tod hinaus. Das Subjekt ist der Lebende, dessen Leib und Ehre von Staat und Angehörigen beschützt werden, auch wenn er nicht mehr ist. Diese Reste der Persönlichkeit des Lebenden sind durch den Tod nicht erloschen. In diesen Stücken seiner Persönlichkeit lebt das Rechtssubjekt trotz des Todes fort. Diese Stücke der Persönlichkeit des Lebenden sind zwar durch den Tod von jeder Fortbildung ausgeschlossen und sogar auch selbst dem allmählichen Absterben verfallen, aber nicht untergegangen. So ist auch ein aufgelöster Verein zusammengebrochen; aber während der Liquidazion besteht noch ein Rest: „der Verein in Liquidazion" fort.

Dem juristischen Dogmatiker könnte die Fortdauer von Rechten einer bestandenen Person Bedenken erregen[1]). Man ist geschult auf die Formel: „Persönlichkeit ist man, Rechte hat man" (Jellinek). Der Tote ist nicht mehr: es fehlt daher an einem „Träger" — der Ausdruck

---

zieht nicht die scharfe Konsequenz, indem er den Kurator, den der ungarische Entwurf § 326 zur Vertretung der Persönlichkeitsrechte des Verstorbenen beruft, als „Totenkurator, eine Abart des Abwesenheitskurators" bezeichnet, als einen „Kurator jener Art Abwesender, die nicht mehr zurückkehren". Hier wirkt noch die atavistische Vorstellung vom abwesenden, und allenfalls wiederkehrenden Toten nach. Für das weltliche Recht ist aber der Tote nicht abwesend, sondern er ist überhaupt nicht mehr. Der ungarische Totenkurator ist also kein Abwesenheitskurator, sondern Kurator einer gewesenen Person, wie etwa der deutsche Pfleger eines Ungeborenen Pfleger eines zukünftigen Menschen ist.

1) Vgl. z. B. v. Schwerin S. 657: „unlogisch". Gareis daselbst S. 318 ff. schwankt: „Prolongation — oder wenn man will — Nachwirkung jenes Persönlichkeitsrechts".

erinnert bedenklich an einen Kleiderstock, — von Rechten. Tatsächlich scheitern auch an diesem Punkte alle Versuche, das allgemein und unzweifelhaft anerkannte Recht des „Toten" in entsprechender Weise zu konstruieren. Aber die Wirklichkeit ist stärker, als die Schulformel. Was ist, das ist auch vernünftig — wenn es auch scholastisch nicht zu fassen ist. In Wirklichkeit ist uns aber die Ehrung einer vergangenen Person durchaus geläufig. Von den Toten gar nicht zu reden! Wenn in einem Seminar das Bildnis des abgegangenen Leiters aufgestellt wird, so soll nicht der tote oder lebende Emeritus (wenigstens nicht allein) geehrt werden. Die Aufstellung ist vielmehr eine Huldigung an denjenigen, der einst hier gewirkt hat, so wie er gewirkt hat. Der junge Goethe ist eben der junge Goethe, und nicht die alte Exzellenz. Die Persönlichkeitsrechte des Toten, auch das Recht des Leichnams, sind aber in ihrem Wesen Ehrenrechte. Auch die Pflege, die rechtliche Hochachtung des Leichnams ist eine Ehrung des Verstorbenen. Nicht im Fleisch und Bein sitzt der Kern des Leichnamsrechtes, sondern in dem Andenken des Verstorbenen. Der gewesene Lebende wird geehrt an seinem Leibesreste. Sobald nur Fleisch und Bein in Betracht kommt — für den Materialisten die Leiche, für das geltende Recht das anatomische Präparat — ist das Leichnamsrecht erledigt. Die Verleumdung der Toten wird vom StrGB § 189 ausdrücklich als Schimpf gegen „das Andenken eines Verstorbenen" definiert.

Diese Auffassung wird auch gestützt durch das, was über das Recht der Ungeborenen gesagt worden ist. Zwar hat im Gegensatz zum Leichnam die Leibesfrucht selbstständige, wenn auch beschränkte Persönlichkeit, ein beschränktes Lebensrecht und allenfalls ein Leichnamsrecht. Hier besteht tatsächlich ein lebendes Wesen menschlicher Gattung, aber wegen seiner Unreife nur teilweise rechtsfähig — analog dem unentwickelten Kinde. Alle anderen Rechte der Ungeborenen aber, aus Vertrag oder letztem Willen, sind Rechte der Geborenen. Selbst der Erbschaftsanfall zu Gunsten des schon erzeugten Ungeborenen ist in Wirklichkeit ein Anfall an den Geborenen, aber über die Geburt zurückgreifend, wie die Rechte des Lebenden über den Tod hinaus fortdauern. Nicht der Ungeborene erwirbt, sondern der Geborene; nicht dem Ungeborenen wird vorbehalten, sondern dem Geborenen; nicht der „Leibesfrucht" wird „zur Wahrung ihrer künftigen Rechte" (§ 1912) ein Pfleger bestellt, sondern dem künftigen Menschen. Den Rechten eines künftigen Menschen stehen Rechte eines vergangenen Menschen gegenüber. Dabei besteht noch immer der tiefgreifende Unterschied, daß es sich in dem einen Falle um Reste, Zersetzung der bestandenen Person, in dem anderen Falle um eine allenfalls zu gewärtigende künftige Person handelt.

Nicht zu lösen ist das Problem mit den in neuerer Zeit wieder überhand nehmenden Theorie des Rechtszweckes.[1]) Sie beruhen auf einer Selbsttäuschung. Der Zweck an sich ist eine unpersönliche Abstrakzion und kann daher nicht selbst Person, Rechtssubjekt sein. Das ist schon reichlich gegen das alte Zweckvermögen der juristischen Personen eingewendet worden. Es geht nicht an, diese Theorie nun auch noch auf die Einzelperson zu übertragen. In Wirklichkeit handelt es sich für uns immer um Menschenzwecke, von Menschen gesetzte Zwecke, also um

1) Die Theorie geht auf die bekannte Lehre von Brinz zurück, der damit gegen die fingierte juristische Person ankämpfte. Generali siert wurde sie besonders von Bernatzik, Kritische Studien über den Begriff der juristischen Person. Archiv für öffentliches Recht, Bd. V 1890 S. 169ff., besonders 232 ff.; Gustav Schwarz (Budapest), Rechtssubjekt und Rechszweck, Archiv für Bürgerliches Recht Bd. XXXII, 1908 und XXXV 1910; H. Kelsen, Hauptprobleme der Staatsrechtslehre 1911, insbesondere S. 594, der S. 701 und 703 die Persönlichkeit als „Endpunkt der rechtlichen Zurechnung", den Staat für „nichts als einen gemeinsamen Zurechnungspunkt erklärt". Über das Weitere vgl. G. Frommhold, Familienstiftung, Archiv für Zivilistische Praxis Bd. 117, 1918, S. 116 ff., der gleichfalls den Menschen für einen bloßen „Zweckvertreter" erklärt. Für das behandelte Thema steht auch Kohler der Zwecktheorie nicht fern, wenigstens insofern er für die Schwebezeit bis zur Geburt des beim Erbfalle schon erzeugten Erben eine juristische Person annimmt: Bürgerliches Recht I 1906, S. 354 f.

Menschen, und zwar um lebende Menschen, allenfalls auch schon um den werdenden Menschen.

VII.

Der nach dem Tode fortbestehende Persönlichkeitsrest kann eine verschiedene Dauer haben. In der Stiftung wird durch Rechtsgeschäft von der Persönlichkeit des Stifters ein Stück, der stifterische Wille, zu selbständiger, grundsätzlich immerwährender Existenz losgelöst. Auch im Fideikommiß wirkt der Wille des Stifters dauernd fort. Die Verfügung einer Nacherbfolge (§ 2109 BGB), die Anordnung der Unteilbarkeit des Nachlasses oder eines Nachlaß-Stückes (§ 2044), die Übertragung der dauernden Verwaltung an einen Testamentsvollstrecker (§ 2209) erlischt im allgemeinen in 30 Jahren nach dem Tode des Erblassers. Auch der Ehrenschutz des Toten verfällt mit der Zeit. Verleumdungen können nur von den Ehegatten, Eltern und Kindern verfolgt werden. Sind solche nicht mehr vorhanden, so hat der Verstorbene den Schutz dagegen eingebüßt. Immerhin kann aber ein Strafurteil gegen ihn noch von der gesamten Nachkommenschaft angefochten werden.

Auch das Körperrecht des Lebenden verdorrt. Schon durch den Tod ist es wesentlich zusammengeschrumpft. Die Angehörigen können über die Leiche verfügen, sofern der Lebende nicht anders bestimmt hat. Körperverletzungen kommen nur als Leichenschändung in Betracht. Schließlich kommt eine Zeit, wo die körperlichen Reste nurmehr als tote Materie erscheinen, wo das Persönliche in ihnen erloschen ist. Dann hört das Körperrecht des einst Lebenden ganz auf. Durch sorgfältige Grabesverwahrung kann dieses Körperrecht lange erhalten werden. Bei Mumien hat auch das Grab nichts Persönliches und Menschliches mehr an sich. Die Mumie steht für uns einem historischen Denkmal gleich. Anders die Reste der deutschen Kaiser, die die Franzosen einst zu Speier in den Rhein geworfen haben — auch für die Täter selbst, die ihnen einen Schimpf damit antun wollten.

Durch Verfügung über den Leichnam kann die Entrechtung sehr rasch vollzogen werden. Schon die Überlassung an die Anatomie vernichtet die individuelle Persönlichkeitsbeziehung; es bleibt nur eine Leiche, allerdings eine Menschenleiche zurück. Nur eine des Menschne würdige Behandlung ist zulässig. Unzulässig wäre also nicht nur unsittlicher Mißbrauch des Menschenrestes, sondern auch etwa ein Verkauf von Leichen aus der Anatomie, um daraus Nutzstoffe zu ziehen, — nicht aber entgeltliche Überlassung zu Studienzwecken ohne Gewinn. Unzulässig ist selbstverständlich auch die Entwendung von Leichen aus der Anatomie. Sie ist kein Diebstahl, sondern das allgemeine Delikt der Wegnahme von Leichen oder Leichenteilen aus dem Gewahrsam der berechtigten Personen. Aber schon durch diese durchaus menschliche Behandlung wird der Leichnam immer mehr seiner Persönlichkeit entkleidet. Schließlich bleibt nur eine Sache zurück: das anatomische Präparat. Auch auf unerlaubtem Wege kann es dahin kommen. Wohl könnte man, so lange die Persönlichkeitsbeziehung feststeht, auch hier noch eingreifen und die unerlaubt weggenommene Leiche oder den Leichenteil auch als Skelett dem Verarbeiter entwinden. Ist aber die Persönlichkeit nicht mehr festzustellen, so ist der Persönlichkeitsrest dahin; die Leiche ist zum Gerippe geworden

Für die Gesamtbetrachtung zeigt also die Rechtspersönlichkeit des Menschen eine auf- und absteigende Linie. Der werdende Mensch hat eine minimale Rechtspersönlichkeit. Er hat ein ganz geringes Ausmaß von Personenrecht und überhaupt kein Vermögensrecht. Durch die Geburt erfährt die Rechtspersönlichkeit eine ruckartige Entfaltung. Sie entwickelt sich dann allmählich bis zur Volljährigkeit zu vollkommener Fülle. Durch geistige oder körperliche Gebrechlichkeit — namentlich auch des Alters — kann sie sich nochmals wieder mindern. Durch den Tod bricht sie zusammen, aber ganz stirbt sie erst stückweise ab. Ja in der Stiftung lebt meist sogar der Name, grundsätzlich aber der Wille des Toten als Persönlichkeitsrest dauernd fort, freilich — allenfalls schon unter Lebenden — von der

Persönlichkeit des Stifters zu relativer Selbständigkeit losgelöst. In diese Entwicklungslinie fällt auch das rechtliche Schicksal des Körpers. Der werdende Mensch hat einen beeɹƃʇzuen Anspruch auf Existenz und Körperpflege; der geborene Mensch ein volles Recht auf Leib und Leben; dieses wirkt auch über den Tod hinaus als Leichenehrenrecht.

VIII.

Als Ausläufer des Leichnamsrechtes ist auch das Problem der ins Grab mitgegebenen Sachen zu erklären: des Kleides, Schmuckes, der Blumen und des Sarges. Sie bleiben nicht im Eigentum des Gebers. Dieser will sich ihrer entäußern, und das Recht anerkennt auch die Entäußerung, indem es die Zurücknahme ausschließt. Auch mit Dereliktion und Herrenlosigkeit ist nicht durchzukommen; ebensowenig wie mit einem Eigentum des Erben. Solche Sachen sind vielmehr Leichenbeigaben. So sind sie gedacht, und so sind sie zu behandeln. Von Eigentum des Toten kann heute freilich nicht mehr die Rede sein. Auch ist streng sachenrechtliches Eigentum einer vergangenen Person, also des einst Lebenden für uns nicht denkbar, hier umsoweniger, als die Sachen erst dem Toten gegeben werden. Aber sie sind Leichenehrung, wie andere Bestattungsakte. Der einst Lebende wird geehrt an seinem Leichnam. Sie gehören in das Persönlichkeitsrecht des Toten. Wie beim Lebenden sich das Persönlichkeitsrecht auf seine Kleider, den Trauring usw, erstreckt (CPO § 811 Z. 1 und 11), so sind auch die Leichenbeigaben (daselbst Ziffer 13) mit dem Persönlichkeitsrechte verbunden. Sie sind rechtlich anerkannte Ausstattung des Leichnams. Deren Wegnahme ist allenfalls personenrechtliche Grabschändung, Leichenschändung: StrGB § 168; jedenfalls aber auch Diebstahl: es sind „fremde Sachen“.

Die Verschiebung der konstitutionellen Ordnung durch die Verhältniswahl.

Von Rudolf Smend.

1. Über Nacht ist die Verhältniswahl das ausnahmslos herrschende deutsche Wahlsystem geworden, und Deutschland hat sich nun mit den theoretisch zum Überdruß erörterten, bei uns aber praktisch erst wenig erprobten Vorzügen und Mängeln dieser Wahlart auseinander zu setzen.

Diese Auseinandersetzung vollzieht sich sehr bezeichnender Weise nicht in Gestalt einer Einzelabrechnung mit jener Fülle von Verheißungen und Drohungen, wie sie Freunde und Gegner der Verhältniswahl, teils als Erfahrung, teils als Vermutung, seit langer Zeit ohne wesentliche Veränderung im Bestande dieser Gründe und Gegengründe vorgetragen haben. Man fragt vielmehr einfach nach der grundsätzlichen Bedeutung der Neuerung für unser Verfassungsleben. Und hier läßt das massenhafte Schrifttum der Frage im Stich.

Die „Proportionalisten“ haben allerdings von jeher einen letzten Grundsatz für ihre Forderung geltend gemacht, etwa im Anschluß an Mirabeaus Formel, das Parlament müsse eine Karte des Landes und aller seiner Gruppen in verkleinertem Maßstabe darstellen, einen Spiegel, wie Prévost-Paradol, eine Photographie, wie Lorimer gefordert hat. Es ist derselbe Gedanke, den die Schriftsteller der Verhältniswahl seit E. Naville immer wieder so ausdrücken, daß, wie die Mehrheit die Grundlage der Entscheidung, so die Verhältnismäßigkeit die Grundlage der Vertretung sein müsse. Das bedeutet: Die Rechtfertigung der Verhältniswahl liegt in der Notwendigkeit einer bestimmten Zusammensetzung des Parlaments, sie liegt also auf dem Boden der staatsrechtlichen

Anatomie, nicht der Physiologie; sie ist statischer, nicht dynamischer Art.

Unsere Verfassungstheorie kommt mit dieser Begründung nicht aus. Wenn uns die Verfassung die rechtliche Regelung des Spiels der politischen Kräfte ist, so darf sich die Untersuchung und Kritik der einzelnen Verfassungseinrichtungen nicht auf deren anatomische Gestalt beschränken, sondern hat vor allem ihre funktionelle Bedeutung festzustellen.

Daran hat es auch früher nicht ganz gefehlt. Aber das bisher, vor allem in der Erörterung des Auslandes in dieser Hinsicht Vorliegende beschränkt sich eben auf jene nachgerade abgeschlossene Zahl einzelner mehr oder weniger empirischer und zum Überdruß immer wiederholter Gründe und Gegengründe, die alle halb oder ganz richtig, ganz oder teilweise oder gar nicht von der Erfahrung bestätigt sind, die aber eine grundsätzliche Einordnung in das funktionelle System der Verfassung sämtlich nicht bedeuten. Hier liegt die nächste Aufgabe der deutschen Verfassungstheorie gegenüber dem neuen Wahlrecht.

Diese Aufgabe wird dadurch erleichtert, daß wir einen durchaus entsprechenden Vorgang in unserem Verfassungsleben schon seit Jahrzehnten haben verfolgen können. Wenn die Verhältniswahl den großen Parteien das Monopol der Organisierung der Wähler und der Bewerbung um die Wahl gegeben hat, mit der Wirkung, daß jede örtliche Initiative in Wahlsachen und jede persönliche Wahlbewerbung ausgeschlossen ist, wenn sie also in jeder Beziehung die großen Parteien zu Subjekten der Wahlhandlung gemacht hat, so ist das nur eine Fortführung der Linie, wie sie schon längst in der Organisation des Parlaments und der Parlamentstätigkeit eingeschlagen worden ist.

Parlamentswahl und Parlamentsverhandlung sind die beiden wichtigsten im Verfassungsstaat vorgesehenen und geregelten Stadien des politischen Kampfes und der politischen Auseinandersetzung. Diese beiden Formen haben im ersten Jahrhundert des deutschen Verfassungsstaates nacheinander beinahe unbemerkt dieselben oder mindestens entsprechende Wandlungen durchgemacht.

2. Die parlamentarischen Geschäftsordnungen der ersten Jahrzehnte des 19. Jahrhunderts sind ebenso wie der mittelalterliche Zivilprozeß, dessen späte Abkömmlinge sie sind, getragen von dem Glauben, der in beschränkterem Sinne eine Grundlage jeder Verfahrensordnung sein muß: daß eine richtig geregelte Dialektik des Verfahrens die sicherste Gewähr für die Findung eines wahren, richtigen, guten Ergebnisses ist. Je mehr dem Rationalismus der Sinn für das irrationale Wesen des politischen Kampfes fehlt, um so mehr Gewicht legt er auf die Technik des Verfahrens, in der er die Gewähr richtiger Entscheidung findet. Daß die im Parlament vereinigten Einzelansichten gehörig zu Worte kommen, und zwar in einer Verfahrensordnung, die ihren Wahrheitsgehalt dialektisch möglichst ausnutzt — in der Abwechselung der Redner für und gegen den Beratungsgegenstand u. ä. —: das ist der tragende Grundgedanke der Geschäftsordnung der konstitutionellen Frühzeit[1]).

Es braucht nur die leichte rationalistische Schale abgestreift zu werden, um von hier aus zu dem eigentlichen Sinn der parlamentarischen Verfahrensordnung zu gelangen. Die Skepsis der romantischen Staatstheorie mochte mit Recht bestreiten, daß Parlamentsbeschlüsse irgend eine Gewähr der Wahrheit oder Richtigkeit in sich trügen: sie teilen in dieser Hinsicht allerdings das Schicksal aller politischen Willensakte. Aber wenn die parlamentarische Verfahrensordnung ihre Rechtfertigung als rationales Mittel zu einem rationalen Zwecke verliert, so bleibt ihr die Rechtfertigung, daß dies Verfahren nunmehr Selbstzweck wird: Es ist der Wille der Verfassung, daß die politischen Entscheidungen fallen als Entscheidungen eines öffentlich geführten Kampfes, dessen Stattfinden an dieser Stelle und in diesen Formen, ganz abgesehen von seinen Ergebnissen, der Verfassung an sich wünschenswert erscheint. Die Verfassung meint den Lebensprozeß des politischen Körpers am besten zu regeln, indem sie den Brennpunkt dieses

1) Vgl. etwa Starosolskyi, Das Majoritätsprinzip (Wiener Staatswiss. Studien XIII 2, 1916), S. 67 ff.

Prozesses in die öffentliche Verhandlung des Parlaments verlegt; und seitdem steht die Geschäftsordnung unter diesem Gesichtspunkt.

Dieser ursprüngliche Sinn der verfassungsrechtlichen Anordnung und Regelung des parlamentarischen Lebens wird heute nicht mehr verwirklicht. Die parlamentarische Auseinandersetzung ist nicht mehr der schöpferische Geburtsvorgang der politischen Entscheidung, sondern wird mehr und mehr eine Fassade, hinter der die entscheidenden Auseinandersetzungen der Parteien in aller Stille vor sich gehen. Seitdem die Fraktionen die Herren des parlamentarischen Lebens geworden sind, haben sie dies Leben um einen guten Teil seiner Bedeutung und damit die Öffentlichkeit um ein Stück ihres Anteils am politischen Leben gebracht, der ihr von der Verfassung zugedacht war.

Verfahrensrechtlich drückt sich diese Wandlung darin aus, daß die Fraktionen die unbeschränkte Herrschaft über Organisation und Verfahren des Parlaments haben: über die Organisation, sofern sie Vorstand und Ausschüsse unter sich verteilen, über das Verfahren, sofern der Ältestenausschuß gerade für die wichtigsten Erörterungen nicht Einzelredner, sondern nur Parteiredner als solche zuläßt. Und diese Herrschaft wird geübt nach dem Prinzip der Verhältnismäßigkeit: der verhältnismäßigen Verteilung, wo eine solche möglich ist, wie bei Ausschußsitzen, des einfachen Vorrangs in den übrigen Fällen, wie bei Präsidentenwahlen, oder in der Reihenfolge der Redner.

Diese Herrschaft der Fraktionen, diese „Proportionalisierung" des parlamentarischen Lebens bedeutet zugleich die Ausschaltung jener schöpferischen Auseinandersetzung, die nach älterer Auffassung der Sinn gerade der parlamentarischen Verhandlung selbst sein sollte. Wenn die Geschäftsordnung das Verlesen schriftlicher Reden untersagt, weil Reden, deren Wortlaut vorher festgestellt ist, nicht in die „kontradiktorischen Verhandlungen" des Parlaments passen [1]), so gilt dieser Einwand mindestens ebensosehr

1) Präsident Fehrenbach in der Nationalversammlung 17. Juli 1919.

gegenüber den vom Ältestenausschuß angeordneten Fraktionsreden: auch sie sind nicht Kettenglieder einer sich zielbewußt fortsetzenden Dialektik, sondern unorganische Ansprachen an die Öffentlichkeit, nicht mehr, wenigstens nicht mehr im alten Sinne, Äußerungen der verfassungsmäßigen „freien (d. h. individuellen) Überzeugung" der Abgeordneten und nicht mehr unmittelbar schöpferische Komponenten der parlamentarischen Entscheidung.

Uns ist diese Rolle der Parteien im parlamentarischen Leben selbstverständlich, und wir lächeln wohl angesichts der Geschichte vormärzlicher Versuche, durch Landtagssitzordnungen Fraktionsbildungen zu verhindern, oder über die tiefe Mißbilligung und Sorge, mit der Mohl noch lange nach 1849 vom „Treiben des Clubs" in der Paulskirche spricht. So unvermeidlich und notwendig diese Rolle der Fraktionen gewesen sein mag, so wenig darf man dabei übersehen, daß unser Verfassungsleben damit um ein gutes Stück seines Wesens gekommen ist — um die Verlegung der parlamentarischen Entscheidungen in das Licht der Öffentlichkeit und damit um die wahrhafte Anteilnahme der Staatsbürger, soweit überhaupt möglich, an diesen Entscheidungen. Und so wird man Mittermaiers oder Mohls Bedenken gegen die „Clubs" Gerechtigkeit widerfahren lassen, wenn man sie nicht nur als politisch weltfremden Rationalismus würdigt, sondern als ein richtiges Gefühl für die hier drohende Beeinträchtigung höchster Werte der konstitutionellen Ordnung. Man kann von unserm Parlamentarismus kaum mehr sagen, daß er noch government by talking ist, eine Regierungsart, „die sich des Mittels der Rede als Motors und als wesentlicher Form ihrer Tätigkeit bedient [1])."

3. Die Einführung der Verhältniswahl bedeutet den Abschluß einer durchaus gleichlaufenden Entwicklungsreihe.

Der gedankliche Ausgangspunkt ist auch hier der des Rationalismus. Wenn das Parlament die staatliche Veranstaltung zur Erzielung richtiger, guter Entscheidungen von

1) Redlich Recht und Technik des englischen Parlamentarismus S. 587.

Staatswegen ist, so ist die Parlamentswahl das Verfahren zur Gewinnung geeigneter, d. h. guter, unbestechlicher, erfahrener, verständiger Mitarbeiter bei diesen Entscheidungen. Auslese der Höchstqualifizierten: das ist der Grundgedanke, nach dem aktives und passives Wahlrecht und Wahlverfahren geordnet und beurteilt werden. Alles materielle und formelle Wahlrecht dient dem einen Ziele, in jedem Wahlkreise den besten Mann ausfindig zu machen und zur Mitarbeit an der Regierung zu bevollmächtigen.

Die politische Wirklichkeit lehrt, daß das Wahlrecht einen anderen Sinn hat, nämlich den, den politischen Willen der Wähler durch Vermittelung des Abgeordneten im Staatsleben sich auswirken zu lassen. Dazu muß dieser Wille der Wähler zunächst erst selbst hervorgerufen werden, um sich dann unformuliert in der Wahl des Abgeordneten, oder formuliert entweder in einem Auftrage für den Abgeordneten oder in der Annahme eines schon vorliegenden Parteiprogramms zu äußern. Demgegenüber tritt — im Gegensatz zur älteren, rationalistischen Auffassung — die Auswahl der Persönlichkeit des Vertreters in die zweite Linie. Jedenfalls handelt es sich bei dieser Willens- und Mehrheitsbildung der Wählerschaft wieder um einen dialektischen Prozeß, um die von der Verfassung gewollte und organisierte Form der politischen Willens- und Gruppenbildung der Staatsbürger und damit um einen zweiten Zentralvorgang des verfassungsmäßigen politischen Lebensprozesses im konstitutionellen Staat.

Die Einführung der Verhältniswahl schmälert dem Wahlkampf in ähnlicher Weise diese seine Bedeutung, wie die „Proportionalisierung" der parlamentarischen Organisation und Verfahrensordnung dem parlamentarischen Kampf. Zwar kämpfen die Parteien auch bei der Verhältniswahl um die Wählerstimmen, aber nur um die einzelnen Stimmen, nicht auch um ein Gesamtergebnis der Mehrheitswillensbildung der Wählerschaft. Und damit geht ein Moment eigentümlicher schöpferischer politischer Dialektik verloren: es bedeutet für den einzelnen Wähler eine weit stärkere politische Beteiligung, wenn er bei Mehrheitswahl stets vor die Alternative des Siegens oder Unterliegens gestellt und — zumal bei Wahl- und Stichwahlbündnissen — an einem durch das Parteiprogramm nicht eindeutig vorgeschriebenen Akt örtlicher politischer Willensbildung beteiligt wird; und damit Hand in Hand geht der viel stärkere Einfluß der örtlichen Wählerschaften auf Abgeordnete, Fraktionen und Parlamentsgeschäfte. Die Verhältniswahl läßt zwar keine Stimme verloren gehen oder unterliegen, nimmt aber dafür auch dem Wähler jede tätige Einwirkung auf seine Vertreter und seine Partei; nicht mehr mit der Alternative des Alles oder Nicht Mitspieler im Kampf um den Einerwahlkreis gewesen zu sein, bedeutet eine Einbuße an politischem Erleben, die durch das Gefühl, jedenfalls auch mit der eigenen Stimme im Parlament mitvertreten zu sein, ebenso unvollständig ausgeglichen wird, wie die Machtlosigkeit der örtlichen Wählerschaften gegenüber der Parteileitung durch ihre Gewißheit zahlenmäßig angemessener Vertretung. Das Wählen hat seine dialektische Bedeutung verloren: ebenso wie im Parlament die Parteien aneinander vorbei zur Öffentlichkeit draußen sprechen und auf die gegenseitige Einwirkung in der Debatte und damit auf deren dialektisch förderliche Kraft mehr oder weniger verzichten, so gehen nun schon bei der Wahl die Wählerstimmen geschieden von einander je ihre besonderen Wege in die großen Sammelbecken der Parteien, statt sich wie bisher im Einerwahlkreis gegenseitig zu bekämpfen und aufzuheben und so zu einer Willensbildung zu führen, die in einem ganz anderen Sinne schon ein politisches Ergebnis ist, als es die Wahl eines Proporzkandidaten ihrer Natur nach sein kann. Mit der zweifellosen, von den Proportionalisten bis zum Überdruß gerühmten Entspannung des Wahlkampfes geht also eine viel weniger beachtete, aber ebenso zweifellose politische Entleerung Hand in Hand, und wenn jene Entspannung von einer bald mehr moralisch, bald mehr ästhetisch gefärbten politischen Nervenschwäche allzusehr gerühmt wird, so sollte darüber die Einbuße an gesundem politischem Leben des einzelnen Staatsbürgers und der örtlichen Parteigruppen nicht vergessen werden, die die Kehrseite jenes Vorzugs und gegenüber jener mehr symptomatischen die eigentlich zentrale Änderung infolge der Verhältniswahl ist[1][2].

4. Der Verfassungsstaat wollte die politischen Entscheidungen dem Geheimnis der Kabinette entziehen und sie unter die Gewähr der Öffentlichkeit und des Volkswillens stellen. Deshalb ließ er sie verfassungsmäßig zustandekommen als Ergebnisse eines in den zwei Stadien der Wahlen und der Parlamentsverhandlungen mit den dort gegebenen verfassungsmäßigen Mitteln zu führenden dialektischen Kampfes der verschiedenen politischen Willensrichtungen. Es ist der von der

---

1) Daß durch die Verhältniswahl ein Akt produktiver politischer Dialektik ausgeschaltet wird, wird im allgemeinen nicht erkannt. Ganz rationalistisch etwa die Gegenüberstellung in Hiltys großer Denkschrift gegen die Verhältniswahl: „Der Gedanke des Majoritätssystems ist der, daß die Abgeordneten nicht in erster Linie ihres abstrakten politischen Glaubensbekenntnisses wegen, als Vertreter einer Partei, in die Volksvertretung geschickt werden, sondern ihrer Tüchtigkeit, ihrer Vertrauenswürdigkeit wegen" (Polit. Jahrb. d. Schweiz. Eidgenossenschaft 24 (1910) 266). Aber der Gedanke, daß die Mehrheitswahl das Produktivere ist, klingt dabei doch an.

2) In der dritten Stufe der Instanzenfolge, die im demokratischen Staat von der Wählerschaft über das Parlament zur Regierung führt, hat die Proportionalisierung wiederum ähnliche, wenn auch nicht völlig analoge Wirkungen. Das gilt für die „nationalen" Kabinette ebenso wie für die (wie in der vorläufigen Verfassung Deutsch-Österreichs und der deutsch-österreichischen Länder) kraft ausdrücklicher Verfassungsbestimmung entsprechend dem Stärkeverhältnis der parlamentarischen Fraktionen zusammengesetzten Regierungen.

Einmal für die Öffentlichkeit ihrer Daseinsgrundlage und ihres Handelns. Eine Mehrheitsregierung ist auf ein bestimmtes Programm hin gewählt oder gebildet, das sich im Wahlkampf als geeignete Grundlage für eine Mehrheitsbildung des ganzen Volkes bewährt hat oder im parlamentarischen Kampf und gegenüber der öffentlichen Meinung noch täglich als Grundlage für den parlamentarischen Rückhalt der Regierung bewähren muß.

Sodann für das dialektische Moment, das gerade für den Regelfall der parlamentarischen Staatsform so bezeichnend ist: für den beherrschenden Gegensatz von Regierung und Opposition. Dieser Gegensatz verschwindet bei der Proportionalisierung der Regierung, und damit verändern sich die Mitspieler und der Gegenstand des parlamentarischen Kampfs in anderer, aber nicht minder einschneidender Weise, als in den im Text bezeichneten Fällen.

Verfassung gewollte Ablauf des politischen Lebensprozesses, daß die beiden entscheidenden Stadien dieses Prozesses tatsächlich an diesen Stellen im Licht der Öffentlichkeit durchlaufen werden — daß gerade die hier vorgesehenen Verfahrensweisen die schöpferischen Grundlagen der politischen Entschließungen sind. Die „Proportionalisierung“ des Wahlrechts und des Parlamentsbetriebes hat diesen Stadien diese ihre verfassungsmäßige Bedeutung zum guten Teile genommen. An irgendwelchen Stellen müssen sich aber die politischen Kräfte in dialektischer Auseinandersetzung zu Komponenten der endgültigen politischen Resultante zusammenordnen. Diese Brennpunkte der Auseinandersetzung sind verlegt, der ganze verfassungsmäßige Lebensprozeß ist umgelagert und hat dabei — trotz allem — an politisch-ethischem Wert für den einzelnen Staatsbürger und an gesunder physiologischer Kraft für den Staatskörper im ganzen entschieden eingebüßt. Das unklare verfassungspolitische Streben der Gegenwart sucht einstweilen vergeblich im Rätesystem und anderen Auskünften Ersatz. Daß die neue Reichsverfassung diesen Ersatz nicht zu bieten vermocht hat, ist ihr wohl nicht so sehr zum Vorwurf zu machen, als daß sie das Bedürfnis nach diesem Ersatz überhaupt nicht erkannt hat.

Verantwortlich zu machen ist dafür die wesentlich statische Betrachtungsweise, wie sie unser volkstümliches politisches wie unser staatstheoretisches Denken beherrscht. Daß nunmehr jeder Wähler und jede Wählerminderheit „verhältnismäßig“ vertreten ist, genügt als Rechtfertigung des neuen Wahlrechts. Daß damit in dynamischer Beziehung schwerwiegende Umlagerungen im Verfassungsleben verbunden sind, ist zwar nicht zu übersehen, wird aber in Kauf genommen, als wäre die Verfassung ihres ruhenden Bestandes, nicht ihres Funktionierens wegen da. Zu einer anderen Betrachtungsweise, die statt der Anatomie die Physiologie des Staats in den Vordergrund rückt, hat unsere Verfassungstheorie gerade angesichts der neuen Aufgaben, die ihr die Umwälzung gestellt hat, allen Anlaß. Sie hat dazu neuerdings vielversprechende Ansätze gemacht, aber sie trägt noch an den Folgen ideengeschichtlich bedingter Gebundenheit und eines bisher eigentümlich unproblematischen Staatslebens. Nicht Paragraphenauslegung und rechtsbegriffliche Systembauten, sondern soziologisch begründete Verfassungstheorie ist die notwendige Grundlage einer neuen Staatsrechtslehre im neuen Deutschland.

Paul Rost & Co., G. m. b. H., Bonn, Sternstraße 102.

FSC
www.fsc.org
MIX
Papier | Fördert gute Waldnutzung
FSC® C083411

Kolibri 360 GmbH
Ferdinand-Jühlke-Straße 7
99095 Erfurt, Deutschland
produktsicherheit@kolibri360.de